野鶴隨筆

我的暮年筆耕集

余建業 編著

開卷有益──編者的話

　　《野鶴隨筆》一書敘述作者年歲已至暮年，自感來日應更要珍惜，他特別檢視一生值得回顧、記錄的故事。他是位平凡、實在、精彩一生的人，居然過往歲月他已出版四本巨著，可說是著作等身，在在記載他的實錄，寫人敘事，為人所稱道。《野鶴隨筆》這本書已是他第五本書了，編者實不敢說他是位平凡的人。

　　作者他感念救國團的栽培，才有今日他努力從事青年工作的熱誠與成就，見證救國團各階段的發展，尤其他記錄過去前輩、同仁的事蹟、同袍間之情誼，如此濃厚，就是救國團人所謂的革命情感。

　　作者退休後仍心繫著救國團，時常聯繫、關懷先進們，給予尊重、安慰；並為退休人員利息補貼奔走請命，更對行政院不當黨產委員會對救國團的不利，感到憤慨，多次投書〈風傳媒〉獲得刊登，駁斥各種攻訐、誣蔑，他時常憂心痛苦，輾轉難眠-想的盡是救國團的事。

　　作者退休後筆耕不輟，寫人敘事，筆帶誠懇、溫暖，言之有物，殊感可貴。《野鶴隨筆》一書文圖、照片敘說很廣，沒有拘範，舉凡活動、服務、運動、健身、生活、信仰……等，都顯示有許許多多人曾參加過救國團的活動痕跡以及互動溝通的故事。

書中有最了解救國團精神與作風的——前臺灣省省主席趙守博先進——〈親炙尊長的風範〉、張副主任植珊——〈情牽救國團〉、李發強先進——〈尋夢人生〉，及林煇校長先進、義工李詩綱伙伴、傑出假服員李孔智、周佑民伙伴……等相關文章，均能看出他們的服務奉獻。另作者家庭融洽——自然活潑，更添本書的特色。

　　最後，編者深盼欲窺來自龍潭鄉下客家小子，投入蔣經國前總統所主導的救國團，參與青年活動服務志業，愛家、愛團、愛國一生歷程者，及更多的閱讀者來購書分享，預祝本書——《野鶴隨筆》發行順利！

野鶴隨筆—我的暮年筆耕集

　　本文集是作者最近十多年來的寫作，內容都是我們熟悉的人事物，自我發抒情感，感嘆人生之無常，讚頌造物主創造了如此美妙的世界，祈求天主用愛撫平受撒旦侵擾的人們，得到平安！

　　本文集出版慶祝、回饋，意義非凡，特獻給：

　　其一，伴我工作生涯直至退休，持續照顧的救國團——成立七十周年團慶，為青年、社會、國家默默耕耘，無比恢宏貢獻，寫下璀璨史頁！

　　其二，我與蕭惠月女士結婚牽手五十周年金慶，深感人生充滿精彩，不虛度此生！

作者余建業謹誌

目錄

照片憶生平

年華漸老，情意依然，眞情表白，文章上場

朝陽科技大學前校長——曾騰光先生應邀總團部週會演講，會後與左起孫國強、薛全麟、李詩鎮、顏瑞堂、馬鎭歐、廖光環前主秘、張德聰前主任、曾騰光校長、王福生前副主任、許石欽、劉錫烱、簡鴻檳、林聯章、作者、丁文揚等總團部一級主管合影

野鶴隨筆─我的暮年筆耕集

柴松林尊長親函勉勵與期許

建業兄：承贈大作《野鶴隨筆》，捧讀至再，感慨良深。弟幼時乃一小難民，出身貧困，生活簡樸。讀書、教學、寫作、推動社會運動，便是全部的活動。不參與任何政黨，亦未信仰任何的宗教。

論及與救國團之關係，親近而長久。弟在大學畢業考後，同學均已離校，本地生準備高考、特考；僑生返母國度假。弟因代授暑期班、僑生班數學及統計課程，仍住校內。一日李煥先生、童慶璋先生匆匆蒞校，拜訪劉季洪校長。謂救國團過去以戰鬥營、康樂活動爲主，今決定開啓青年學術活動，首創青年學術研習會。因當時大學有限，新設專科僅一、二年級，希望劉校長指派高年級生一人，俾做大會主席，教務長告知已代爲應允。由此開始與救國團結緣一生。

救國團初始領導幹部多爲師長輩，後來則爲同學朋友，再則多爲學生輩。大作所述多爲舊友，讀來倍感親切。

宋公初任，先邀弟率剛返國之兩位企管專家以三個月時間，專職考察救國團各分支機構，提出改革報告，開啓營運新制。宋公、潘主任時，邀弟任學校、社會組長，但校方因數理教師不足，未獲同意。亦失去與吾兄同事之機會。

吾兄記事清晰、簡潔，妙筆生花，記述不減之史實，引發讀者之興味，可敬可佩。盼今後能結合退休同仁，組織一「讀書寫作同

志會」，並助同仁成立——「互助出版社」，出版類如《野鶴隨筆》之作品，則吾兄之功，當著之史冊。匆匆草此，順頌

暑祺

弟

柴松林 鞠躬

110 年 7 月 29 日 台北

作者簡介：摘自維基百科

柴松林教授（1934 年 12 月 12 日生），留學法國，獲得高等研究院統計學博士。回國後，在政治大學任教，是位統計學者，專長為人口統計學與經濟統計。台灣社會運動先驅，致力於人權與消費者保護，為消費者文教基金會創辦人之一。

現任：第一社會福利基金會董事、環境與發展基金會董事長、總統府人權諮詢委員會一至三屆副召集人、2014 年獲行政院頒「消費者保護終身貢獻獎」。

推薦序

尚世昌

　　年前與諸好友夜宿天祥青年活動中心，在房中偶見余公《怡然自得》大作，雖已拜讀多次，仍一如見到老友般的喜悅，在桌燈下迫不及待地翻閱起來，瞬間彷彿又回到以前在團裡的快樂時光。

　　余公爲人親和謙恭，樂於助人，對提攜後輩更是不遺餘力。在團服務近四十年，統籌救國團假期活動及社會服務工作，見證青年活動、戰鬥訓練、青年育樂活動、青年自強活動、青年休閒活動等的時代歷程，貢獻良多。

　　退休後在《團務通訊》、「退休人員群組」中時常予人溫暖、尊重，並爲退休人員利息補貼奔走請命，更對團被黨產會認定爲國民黨附隨組織的外界各種攻訐、誣衊、誤解等逐一駁斥，令人敬佩！

　　余公一生見證團之發展，退休後仍筆耕不輟，寫人敘事、收錄團之發展，無一不是團之珍貴史料；世昌忝爲學史之人，對余公保存團史之用心深感敬佩，茲在其第五集付梓前不揣淺陋，遵囑爲之序。

尚世昌 謹誌
110 年 3 月 8 日

作者簡介：

　　尚世昌博士，現任致理科技大學講座教授，曾任致理技術學院及致理科技大學校長、救國團總團部社會組編審、縣團委會組長等。

回顧所來徑 蒼蒼橫翠微

張德聰

自團退休轉眼接近五年，這一段日子來曾在環球科技大學擔任講座教授，也曾擔任大華科技大學董事長，現在返璞歸真在台灣師大及政大兼任教職，逍遙自在。對團邁入七十周年之際，一則不當黨產委員會糾纏不斷，再則新冠病毒疫情影響團務工作、深感憂心，並向葛永光主任及在職同仁、義工們，深表同理及支持。

建業副處長在工作生涯中不忘筆耕，時常於《團務通訊》中刊載，更自力將團的先進行誼及團務工作點滴記錄，先後出版四本書，為團留下許多珍貴史料。尤其他年近八十，打完第二劑新冠病毒疫苗後，心臟有恙、需做心導管手術，甫出院又為其第五本《野鶴隨筆》繼續筆耕，令人敬佩！

回顧 老主任經國先生創團以來，歷任主任帶領同仁筆路襤褸、以啟山林，特別是 老主任勉勵同仁「時代考驗青年，青年創造時代」，又提醒團要「關心青年，輔導青年，但絕不利用青年」，如今回顧更足珍惜。

李煥前主任勉勵團要做三個第一：「待人親切要第一、環境整潔要第一、工作效率要第一」，迄今團的公文夾上依然留存，代表團精神的延續。當年因師大及政大教育系畢業生就業競爭激烈，他因曾留學美國哥倫比亞大學學習輔導，特別在兩校之教育研究所合開輔導專題研究，希望化解衝突、增進合作，有一次帶學生到「張老師」參觀，同學們對團體輔導十分有興趣，他特別囑咐當時劉安屯總幹事選派專任「張老師」去他任教的班上代課，我很榮幸膺選，上了約六次課，事後他請當時師大林清江所長（後任教育部長）將

鐘點費交給我，我不敢收退回去，他寫了封信請我務必收下，我就將鐘點費買了「張老師文化公司」出版的書，分送兩個研究所，他又再寫信勉勵並送了對筆，迄今依然保存！

宋前主任時選先生擔任執行長及主任時，經常以「流淚播種的必歡呼收割」！勉勵同仁，期待同仁要「親切貼心，吃飯不坐首席，照相不站中間」，迄今仍銘刻在許多同仁及義工心中。本團義工組織之建立即在他任內督導吳挽瀾組長（曾任社會服務組組長，後為本團副主任）完成。宋公常與同仁或朋友吃牛肉麵，有次我問他為何愛吃牛肉麵？他說：「我並不是特別愛吃牛肉麵，但是經濟方便，不想讓別人太破費，又怕違背人家心意，牛肉麵簡單方便」，由此可以了解宋公的為人，他過世後，安葬寧波老家，陪伴父母墳邊，還建了「伴親亭」以表孝心，老義工陳憲義先進十分敬佩他，每年忌日必到寧波致敬，一直到疫情才暫停，令人敬佩！

潘前主任振球先生為教育家風範，有次到劍潭參加活動在洗手間，我看到一幕迄今仍深烙腦海，那時洗手台放了肥皂盒有些髒，只見他隨手就清洗乾淨，這是小事卻是大影響，以後我當總幹事時常注意細節。潘公擔任主任時，我曾應聘到新加坡少年總會，講授青少年輔導工作，期間做了一個新加坡青年心態調查研究報告，回國後逐級呈給潘主任，他十分讚賞，指示我在總團部週會報告，開創輔導員職級，在總團部週會報告之先例。其後我在台中擔任輔導組長時，全省訓導主任會議邀請潘公工作講話，因潘公臨時有事，派我代理他，為訓導主任工作講話，亦為一生深刻榮譽。

李主任鍾桂擔任本團主任十八年，年資僅次於 老主任經國先生，她博學善記，口才極佳，開創本團真善美婦女服務工作。當年因賴國洲事件，內政部片面取消與「張老師」合作之青少年輔導工作方案經費，當時我兼任「張老師」基金會執行長向李主任報告，她決定不裁除因專案聘任之專任「張老師」同仁，努力爭取社會資源，獨

力完成專案。後來，柴松林教授於報紙上呼籲「一人一百元，救救張老師」，獲得社會各界熱烈響應，共募得一千五百多萬元，解除危機。不僅專任及義務「張老師」們十分感激李主任，也造福因受專案服務的許多青少年。

其後第七任林炯垚主任長於財務管理，第八任周逸衡主任專精於管理，均爲來自團外，幫助救國團朝向社會企業的目標，推動各項團務工作，促使救國團「以公益作爲存在目的，以服務作爲教育載具」，持續整合資源並創新工作，常以「不信青春換不回，豈容青史盡成灰」號召同仁共同努力，對團務發展都有顯著貢獻。

個人有幸在團擔任第九任主任、任期六年八個月，期間承蒙李召集人鍾桂及黃召集人正鵠的領導、指評委會的指導，以及王福生副主任、廖光環主任秘書的襄助，在全體同仁的努力及義工的協助下，擴展團的服務主軸，由「公益、教育、服務」，增加了「健康」爲四大工作主軸，定位本團邁向社會企業組織。取之於社會、用之於社會，期間擴展了許多終身學習中心及爭取標得新運動中心經營權，解決了不少團產問題。服務及財務績效每年逐增，每年服務人次由剛接第一年的約 680 萬人次擴展至約 1,440 萬人次，成長了 2.2 倍，並增加與大專院校多元服務合作達約 70 所大專院校，結合資源恢復大專社會服務隊，每年選拔十大績優基層義工組織，於團慶中表揚，除可獎勵優秀基層組織外，並可作爲宣導種子。於八一氣爆與紅十字會合作成立安心專線及多項安心服務，並結合社會資源由義工及義張，家庭訪視災民提供直接服務；與大學課外活動主任合作每年舉辦講習；恢復與日本自民黨青年局互訪合作計畫；恢復與韓國青少年聯盟互訪合作；訂定每年三月爲青年服

務月，十月為社會青年服務月，成立總幹事及組長儲備訓練計劃，為團培育人才。

　　團邁入七十周年之際，基於團運昌隆、團員有責，提出下列幾點淺見，謹供主事者參酌！

一、重新盤點團務工作，汰舊創新，彈性整合，以期更有生產力。

二、明訂服務工作階段性主軸，全團投入。

三、輔導老義工情有所歸，突破義工組織之年輕化。

四、因應時代大數據化及網路行銷化，團務工作亟需數位化經營。

五、因應勞基法 65 歲方能拿到勞退，思考資深同仁生涯發展，讓團務工作人事升遷暢通。

六、人才培養宜建立適當遴才制度，由活動中觀察義工及義張，遴選有發展潛力者逐步培養為專任幹部，以期爭取對團認同的優秀幹部。

七、建立合理工作激勵制度，團非公務機構，應跳脫公務人事制度之束縛，學習企業之激勵制度，以增進工作績效。

八、邀請學者專家、退休優秀同仁及優秀義工代表成立團務創新小組，參與團務創新發展諮詢工作。

九、退休同仁亦可發揮生產力，妥善溝通，期使發揮「一日救國團，終生救國團」之真諦。

十、結合青年服務之專家學者、資源機構及基金會，加強青年需求研究，共同籌畫青年服務工作，以擴大青年服務工作。

作者簡介：

張德聰教授，國立台灣師範大學教育心理與輔導研究所博士

現任：中華民國群我倫理促進會理事長

曾任：中華心理衛生協會理事長，台灣生涯發展與諮詢學會理事長，中華民國全國教育會秘書長，中國青年救國團第九任主任（民國 99 年 8 月至 106 年 2 月），財團法人「張老師」基金會執行長，救國團總團部諮商輔導處處長，「張老師」月刊社社長，救國團台北「張老師」總幹事，台北縣、高雄縣團委會總幹事。

左起：吳武典教授、王桂花主編、涂喜敏處長、張德聰教授

抒懷在團旗飄揚下走過成長的足跡

王振勳

寫作是一種永恆的事業，寓意理想的構建、情感抒發，以及對價值的認同。

寫作是拓耕一方田野，可供耒耕播稻種蔬、植樹藝花；寫作是筆遊一張白紙，可供描繪塗彩、書寫寄懷。當然寫作是面向一片蒼穹，任由風舞雲飛、思想馳騁。

青年救國團前輩余兄建業副處長長年筆耕，勾畫團務工作的人物與人情，頗有滋味，提供昔日同行所有夥伴們的回憶談資，感佩在心。

本人年少機緣進入救國團服務，得以在人生職涯初次開展，即在青少年輔導中心張老師辦公室工作，得便看到青年菁英的熱情社會參與，得緣多數結為長年摯友，同時在工作中見証家國之愛與人際關懷間緊密連結的深層意義。

正是這種時光的偶遇和機會的賜予，認識革命團體，從事「團結愛國青年，完成中興大業」。憑良心說，斯時對革命的意涵如何？中興大業又是怎樣的圖景，的確一無所知。帶領新進人員的前輩，未必能充分告知革命事業的本質和目的，以及和個人職業奉獻間有何直間接相輔相成的關係或接近路徑。惟只知道自己從服少尉預官役的「東引反共救國軍」守衛國土，短期間轉換成「青年反共救國團」的基層專任職員，輔導年輕朋友。

在救國團服務 17 年期間，認識組織內外許多富有使命感的師長前輩，以及志趣相投的夥伴。這都是個人生命中最珍貴的收穫，更是個人養成理性觀察、堅毅性格、創意挑戰等任事智慧的訓練。

　　記得職前講習時，謝又華副主任做出對這份工作價值的定義。謝副對「團」字賦予動詞釋義，以團結之動力意旨，訓勉超越對名詞組織體的直接單純看待。在團工作五年後，終於理解這團字當動詞使用，其背後所象徵的責任感和時代寓存精神。這對一位在兩個名具「反共」團體下，以自居做爲知識分子的職業青年，應具備的正確理解和視野格局，有了更深刻的理解；甚至說，進一步自我鍛鍊，在不同時空中如何以自己的智慧來對應「反共」一詞，積極順變潮流，作出正確變動思考和行動選擇。

　　倘若把「反共」當做政治鬥爭，那是陷入昔日舊社會思維。若將此詞做爲經營個人生存尊嚴與團體生活方式，那麼就容易進入民族復興和地球村人權維護的思想境界，展現較高度的現代公民行爲思考及良善利他行動指針。

　　針對上述「反共」2 個字的滾動因應調適，不禁讓個人想起解嚴初期，謝副主任亦曾在全團幹部研習前出題「我是誰？」，要求同仁自行思考個人的社會形象、工作角色，以及世界潮流變遷下的職涯定位，乃至於團體發展方向。

　　也許自己有較多的機會與學界師長諮詢接受教益，從「我是誰」問題中自我尋答，如何創造青年理想國圖像？如何進入創新組織改革所觸及的心情調整？以及必須增長青年工作應具備的知能水平，甚至是思考可能轉換至其他的耘耕土壤園地。於是先以團體「小紅衛兵」之姿，開始向團內長官建言，逐步深思熟慮在自管業務範圍內尋求可被接受的創新，以及針對整體團務發展，無畏個人職務仍屬下層，勇敢適時提出在變遷環境下順應社會民主化、組織扁平化的改進道路，以期能親自參與造福「中國青年」的偉大行動。

　　有幸在民國 84 年，經由多方努力，受命籌辦社會研究院「江蘇文教經貿考察團」終於在當年 10 月成行。旅程期間，在南京大飯店見證了海峽兩岸青年工作團體領導者如何締造開放性談話，渠等首

次共商中國青年友誼交流途徑及兩岸青年前途開展等方案。當然事後從雙方領導感性見聞雜談中，梳理出自創的「會談紀要」，就此正式文件，順理得以開啟兩岸最早的「官方」協商機制。縱使斯時還戴著民間團體的面具，實際上已經做為日後兩岸黨政成功交流的先頭試探。因聽到時任江蘇省政協主席一句話：「先拋棄彼我兩單位的既有名稱和過去歷史恩怨，來設計為兩岸青年服務的活動」此言驚動震撼於心，迄今難忘，這次考察已為中國近現代史共同寫下新章眉言。

　　毫無疑義，先前有蔣經國總統在解嚴之前已提出「潮流在變，時代在變，國家政策也要調整改變」之昭示，具體做出創造歷史工作偉業，個人將「革命」意涵做出新的詮釋，並以實際行動向兩岸青年文化交流新里程碑推進，更締造日後以學者身分到大陸姊妹校訪問演講。

　　20 年來救國團在外環境逐漸劇烈的島內政爭，以及內環境領導者自私窄狹眼光和作為下，此團體的組織功能、社會影響、青年信賴度逐漸式微。從昔日心胸遠志領導青年，淪落到近年被官方綁控資源，甚至自我設限，跟從理想淺薄青年的步調，只能安排圖謀生存的俗民化團務，賺取錙銖。這當然無法也無力帶領青年創造時代，卽使映照「中國青年」一詞而表現出進退忸怩姿態，更難以賡續前賢所擘劃青年自信、民族強大的藍圖美景。

自忖出身救國團，愛團深切。退休離團轉入學界後，常在媒體及相關場合，為團的屬性、理念作風提出辯解，同時提筆為文為團的適合變革倡議方策，只因人微言輕，不在團員遴選垂青之列，嘆惜擲石入水漣漪不興，無起波痕。

　　近日團內舊識先輩余兄長囑咐為其筆耕大作，再綴言以求團務歷史記錄更為周全。在此不敢言序，只想借用其專書一角，書寫贅餘感懷，同彰同敍昔日從事革命工作之濃誼溫情，也為余兄長年寫作，在本書內容所流露出的溫馨文字，表示由衷的欽佩，當然也為書中所提及書寫過的眾「革命兄弟姊妹」獻上個人虔誠的祝福。

　　作者簡介：

　　王振勳教授，中國文化大學史學研究所文學博士

　　經歷：朝陽科技大學教授退休（民國 111/2），人文社會學院教授兼院長（民國 103-105）、圖書館館長（民國 101-103）、通識教育中心副教授（民國 85-103）、校長室中文秘書（兼民國 91-迄今）、推廣教育中心主任、人事室主任（民國 85-87）；救國團苗栗縣團委會總幹事（民國 85）、救國團社會研究院執行秘書（民國 81-84）；《苗栗縣苑裡鎮志》總編纂（民國 87-90）；《臺中市志 人物志》總編纂（民國 91-95）；《彰化縣埔鹽鄉文化生活史》總編纂（民國 101-105）；《臺灣全志 人物志》編纂計畫主持人（民國 104-107）

感懷感念在團服務的歲月

潘江東

　　余副座建業兄在團筆耕大作曾惠贈我多本，每閱其文所舉之人物事蹟、活動，或工作描述、經驗傳承、前輩行誼等文，妙筆中肯，共鳴多有，感懷亦多。其文浮現在我眼瞼多次，猶若昨日之景，歷歷在目。今年他更以《野鶴隨筆─我的暮年筆耕集》，做為本團七十周年團慶、及與蕭惠月老師五十周年金慶紀念，更屬難得。個人願以我在團的日子，記出一、二感懷，以為同慶與祝賀。

　　個人在團服務 16 年 2 個月，曾在嘉義阿里山、屏東、曾文中心等地學習成長、歷練。因機緣而轉至國立高雄餐旅大學服務。在高餐大 23 年，以副校長教授退休。因是開創新餐旅行業教育的學府，自覺可融入本團的服務角色，如旅遊接待、參觀解說導覽、住宿、中西廚、用餐禮儀、活動、師資培訓、技藝養成等，都可用在教育之列。服務高餐大期間，曾接待歷任總統、院長、部會首長，本團李煥主任、宋時選主任、潘振球主任、李鍾桂主任、謝副主任又華、吳副主任挽瀾、吳召集人清基、張德聰主任、葛永光主任、余副處長建業等長官同仁，蒞校指導、參觀、住宿、用餐、講座等。充分結合本團工作的真意與真心。

　　憶余於 67 年進團，由宋主任親自面試，平民作風，親切、自然、實在地流露，為群眾所欽。爾後，曾陪潘主任上阿里山，與冬令活動學員，共度春節，長者風範令人佩服！因個人犧牲就讀博士班，而有本團獎勵同仁進修辦法之訂定。72 年蒙謝副主任又華召點，擔任 72 年青年友好訪問團副領隊，追隨施顏祥教授（後曾任

經濟部長）訪問美國西部逾 20 餘州的大學院校及相關駐外單位，近 2 個月。歷練國外帶團經驗，表演加宣慰僑胞。17 位團員生活起居安全，健康維護是為重責。也奠定我在高雄餐旅大學擔任實習主任，策劃校內、外及國外實習三明治教學的磐石。

76 年李鍾桂主任接任本團後，交賦屏東縣團委會總幹事之職，帶領同仁走向涼山，走往墾丁，訪鄉鎮市及學校，那是翻轉的工作契機，結合軍方、大專生、義工夥伴，承接眾所喜愛的跳傘山訓、野外求生、健行、攀岩的虎嘯戰鬥營及南海岸海洋生態健行隊。有幸兩度回嘉義，管理嘉義學苑、阿里山山莊、二萬坪、青康山莊，促成阿里山活動中心的軟硬體及連外道路的興建和啟用。想起與總團部尤德彬處長在阿里山日夜不停歇地監督灌漿工程的精神，更是我在高餐大任總務長，監督各棟大樓興建工程的榜樣支柱。

83 年 3 月調往曾文活動中心，整修清芳樓、忠孝莊，讓旅友有更舒適的休閒場所。適得機緣於 8 月離團，轉入教育界，前往培育台灣餐旅、航空、旅遊、廚藝人才的學府精進。有幸追隨李福登、容繼業、林玥秀等三位校長，共事打拼，底定高雄餐旅大學在國內餐旅教育界的領導地位。現在雖已退休，內心仍有一股如當年在團服務的力量在律動與驅喚，繼續留在學校過退而不休的生活。

在團服務除要廣建人際關係，深耕純厚友誼，更需以平常心的初衷，學海納百川的宏闊，管理領導需正向，少負面；用人唯才，少挑瑕疵。以愛心、誠心輔導青年，待人以誠，戮力成事，將事做對，做完，且做好。凡事盡心盡力，自然無怨無悔。一路走來都是點滴累積的根深底蘊和行事法則，足以用之四海而皆準的前端精

神。

　　近年來團的資產、屬性、及服務，受到極大的質疑與打壓，雖轉向公益，相對的服務能量銳減，衝擊到現代年輕人思維改變，受資訊網路左右，參與活動意願降低，影響所在多有。如何提升？如何調整？如何因應？如何處理？這虛實扭曲的年代，實非一朝一夕能改變。透過澄清、扭轉、溝通、呼籲及專業，才能排除化解現況，突破困境，齊心協力迎向新的未來。

　　救國團是我工作的啟蒙基石，也是我工作的磨鍊藍海，他的無止境湧泉，使我永遠深愛他，感念他，直到永遠……

作者簡介：

　　潘江東教授，現任國立高雄餐旅大學兼任教授，曾任國立高雄餐旅大學實習主任、總務長、主任秘書、副校長，救國團嘉義、屏東縣、曾文活動中心總幹事等。

左起：潘江東教授、作者夫婦、黃招憲教授 合影於高餐大

自　序——年華漸老，情義依然，眞情表白

成書的來由

　　本著作接續前集《怡然自得》——我的退休筆耕集後繼續寫作，開始時仍縈繞在前集寫作的範疇中，因爲前集的出版對我來說，太震撼了，投入畢生的精力，將人生最精彩之處，點點滴滴、表露無遺。到了續集，生活有如牛步、穩定，生命沒有激起些許火花，靈感付諸闕如，甚少寫作，然而在民國 107 年 2 月我畢生服務的救國團突然提出退休人員降低利息補貼修正案，深深影響退休人員平靜的生活，也危及未來生活品質。心想救國團一向愛護同仁，心情上起了掙扎，面臨解決的靈感一直湧入腦海，於是振筆疾書，雖是平凡無奇、毫無文采、難登大雅之堂可言，但它卻是我個人瀝血之作。我估量內容較多，方便閱讀僅彙集第一部年華漸老，情義依然，眞情表白，作爲出書的材料。

新書的命名

　　接續寫的書理稱「續集」，惟退休後平日常上高爾夫球場打球保持健康，時常看到一些白鶴孤伶伶、悠閒地在草場上覓食，自由自在、毫無顧慮，也沒有人會去打擾牠們，心有戚戚焉，我退休後的心情何嘗不是如此，天命必須自保，因此把書名訂爲《野鶴隨筆文集》。

過得蠻好、怡然自得

　　退休後隱居都市叢林，憑藉夫婦胼手胝足、克難成家，置窩內

湖國宅旁──取名文德居，度日生活尙稱無虞，一部老爺車用了二十餘年仍在代步，最近接連故障，修理花了許多錢，友好頻叫我換車以策安全，只好買了新的平民車代步。退休後我很少遠遊只在近郊休憩，遵守醫師指示，定時吃藥、飲食淸淡、每天運動，少應酬，作息正常過得蠻好、怡然自得。民國102年1月我自費出版《怡然自得─我的退休筆耕集》一書一千二百本，見證本團走過六十周年紀念，分贈全團前輩、同仁及相關友好，現剩數本典藏而已。

民國107年2月平靜的生活起了波瀾，我另有專章述說，可以說在暮年生涯中，晴天雷鳴，警醒了我，過往諸事──浮現腦際、心神不得安寧，翻來覆去未能入眠，只好起床將充斥腦海的思緒宣洩記錄下來。憶起民國57年進團，救國團是很有朝氣的團體，又是先總統蔣公的兒子經國先生領導，眼見青年活動蓬勃發展，多采多姿，吸引許多青年朋友參加，帶起數十年的活動風潮。但是，大家感興趣的是團的領導人蔣經國先生讓大家好奇、有點神祕感，組織救國團，爲青年服務，我有一點好奇加入了救國團的工作幹部。

本團工作幹部在復興基地台灣，人才濟濟群英匯聚、意氣風發的傑出好朋友們，表現令人矚目，創造了「救國團精神」，傳頌許多令人懷念的事蹟及回憶，當年的最高領導者睿智、有遠見，輔佐的前輩先進，無私奉獻，忠心耿耿，要求幹部誠實苦幹，人人都動手、大家一起做。幹部們竭盡所能，七十年來的努力，培植許多社會菁英、中堅幹部。當年救國團工作幹部，不畏天候炎熱或寒冷，地處偏鄉，帶動熱力深入基層村里，影響社會風潮至大。我簡列才能出眾的幹部如下：

❖孔慶棣──標誌設計，青年獎章的設計者，曾任雲林縣總幹事，教育部主任秘書。

❖馬鶴凌──時事匪情，三民主義巡迴教授。故總統蔣經國先生之喪，他擔任司儀，念祭文，我才知道古人如何吟唱詩辭。

- ❖張景珩——傑出司儀，領導、康輔、唱跳專家。

- ❖張葆樺——口才伶俐，領導、土風舞、唱跳。

- ❖趙傑——老主任主持晨間讀訓，都是大姐朗讀，口齒清晰，每次重要文件宣讀非她莫屬。

- ❖張邦正——歌唱、康輔、唱跳專長，幹部講習常課間領唱跳。

- ❖陳驥——唱和跳、土風舞、編舞，出唱片無數、回憶著作，洋洋灑灑出了十九本書。

- ❖張慶三——唱和跳、土風舞、編舞，出唱片更是無數，康輔界堪稱泰斗。當年陳驥、張慶三兩位才子，競相推出土風舞，康輔領導，掀起社會風潮、風靡全國，蔚為風尚，社區公園、廣場上，處處都揚起悠揚、有節奏的樂音、看到婆娑的舞姿，這準是救國團夥伴們，帶起社會各種舞蹈活動之風潮。張慶三先進出書《團體康樂活動論叢及運用》，至今沿用，名滿全國，有稱「康輔界教父」。

- ❖劉維椿——組訓策畫專長，主管社會團務建立檔案，貢獻甚宏，寫得一手好毛筆字，曾為本團長官題字代筆，名滿全團。退休後轉任幾位政府高官及馬英九總統等為代筆，甚受讚許。

- ❖蔡志恆、于超屏，每次幹部講習，隊伍的整合，他們動作標準，媲美軍人的動作，提振本團士氣。

- ❖朱晃庚——統籌全國青年大規模舉辦活動，統一宣傳、報名、分梯次、行政支援、創新活動等，全國各縣市均要求至少辦一項全國性營隊，開風氣之先，辛勞備至，頗有貢獻。作者民國 70 年起接替他的業務，十分欽佩他的才華與用心。

- ❖李忍書——曾在高雄縣擔任社工組長，當年是南高區團康帶領專

家，後轉入師大課外活動組工作，對團的活動支持甚力。

❖葉蔭——統籌本團期刊，推展文藝活動，對藝文發展極有貢獻。

❖許文志——精通日文、擅長時事分析，曾任雲林縣團委會總幹事。熱衷地方事務，後轉入黨務工作，當選雲林縣縣長。

❖謝義弘——曾任幼獅電台台長，專長國樂、古箏、指揮等頗有藝術天分，團的幹部講習常擔任國歌指揮。

❖其他——尚有許多的同仁或義工頗具領導才藝，因篇幅無法枚舉。因為，救國團的人，一貫習慣「做個隱藏的人」，不為名，不為利，做個犧牲奉獻，服務青年，改造社會風氣的無名推手。

營火晚會——假期服務員帶領學員一起唱跳歡樂。

擁抱青年，創造新希望！

　　救國團人才濟濟，現在還有辦理大型活動的人才嗎？或許遺落人群中，加油！同志們，大家愛我們的團，愛我們的青年，擁抱青年，創造新希望！

　　有人問我，你有沒有過人之處，我想了一下，好像沒有，但我有膽量、想法勇於實踐，進團不久，就接下主編南縣青年期刊，與陳長助兄創辦珊瑚潭野營隊、嘉南健行隊，重整台南縣社會團務，現在台南市主委陳政雄，當年我請他籌組永康鄉團務。到了台北市，創新中華體育館大型海內外青年聯歡活動，協助台北市政府辦理區運選手村服務工作，當時市長林洋港拜託救國團協助，因而充實了全團活動用的被服裝俱，分北、中、南存放，擴大舉辦活動能量，也打開團與地方政府的關係，更為良好。作者統籌全團假期青年自強活動二十餘年，救國團服務青年地位屹立不搖，讓廣大青年朋友留下青春飛揚的好年華。

　　總團部是發揮專長的地方，舉辦活動最多，社會服務也有機會。團是青年人最好嘗試、發揮理想的地方，我堅定不忮不求，沒想那麼多，多好！高興就好。當時大家的想法，專職人員能當上總團部專門委員，就對得起列祖列宗了！的確，很多年輕人在救國團工作度過他個人最精彩的人生。

　　我在本書所說的、所寫的都是正史，可不是稗官野史，不阿諛、不附和，真實的故事。我退休後在家休養、寫作、閱讀、運動較多，吃喝應酬已與我絕緣，每天外出運動保命，天國雖好，還是慢點去，人世間親情，友好、同伴情緊緊攬繫，不捨如此美好與喜樂，而結束生命旅程。

我的感想與宏願

　　退休後，偕同內人上教堂參加彌撒，祈禱、反省、默想，天主對我何等美善！心想迎接大寶孫、二寶孫陸續出生，如今小的上幼稚園，大的上小學，歡悅之餘，願分享與我共事過的伙伴、朋友們。

　　我的感想：我們都在人生旅途中，付出青春歲月，付出情感。

我們都是用生命、血汗寫自己的歷史，歲月情感終有盡，宇宙運轉竟未停。

　　我的宏願：我繼續寫作、整理，雖然我年華漸老，已至暮年，熱情依然；做人做事還是要秉持有情有義，始終如一的原則。雖然未來之事，不可逆料，人生已日薄西山，尚須敬天安命，珍惜人世間短暫美好的日子，道盡眞善美聖的理想世界。

　　假期青年活動服務中心是——活動報名、諮詢……服務的第一線，王端大姊在假服中心，服務奉獻一輩子，每個寒暑率領三、四十位工讀學生參與，貢獻良多，可以看到當年活動的盛況。

照片憶生平

一、年輕眞好，照片見少時

小學、初中、高中、大學、
出社會各階段照片

高中住台北學苑，騎腳踏車上學

師大附中 74 班同學成功嶺受訓，
假日到我的母校中興大學校園合影

台北學苑同寢室同學假日同遊南投

台北學苑在寢室中讀書

大學畢業照側拍（最後一排右二），
也是唯一的彩色照片

服預官役行軍演習著野戰
服，在集集國中校園留影

在政戰學校，分科教育，大學
同班同學假日探班

二、在救國團的日子

57年8月進團
服務，在金山活
動中心參加全
團專任幹部講
習——創團主
任蔣經國先生、
副主任李煥、謝
東閔、鄧傳楷、
胡一貫先生等
與台南縣團委
會同仁，天祥廳
前合影

59年在金山活動中心參加全團專任幹部講習——創團主任蔣經國
先生與台南縣團委會江新鵬總幹事、陳文秋軍訓督導、李正業組長、
作者、陳長助組長、蘇玲珠等同仁，在懷生廳前合影

58 年在烏山頭辦理「祝壽行軍」左起陳長助組長、張夢侯、劉廣源、江新鵬總幹事、王德槃主委、軍訓督導、作者、李正業組長等合影

76 年團部同仁慶生會，壽星與李主任、勞委會趙守博主委合影

78 年團部辦理同仁慶生會，李主任及前副主鄧傳楷先生與壽星合影

78年10月31日救國團登記社會團體後，第一次召開團員大
會參加團員合影，召集人為教育部朱滙森部長

80年阿里山青年活動中
心落成啓用——與楊允
昆、唐勃、謝又華、鄭松
年、劉安屯、作者等先進
合影

78年活動組
花東聯誼，楊
允昆組長率
領，於台東初
鹿牧場合影，
有侯壽松、徐
凱旋、洪啓洲、
張守任、楊組
長、王端、余
建業、高揚昇、
劉祖壽、林忠
正、顏明德等

76 年台東縣國高中校長
會議暨澎湖之旅，在將軍
澳廟前合影

76年4月在知本營區主持「台
東縣公民訓練活動」始業式

76 年暑期事
業室張織三
主任代表團
部訪視台東
營隊，在台東
服務站與霍
玉振主委及
工作人員、假
服員合影

75年暑期活動組蔡中偉組長訪視東海岸營隊活動，在長濱服務站與長濱國中鄭校長及花東同仁合影

76年9月3日調總團部活動組代理組長，台東縣總幹事由高揚昇先進接任，主委霍玉振先生主持交接，全會同仁合影

78年12月陪同教育部體育司吳仁宇司長（左一）、活動組楊允昆組長（左五）暨國防體育研究教授訪問金門合影

82年冬令陪同李主任訪問「航空戰鬥營」，與空軍官校夏瀛洲校長（右三）及南區各縣市總幹事等合影

77年暑期率「韓國雪嶽山山野活動隊」及「漢江水上活動隊」拜會我駐韓大使館，黃新璧公使及葉乾坤參事接見，在使館門前合影

78年暑期與臺大古偉瀛教授（前排左二）、中興醫院呂喬洋副院長（前排左一）等，率領大專學生訪問希臘、埃及及義大利等國參訪古文明，全體團員在比薩斜塔前合影

83 年冬令與忠孝醫院王泰隆副院長及曾文中心顏瑞堂副總幹事等，
率領訪問紐西蘭、澳洲文化風物探索，在雪梨合影

91 年暑期率領「北京暨清華大學文教參訪團」，在清華大學大禮堂
前，致贈該校導覽袁源老師禮物合影

86年暑期率領「中歐文化風物探索隊」，在荷蘭木鞋工廠與秘書沈伯陽（前警廣電台總台長）、醫師曾國楨合影

79年8月7日辦理「社會青年歐洲訪問團」，李主任授旗合影，南投縣主委李嵩仁先生（後中）擔任團長、劉唯生專門委員擔任秘書（左後一）

79年3月陪同青年獎章得主與李主任、吳挽瀾副主任合影

93 年 12 月總團部活動處老退休同事歡宴（之一）

93 年 12 月總團部活動處老退休同事歡宴（之二）

93 年 12 月底李博士歡宴退休總團部正副主管全體合影

三、退休仍心繫著團──94年元月1日起退休

參與兩岸中秋聯歡活動，圖中有真善美聯誼會王美
只總會長、龔勝美、陳賢雄夫婦等

應邀參加服務社社慶，葛主任與部份歷任總幹事17任王福生、15任楊保
中、11任唐勃、16任作者、18任李志玄、22任藍涂育、23任林寰、20
任薛全麟及王群元、黎俊明、陳賢德、曾雪華、尹邦智等同仁餐敘合影

松江路總團部搬遷前，幼獅公司股東大會李董事長、葛主任與同仁薛全麟、翁宏文、李光耀、作者、王信東、尤德彬、裴文風、施國豪、鄧蔚林等合影。

退休諸好友久未見面，特相約與李鍾桂博士餐敘話家常

松江路總團部搬遷前葛主任邀約退休老同仁見面座談

總團部社會處在曾騰光前處長領導時期的老同仁聚餐合影

與57年8月進團分發台
南縣團委會服務時的老
同事林方察老友合影

參加好友周彥
中公子婚宴——
與廖光環、
高揚昇、王福
生等老友合影

參加葛永光主任新書發
表並購書,特請其簽名
留念

參加葛永光主任新書發
表,與好友朱甌先進合影

與現任團務通訊主編—本團
最佳司儀黃振凱同仁合影

參加葛永光主任新
書發表,與左起洪
啓洲、作者、洪淳
逸、馮明輝、魏繼
中、周仁元合影

參加葛永光主任新書發表，與左起之一藍涂育、之三吳威志、之五簡鴻檳等合影

與李主任及老友張德元合影

93 年參加「第五屆海峽兩岸青年中秋聯歡」，在雲南省人民政府歡宴上與李主任合影

兩岸青年中秋聯歡席上與老友王福生前副主任合影

94年元月一日作者退休，
李主任致贈紀念品

與吳清基召集人、沈達
吉主委、薛全麟前處
長、葉慶濤總幹事合影

與葛永光主任、甯恩庸
先進合影

與簡鴻檳前處長及李
總集指導委員合影

與前新竹團委會呂理展前主委合影

總團部搬民權東路新家與前本團
召集人黃正鵠合影

與本團評議委員柴松林教授合影

與前中華救助總會理
事長張正中老友合影

與前童子軍總會秘事長黃克仁老友合影

與葛永光主任、前雲林縣長許文志先進合影

與支持本團活動最力的老友周彥中兄、簡鴻檳前處長合影

與老友——右起廖光
環前主任秘書、許石欽
前處長合影

與傅森熾、蔡富炎、林
聯章、鄧桂菊、簡鴻檳
等同仁合影

江蘇淮陽之旅與現任副
主任翁宏文同仁合影

與簡鴻檳處長一起向老友前高爾夫協會秘書長徐連德夫婦祝賀其女公子結婚之喜

與簡鴻檳前處長、施國豪先進、劍潭中心羅吉彩總幹事等合影

高忠良、何維荃夫婦從美回台邀劉叔清、葉華、曾清波、吳靈笙、陳光蔚等老同事餐敘合影

與葉華、黃雲真、葉慕賢、王端、吳靈笙、呂宿生、張德元、作者、李國新等老同事合影

與右二起台北市團委會紀鳳珠副主委、團友會潘森榮副會長、蔣大程、楊建國合影

台北市國劇推行委員會──老友鄭榮興任理事長與李鍾桂名譽理事長、龔勝美等合影

早年服務台南縣團委會老同仁與史濟鍠夫婦、韓諮豐夫婦、李榮昌夫婦、楊台英、施家順、作者夫婦、史美奐、韓吉元等合影

與鄭必安、王端、作者、王琇孜、劉木方等老同事合影

參加好友周彥中公子婚宴——與林寰、作者、黃喜惠、馬鎮歐等老同事合影

李主任與鄭曉燕、蔡秀蘭、作
者、施國豪等同仁合影

與老同事、老鄰居馬大成老友合影

資深服務員楊
琇碧（後排右
二）邀請——
團部大哥錢圓
昆、孫慶國、作
者夫婦餐敘，
王素芸、賀光
輝、柏暐琦、方
中禮等伙伴作
陪合影

參加洪啟洲、林寰在台北
市團委會總幹事交接合影

總團部舉辦退休暨離職先進同仁回娘家聯誼合影

中區離、退
同仁聯誼─
─與陳喜
彥、陳明德、
葛永光主
任、作者、吳
桂森主委、
尹慶箴、簡
鴻檳、藍涂
育等合影

中區離、退
同仁聯誼─
─與李卿
雲、丁文揚、
作者、趙令
正、李煥文、
吳瑞麟等同
仁合影

中區離、退同仁聯誼——與鄭松年、張植珊、許文志、作者、陳長助、蔡憲六等先進合影

柯本進輝柏志合影與陳向一、羅卓蔡、陳宗同仁經昌權雄、潘翰等影

與蔡憲六、鄭松年、劉錫烔、作者、張先覺、吳瑞麟等先進合影

與任景昱、江銘煜、鄭斐文、藍育六、蔡武煜、鄭涂憲奎松年、洪啓洲等先進同仁合影

中區離、退同仁聯誼——與早年一起進團服務的李耀群老友合影

中區離、退同仁聯誼——與總團部社會處同事——彭德富教授合影

中區離、退同仁聯誼——與苗栗縣前副縣長鄧桂菊女士合影

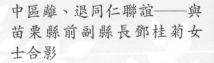

中區離、退聯誼——與楊瑞合影同仁——與楊槙、吳國麟老友合影

中區離、退同仁聯誼——與蔡惠貞、王崇綸好友合影

與張立宏，又名河馬先生合影，立宏兄是義工、曾任鳳山區團委會會長，活動帶領強，專長多，熱心公益服務

澄清湖活動中心即將交還政府，與高雄市前總幹事魏繼中拜訪中心總幹事鄧廣演合影留念

與總團部前出納──羅慶松老友合影

楊國楨同仁娶媳婦婚禮宴會中──與左起馬鎮歐、丁文揚、張德聰前主任、劉錫焴、王永安(彰化前主委)、作者、簡鴻檳、魏繼中等好友合影

現任總團部諮輔處處長涂喜敏贈書

與前總團部財務處長藍涂
育老友共遊秦淮河畔

興前台北市張老師中心執
行長吳沛樺合影

與苗栗同鄉——張堂欽、
鄧桂菊前副縣長、葉淑貞
等同仁合影

早年中橫健行隊駐站醫官
陳志福，服務學員、並幫助
當地人就醫，讚譽有加

古道熱腸的老同事
——施國豪先進

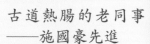

深愛青年活動的資深服務
員——徐宜君在其服裝創
意工作室合影

參加台北市團委會新任洪明輝、舊任呂能通總幹事交接典禮合影

與方麗莎、作者、林
純如、張珮瑜、王素
芸夫婦、柏暐琦等資
深服務員餐敘合影

江蘇、淮揚之旅——
與現任幼獅公司王華
金總經理老友合影

四、運動健身，快樂融融

夫生影——高爾夫青友聚餐青球日之一

爾——高友聚日合影之青球生合影——餐二夫青友

夫大場——在球青高爾夫爾夫萬年青友——球友屯高爾夫合影

高友幸夫
青球在青爾夫
年夫高爾
萬爾——福球場合影

青青高爾夫球
友——青青高
爾夫練習場即
將關閉，球友們
相聚合影

高友華球
青球國夫
年夫爾夫
萬爾——高爾場合影

再興球場與球友
——大學長喻慰
祖、林孝達夫婦合
影

萬年青高爾夫球友——
在關西山溪地球場與賴
正信、蔡連理、周春陽
球友合影

萬年青高爾夫
球友——在楊
梅高爾夫球場
合影

高爾夫球友——
由史將軍安排在
大溪高爾夫球場
合影

萬年青高爾夫球友——在北海高爾夫球場合影

與蔡康彥、江百齡、
郭榮宗等球友合影

萬年青高爾夫球友——在幸福高爾夫球場合影,中有李詩鎮、劉惠明老同事參加

萬年青高爾夫球友——桃園高爾夫球場合影,中有李詩鎮同仁參加

高爾夫球友——青青球友——左起劉永寬、作者、陳慶光、花自明德、盧永寬、作者、陳慶光、謝聖祐、謝自強等球友合影

在關西山溪地高爾夫球場
與蔡老、周春陽、林貴珠
夫婦等合影

高友旭夫樂陽
青球在爾俱樓
年夫——高村二
萬爾——陽鄉部
台合影

東華高爾夫球
場——與盧永
寬、江百齡等
球友合影

在桃園高爾夫球場——與簡敏華、楊翠眉、洪毓璘等球友同組合影

青青高爾夫練習場——與謝自強、史宗儀、許學彬、作者、盧永寬、官宏鐘等球友同組合影

青青高爾夫球友——在大直月娘餐廳聚餐-張正二、游文煌、簡剛民、喻慰祖及作者夫婦合影

青青高爾夫球友——
——恭喜簡剛民董事
長榮獲台北大學第
21屆傑出校友,事業
有成,球又打得好,
曾一桿進洞。

高友幸夫
球在爾
夫——高
年夫福爾
萬爾——球場合

萬年青高爾夫球
友——在林口第
一高爾夫球場合
影,中有李詩鎮
同仁參加

高友幸夫
青球在爾
年夫—高
萬爾—福場合影
球

萬年青高友幸夫
爾夫球在爾
—在高
福—高場合影
球場

青夫—關溪爾村部
年爾友在山高鄉樂
萬高球—西地夫俱
球合影

萬年青高爾夫球友——蔡連理長老九十大壽，招待球友及其教友在
長庚高爾夫球場打球，吃大餐、送紀念品，熱情感人

106.10.19 長庚高爾夫球場——蔡連理球友 90 大壽邀福
音隊、YMCA 隊與萬年青隊球友打球祝壽、聚餐

萬年　高友
年青　楊夫
爾夫　球完
夫球　友大
——　在莊
梅高　爾打
球場　場完
球場　，打在
球場　後在鵝
楊梅　梅
聚餐

萬年青高爾夫球友——遠
征花蓮打球、參訪,在美
侖大飯店部分球友合影

萬年青高爾
夫球友——
遠征南高,
打兩場球、
參訪高雄
港,在談天
閣餐廳合影

參加大直社區八極養生保健班——由陳嘉鈞老師指導合影

五、居家生活，有主同行，平安喜樂

（一）參加小學、大學同學聯誼

小學就讀桃園市龍潭區高原國小，於民國104年3月22日舉行百年校慶慶祝活動，至今（111年）已成立108年。

104年3月22日參加母校——龍潭區高原國小成立一百週年校友回娘家活動。

民國31、32年出生，年已進入八秩，龍潭區高原國小同學會定期舉辦聚餐、旅遊活動——參觀烏山頭水庫

小學同學會旅遊——
特參訪當年我與內人
在後壁區菁寮天主堂
舉行婚禮的教堂。

高同——餐地味便
區小——村道風順家走
潭國會鄉吃家食，順老家了思
龍原學在廳客飲回走，以了思
鄉之情

龍潭區高原國小同學會——在宏碁渴望園區舉行年會聚餐，
恩師邱琳標老師蒞臨

小宏行師臨蒞

國小——在舉行

原區區園區

高望園區

區聚餐，恩老師

龍潭同學會——碁渴望會聚餐，恩標老師參加

同學會碁年會聚餐

年會邱琳標老師參加

55 年中興大學法商學院合作學系畢業之同學會，每年十月舉行乙次

學同學——在容敬國建煥學

同學——在容敬國建煥學

福餐蔡、許、郭等同學

大學會——在台北福店與彬次輝合影

-82-

大學同學會——
在台北福容飯店
餐敘與郭祥瑞、
郭常敏、張雅明
夫婦、楊秀雄、
陳慶祥等同學合
影

大學同學
會——110
年10月15
日在台北
福容飯店
餐敘合影

大學同學90年4月13日
在南京東路彭園餐廳合
影——林坤福從美返台
特別安排餐敘

大學同學88年7月13日
在仁愛路敘香園餐廳合
影——王正平從美返台
特別安排餐敘

（二）身心靈活動

內湖聖母升天堂堂慶，總主教洪山川主持堅振儀式，小兒曜成（前排右二）當日領受堅振聖事合影。

堂慶後與洪山川總主教合影

本堂神父田明秀主持聖神降臨節彌撒

參加基督活力台北分會活動，訪問嘉義教區，與現任總主教鍾安柱合影

南港耶穌聖心天主堂 109 年 8 月 29 日現任鍾安柱總主教及教廷駐華代辦主持落成祝聖感恩彌撒，會後在餐會上合影

總主教洪山川主持內湖聖母升天堂改建落成彌撒，會後在餐會上與洪山川總主教及本堂神父田明秀合影

耶誕創意環保耶誕樹——天主教內湖聖母升天堂聖誕燈飾(左為109年以雨傘製作;右為110年以塑膠袋製作)

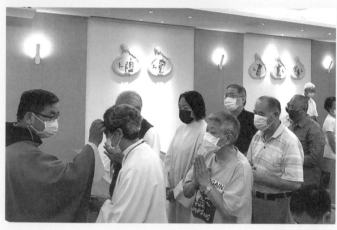

參加彌撒神父為長者傅油儀式

神父田明秀贈送父親節禮物
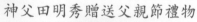

田主誕聖燈神父明秀持聖樹點式儀

耶誕子夜彌撒——在文德女中大禮
堂（110.12.24）

耶誕聯歡於方濟中學——為
12月壽星慶生，左一為當日壽
星——作者內人（110.12.26）

(三) 後壁情緣

參加後壁台北同鄉會

後壁同鄉林慶龍隊
長，協助海外營隊出
入境事宜甚多

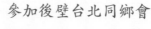

參加後壁台北同鄉會

參加後壁台北同
鄉會，在典華聚餐

（四）至親相聚首──蕭家

岳母慈祥愛子女，112
年 3 月 15 日逝世，享
嵩年 98 歲，子孫祈願
安享天國永福

家庭聚會──與惠月之弟、妹、弟媳及姪子、姪女合影

除夕年夜飯後於新莊天祥街合影

除夕年夜飯後於新莊天祥街合影

（五）至親相聚首──余家

懷念父母親

父親余運送民國 3 年 1 月生，卒於民國 70 年 4 月，享壽 68 歲。

母親余陳宜妹民國 5 年 4 月生，卒於民國 84 年 6 月，享壽 80 歲。

生五子一女。

前排右起鎮業大哥夫婦、錫業二哥夫婦、雪枝姐姐後排左起梁志奮姐夫、嵩業三哥夫婦及作者夫婦，合影於三哥之子亮成訂親李府門前

左起雪枝姐姐、二嫂陳蓉姬、大嫂吳錦妹、三嫂盧萱妹、牽手蕭惠月，合影於苗栗三灣姑丈溫家門前

前排左起惠月、余雪枝、陳蓉姬、吳錦妹、作者，作者後方
爲小弟廣業（行六）在龍潭老家合影

在龍潭銅鑼圈悦君薑絲大腸店門口合影

在龍潭深窩子老家休閒飲茶廳合影

在中壢余志成家聚餐合影

在中壢青松花卉農場二樓戶外花園合影

在中壢翠華家聚會

在中壢翠華家聚會

107 年春節在內湖文德居家全家福

（六）牽手熱心社區環保公益

103 年參加第七屆台北市金省能獎，獲得社區組優勝，接受郝龍斌市長頒獎留念

104 年參加台北市節能領導獎，獲得社區組第三名。

左一為盧瑞華、右一傅君珏陪同留念

105 年行政院環保署「減碳行動獎」，獲得社區組優勝，副署長親頒獎牌。

（七）牽手熱心健康事業

早期參加妮芙露負離
子健康服飾推廣。

參加匯芯科技公司愛力通晶片健
康產品推廣。

左下圖為與董事長張登科（左二）
合影。

右下圖為與伙伴林秀月合影。

（八）子女各自成家——曜成

102 年 10 月 5 日曜成陪爸媽一行至台中吳家提親後聚餐合影

103 年 5 月 24 日曜成和旻璇在聖鮑思高天主堂舉行婚配彌撒

103 年 5 月 24 日曜成結婚於台北市敦化北路——豪園飯店喜宴，與家族合影

二位孫子於台中與親家合影

孫子家齊手中的是內
湖家中土產——香檳
檸檬

109.8.12 台東鹿野高台熱氣球嘉年華　　孫子家齊　　　孫子家睿

大直幼稚園門口合影

左：105.12.31 家齊抓周（台中桃囍人文藝術館）

右：108.11.15 家睿抓周（北投文物館）

（九）子女各自成家──佩燕

外雙溪青青農場高爾夫球練習場

105.2.11 淡水紅毛城

110.5.9 劍湖山世界

110.5.8 嘉義故宮南院

108.5.19 台南冰店

左：105.9.4 韓國　　右上：106.10.8 蘇州寒山寺　　右下：106.10.9 蘇州烏鎮

左上及左下：107.7~12 月，昀哲參加「喔走！48 小時」節目，贏得去新加坡旅遊的機會

中：106.8　日本嵐山

右：108.4.12　昀臻生日

左：99.1　台北花博美術館公園園區

右：110.2　宜蘭吉米公園

左上：105. 知本森林樂園

左下：105.2　淡水紅毛城

右：110.2　烏來風景區

（十）子女各自成家──姿蓉

墾丁悠活（中班小班）

貓空（小四小三）

西子灣（小五小四）

台東關山（小五小四）

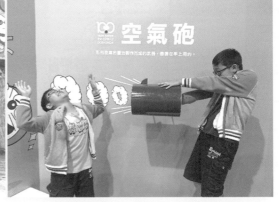
駁二多拉A夢展（小五小四）

高雄藏愛（中班小班）

台北依莉（111.1）

日本自助旅行，左上：大阪環球影城（106.8）　右上：金閣寺（106.8）

左下：金閣寺（106.8）　右下：稻禾神社（106.8）

烏來（110.2）　　　　　　　武陵農場（111.2）

六、救國團成立 70 周年慶暨作者夫婦結婚 50 周年金慶

全家福

與兒女合照

與孫子女合照

孫子女合照

110.12.4 志成，志尚、翠華夫婦來內湖文德居

110.12.20 左上：與牽手參加洪啓洲女兒婚禮

右上：左起徐台光、張少熙前體育署長、作者、卓進權、黃秀瑾、周志岳前校長

左下：作者與尹邦智夫婦

110.12.26 於方濟中學參加內湖聖母升天堂聖誕節聯歡、同時慶祝牽手生日

111.1.21 活動處老同事春節聯歡，前排左三張志滿教授，右二王端大姊

111.2.25
至武陵農
場賞櫻

111.3.7 龍潭球場，左
起郭榮宗、作者、盧永
寬、施公博

111.3.21　東華球
場，左起作者、黃銘
彬、　謝全、郭榮宗

111.3.27《大海借路》新書座談會，與作家周梅春合影

111.4.8 下午拜訪本團創團先進斐文風，97歲在淡水江南居享福

緬懷老主任──經國先生

於 111.5.31 參觀經國七海文化園區

七、虎年餘風，兔年歡喜迎春

111.10.30 本團發
起凱道大遊行

作者夫婦及凌偉中夫
婦於公園路集合處，出
發前合影

前總統馬英九、前副總
統吳敦義、立委廖國
棟、吳召集人清基及葛
主任等，前來參與並致
詞響應。

凱道上聚集聲援救國團的人潮-1

凱道上聚集聲援救國團的人潮-2

111.11.27

主日時，神父與教友們一同爲作者慶 80 生日，感謝天主降福

111.11.26

家族齊聚台北鉅星匯宴會廳，爲作者慶生

112.2.20 前海外處葛維新處長宴請好友同仁於劍潭青年中心喝春酒

112.3.11

掃墓後於龍源
鄉村餐廳聚餐
後合影

作者夫婦於教堂合影

大女兒姿蓉送老爸
的80歲生日禮物

年華漸老，情義依然，眞情表白，文章上場
1 愛的鼓勵一起來──伴隨靑少年走過靑春歲月

前言

當民國五、六〇年代台北大學陳金貴教授擔任救國團假期服務員與伙伴們在營隊中用「愛的鼓勵一起來」獨特的掌聲，傳遍了全國，成爲本團活動歡迎、鼓勵的掌聲，也代表靑少年朋友的熱力的表徵。

今 102 年救國團暑期活動 5 月 28 日舉辦記者會由張德聰主任宣示──暑期活動開始報名囉！在社會中投入清新令人振奮的消息，希望媒體界多予關注、報導，給靑少年朋友在課業繁忙中得到暑期休閒的活動訊息，妥善安排、舒緩身心，以免假期沉湎在電腦或電玩中。

本團一甲子的熱誠與堅持

民國 41 年救國團成立，假期活動自 42 年冬令起舉辦，至今年正好一個甲子，曾參加過的靑少年達 26,776,105 人次，是多麼讓人驕傲的事！

「假期活動」是我「熟悉又已疏遠」的議題，每思及此便勾起我對「團」的懷念。本團活動堪稱是現今已成爲社會中堅的這一世代國人共同的美好回憶，我退休後在休閒運動場合上，許多球友知道我曾在救國團服務，都稱我爲「團長」，他們時常問我救國團的活動是否仍在繼續辦理？其於言詞及眼神裡充滿了關心與期待，我也感到光彩，引以爲榮。本團成立至今 60 年所譜下的「靑春飛躍戀曲」深深的影響了這一代國人，是無庸置疑的！

去年本團慶祝成立一甲子的六十周年團慶，張主任德聰特別宣示：讓我們「承先啟後，深耕青年服務，繼往開來，再創甲子服務！」對團務工作未來的發展方向及策略，張主任已開立了處方，事業處鄧廣演兄說得好：「大凡有歷史的機構，就有包袱，改革難，創新更難；要樓起，要樓塌，除了員工是否努力與認真，端看領導者的決心與毅力」，只要有方向、有策略、有正確的領導、有貫徹的決心和意志，本團活動就能永續為青少年服務。

「團務工作」既是「服務的」也是「活動的」

大家都知道團務工作是與時俱進的，服務與活動，具體來說是一體兩面的，救國團的本質、屬性與定位既是服務的，也是活動的組織體。本團的工作自民國 41 年成立以來，一脈相承，始終如一，其前提就是在「我們為青年服務，青年為國家服務」之原則下，配合政府政策，針對在學學生、青年及社會大眾需要，規劃辦理各項有關公益性、教育性、服務性、健康性之服務與活動。

本團的組織早期以服務活動區分，計有：學校服務、社會服務、海外工作、大陸工作、事業服務等專業單位，其他如音樂、美術、藝術、體育、寒暑假期活動之辦理，由育樂活動組負責。當年為辦好全團寒、暑假期活動，總團部各單位均規劃辦理多項活動，由育樂活動組負責全盤統籌工作，運作極為順暢，因此本團活動的執行力在全國各機關團體中來說，效率是最高的，並為社會各界所肯定及讚許。當時能夠在救國團服務或擔任義工、或與救國團有所關連，均是讓人稱羨的，是很光彩的事。

「活動服務」是建立救國團品牌形象的主要元素之一，凡我救國團的人個個都應該以此為志業。本團歷任主任皆曾諄諄勉勵同仁，要傳承先進樹立的品牌形象，不能疏懶、怠惰，時時以擦亮這塊招牌為已任、為榮！

本團假期活動靑春飛躍一甲子

本人當年負責寒、暑假期活動統籌工作，感謝本團許許多多的先進與同仁的配合，也感謝政府、軍方及相關單位認同本團是爲靑年服務無私奉獻，儘管本團雖非政府行政體系內之單位，亦無公權力，而仍能依本團請求事項全力予以配合、支援，造就了每年靑年朋友參加人數冬令最高四十萬人，暑期六十萬人，一年達百萬人次參加救國團的活動與服務的盛況，本團假期靑年活動靑春飛躍一甲子，是我國靑年史上最大的奇蹟。

因此，負責統籌全盤工作的活動處格外受到長官重視與期許，承辦者除了要有規劃能力外，更需兼備協調與執行力，必須要在短時間內依進度統合完成活動方案並公諸社會，供本團各單位據以完成各項活動準備工作，展開受理報名作業，是與時間賽跑的智慧與行動工作。

愛的鼓勵一起來——伴隨靑少年走過靑春歲月

張德聰主任對寒、暑假期活動的重視與期望，在主管會報中指示：「應針對不同參加對象，如老師、大專、高、國中、國小學生等，以不同行銷策略、價格及管道，進行市場區隔，以提高報名參加人數。另寒暑假期活動的計劃更應以『行事合法、創造需求、公益宣傳、品牌創新、文書資訊、專業實力、風險管理』具體可行的落實發展目標」。

張德聰主任對寒、暑假期活動的指示卽等同於本團的政策與方向，活動處薛全麟處長職責所在已積極在辦理，今年的活動已加入創新的元素與意涵，建立領導品牌並加強行銷。

我與假期活動關係密切，感情深厚，深切明瞭逾半世紀以來本團假期青年活動對千百萬青年在學習、成長與身心健康方面的幫助，以及對我們社會與國家的貢獻，雖然由於時代的變遷，受到整體外在環境因素的影響，本團假期活動盛況不再，確實是事實，但是我們不能因爲活動規模、項目的縮減以及參加人數的下降而氣餒！

　　本團活動向來是順應潮流、配合政府政策、依據青少年需要而規劃舉辦，如不能符合青年的期待，不再受到青年的歡迎和喜愛，自然會被淘汰。古語有云：「人無遠慮必有近憂」，我呼籲全體同仁均應共同發揮智慧，集思廣益，群策群力，認眞地進行內、外部檢討。當然如何因應未來新局面，亦需未雨綢繆，厚植競爭力，妥爲準備。

　　我愛救國團，歷年來本團同仁曾經給青年朋友帶來歡樂時光，給社會國家創造無限生機，本團假期青年活動的貢獻無遠弗屆，我們期望本團在下一甲子繼

冰雪地登山安全研習在合歡山訓練

續堅持，救國團一切爲青年來做服務的熱誠，「愛的鼓勵一起來」——伴隨青少年走過青春歲月。

　　　　　　　（本文載於民國 102 年 7 月《團務通訊》780 期）

2 救國團的人都是這樣走過──
《怡然自得》一書迴響記

拙作《怡然自得──我的退休筆耕集》一書，於民國 102 年元月底印製完成，立即分送或郵寄本團各單位、各地資深義工、本團團員、離退休同仁、協助支援本團活動如體育、軍方、醫療……等政府相關單位與個人，以及專家、學者、輔導教授等諸先進、好朋友與現任同仁們指正、參閱，目前已送出 1250 本，僅餘十數本。

因此，最近兩個月來接到許多的來電，略謂：「謝謝送書」、「很感動」、「迫不及待翻閱」、「熱淚盈眶」云云；有些好朋友更說：「我們都是這樣走過，謝謝你幫我們寫下來，……」。我則說：「趁現在還有人要看我寫的文章，趕快獻出……」。本次拙著付梓能引起如此熱烈迴響，內心感到無比欣慰，其實這一切都應歸功於「救國團」給我的數十載璀璨的歷練。

《怡然自得》一書回響

茲將好朋友、先進的鼓勵或回響，依來函先後，周知大家，分享喜悅！

救國團主任 張德聰博士來函

建業兄：敬佩您退而不休，述而長撰，由文章中可以體會您對團的關愛，祝您與大嫂四十年紅寶石婚，幸福美滿、長長久久。

朝陽科技大學教授王振勳博士來函

今天收到您寄來的大作，再次回味過去您已在《團務通訊》登過的宏文，時間飛逝，弟亦即將進入退休準備階段，回首參與革命的團體，享有革命的同志感情如今，這都是過往雲煙的老古董，由您紀錄這個團體的事蹟，且留下另一側觀的歷史印記，可供後人檢驗評說其中人物與其功過，簡此再謝，敬祝

平安喜樂！

（民國 102-02-02）

作者小學授業恩師邱琳標退休校長來函

大作收到了，謝謝。

個人的價值，財富不是全部，品格與內涵才是人生的真諦。幾十年來先生對國家與青年學子的貢獻和努力，同時能藉各項有意義的活動中吸取名人、學者的經驗、學識，編織豐厚的樂章，就是你文化的價值，與有榮焉。

退休了，能有正確的生涯規劃，夫妻情深，暢遊天下，人生一大樂事，是榜樣、是模範。

雖然是很久的事了，先生能把它有計畫地整理出來，如今欣賞

起來，歷歷在目，等同活在眼前，老子云：知足者富，不失其所者久，死而不亡者壽。其此之謂乎？

　　祝福闔家平安健康、萬事如意。　　　　　（民國 102-03-01）

華南高商退休校長　劉智先生來函

　　《怡然自得》，不僅是您精心打造的一部療養身心的寶典，我想讀了《怡然自得》集的朋友們都會有相同的體驗感應吧！

　　《怡然自得》的每一字、每一句、甚至每一張圖片，都是您挖空心思，用心撰寫編織的，在您的筆觸下，除了用心外，也真心誠意的刻畫了每一個人物、每一項事實，您把客家人勤勞、節儉、苦幹的精神也帶到為團服務的生涯中，您秉持著「一日救國團，終身救國團」的精神為團犧牲奉獻，為青年服務、教育，即使退休了，仍然懷抱著救國團不離不棄，繼續犧牲奉獻，您的親切、自然、實在、用心的作風，始

終不變，您對歷任的召集人、主任的崇敬與感念，都一一的表現在您的寫作中，假使每一個「救國團人」都能秉持您的精神、作風，為青年服務，為團效力，那才能成為「救國的團」、「健康的團」。

　　　　　　　　　　　　　　　　　　　　（民國 102-03-01）

前文建會台中圖書館館長　薛茂松先生來函

　　承惠贈大作《怡然自得》拜讀之餘，甚為感佩；吾兄筆耕精神，努力不輟的毅力，實在值得效法。

　　特別是寫真篇的許多照片，彌足珍貴，若

不是費心保存，無法如此豐富。再度感謝你，承蒙多方照顧。

　　敬祝　平安喜樂！　　　　　　　　　　　　（民國 102-03-05）

東吳大學教授兼主任秘書　謝政諭先生來函

　　承蒙惠賜《怡然自得》一書，誠心拜讀，對於您將人生中最寶貴的歲月奉獻予救國團，深感敬佩！大作紀錄著救國團的點點滴滴，精彩豐富之餘，足見薪火相傳之精神；怡然自得的退休生活規律有計畫，怡悅閒適的心境，令人稱羨！余兄之胸襟，弟自當學習效法之。

（民國 102-03-07）

前幼獅通訊社社長彭肇雄先生來函

　　至深感謝《怡然自得》文集巨著相贈。

　　愛心、堅強的意志與耐力，鍥而不捨的完成十五萬字、加上蒐集生活、工作記錄的照片，真是難得的有心人！

　　對「團」的愛，每個人都有；但我對您的氣魄、恆心、始終如一、與人為善精神的佩服，要說個比喻：您是救國團的太史公。我最佩服的人是司馬遷，好像是四十八歲，因李陵事件受宮刑，在六十歲左右，完成歷史巨著「史記」，忍辱奮發，其精神後世能及者幾無，此其偉大之處。

　　您的書厚厚一冊，我不可能在短時間內閱看，但大致瀏覽，您們夫婦有共同信仰，夫婦同心，一團和氣，一起奮鬥，宗教信仰，天主真幫您們大忙。許多人沒有這麼幸運，一生就莫名其妙被糟蹋了，年輕的生命不可能再來。您們夫婦，您們家庭，令人欣羨，祝福您們永遠幸福！　　　　　　　　　　　（民國 102-03-17）

前台南市團委會總幹事、成大教授、崑山科大李士崇董事長來函

今日收到大作《怡然自得》文集，謝謝。

吾兄在救國團工作期間，全力奉獻，嘉惠青年活動，退休後又筆耕不輟，著述等身，立功、立言，令人欽佩。

十五萬餘言的巨著，我需要時間細細拜讀，必定惠我良多。

（民國 102-03-19）

前宜蘭團委會蘇漢霖社工組長來函

建業兄：收到大作，太棒、太讚了，使我退休同仁更加懷念、感受情誼，青春奉獻，老來更加追懷，謝謝！請續寫作。

（民國 102-03-20）

前本團副主任、海洋大學校長 鄭森雄教授來函

承寄來大作《怡然自得》一書，十分感謝。

在本團成立六十週年之際，恰是吾兄與大嫂紅寶石──四十週年婚慶，眞是可喜可賀。拜讀吾兄大作，以前在團裡的點點滴滴又浮起心頭。

謝謝吾兄之力作，使得大家得以回味，更記得以前美好的時光。再祝

吾兄及大嫂 永遠年靑 一直快樂

（民國 102-03-24）

曾服務於總團部海外組、中正大學教授兼副校長、現爲僑光科技大學校長衛民博士來函

謝謝贈書《怡然自得》，當我翻閱其中的精彩圖片時，彷彿又回到松江路 219 號的生活與工作的情境中，那是令人難忘的時光。在此敬祝吾兄

身體健康 退休生活如意！

（民國 102-03-27）

曾任台灣大學校長、本團副召集人，現爲本團團務指導委員孫震博士來函

謝謝您的大作，我已拜讀完畢，也因爲讀了您的大作，增加了對救國團的了解，深以這些年有機會參與爲榮。前幾天看到李鍾桂主任，談起您的大作和退休生活，我們都很羨慕。我和團的關係很深，與每位主任都認識多年，慚愧不能像您一樣有貢獻，讓我以此信敬致欽羨與祝賀之意。順祝

闔府幸福吉祥

（民國 102-03-31）

曾任職財政部海關，作者同學、台北學苑室友，名字相同，巨建業先生來函

余兄：響應兄台的「怡然」我就天天「自得」的隨興翻讀大作，增聞不少獲益良多，眞羨慕你的工作如此多彩多姿。當年高中新生訓練時第一要務就是練唱「團

歌」時代在考驗着我們、我們要創造時代，我覺得「時代考驗青年、青年創造時代」這句話太好太美了，對任何時代的青年都有激勵其立志向上的意義。說得好「台北學苑」是我們的家，法商沒大校園，所以除了教室、圖書館，就是「台北學苑」了。

（民國 102-10-31）

前劍潭海外青年活動中心 蔡佑祥財務組長來函

書已收到謝謝！書裡文章寫的真好，無論敘事、寫人皆精彩，這文筆是怎麼練成的？對您實在佩服！

（民國 102-04-04）

附註：佑祥兄，劍潭中心財務組長任內退休，在團服務三十年。

曾服務於總團部學校組，現爲文化大學教授 葉明德先生來函

頃承惠贈大作《怡然自得》，非常敬佩吾兄之文采，透過吾兄之記述，更感覺到團部長官同仁辛勤的耕耘正是台灣軟實力展現之鉅作，可敬可佩。

（民國 102-12-13）

救國團的人都是這樣走過

拙作《怡然自得—我的退休筆耕集》一書所描述的，正是我們「救國團的人都是這樣走過」，有著共同的記憶。因此，先進們對我的書都有所感，前考試院許水德院長、前考選部吳挽瀾部長、前教育部孔慶棣主任秘書、前朝陽科技大學曾騰光校長、中華日報詹天性董事長、前考試院蔡憲六考試委員、環球科大創辦人許文志博士…等來電鼓勵有加，非常榮幸；還有許多友好慷慨贊助，至爲感謝。

救國團是給我學習成長直至退休、持續照顧的中保，民國 101 年欣逢本團成立六十周年一甲子慶，出書慶祝、回饋，盡棉薄之力，應屬本分，珍惜這個機會，雖所費不貲，但很值得。

左起：王福生、張德聰、曾騰光、作者——民國 103-12-8

前排左起張義華、李國新、張志滿（前體育司司長）、蔡中偉、王端、作者
後排左起劉秉申、李達弘、藍涂育、簡鴻檳、徐台光、洪啓洲、廖文銘、魏繼中、于家敏、江孝平　民國 111-01-21

3 大學同窗共硯共宿的朋友──
《怡然自得》一書重啟友誼之鑰

前言──我與「台北學苑」結緣

拙作《怡然自得─我的退休筆耕集》一書中，我有專文〈本團「台北學苑」嘉惠青年〉乙文，其中寫到我與「台北學苑」結緣的經過：

左起：郭祥瑞、鍾梁發、郭常敏、作者

我是民國 50 年第一批住進「台北學苑」的學生之一，當時就讀師大附中三年級，直到大學畢業共住了五年，對救國團興建「台北學苑」印象極為深刻，在敦化北路未拓寬前，學苑前有大片草坪，又有噴泉池，庭院草木扶疏，有兩幢四層大樓，中為大禮堂──即當時在青年學生乃至一般台北市民中最負盛名及好評的「青康戲院」，用今天時髦的話來說，「青康」可真正是「青年的『好康』」，學苑有吃、有住、可洗衣、看電影，費用都很便宜，大家包伙食每月僅兩百多元，遇有國防部示範伙食團進駐時，菜色、味道都特別好。學苑是讀書最佳環境，同學互相切磋，造就許多年輕人美好的願景。苑友分散社會各行各業，傑出者相信很多，非常佩服中國時報記者找到傑出苑友，中研院院士、哈佛大學教授孔祥重、台北縣議會秘書長林新欽、台中市建設局局長沐桂新等述說當年，在學苑留下的難忘回憶。電視名嘴陳鳳馨小姐亦是苑友，在節目中談及學苑多所肯定。

陳錦江、周述之、巨建業、劉宅葡

「台北學苑」是我求學時期最重要的家，至爲感恩。也要感謝當年駱建人、吳浩杰、步天鵬等幾位總幹事，及李光耀、林豐正（曾任國民黨副主席）、熊建坤、林啟文、溫璇等先進的照顧。苑友加入本團工作同仁行列的有：歐萬福（前高雄縣總幹事）、沐桂新（前研發處處長）、許石欽（前秘書處處長）和我四人。提到我的室友：陳錦江、周述之、劉宅葡（三位留美加都有很好的發展）、巨建業、鍾梁發（兩位曾任海關官員）、郭常敏──曾任美國大通銀行香港分行總經理、中信銀行加拿大分行副總經理、郭祥瑞──曾任國中訓導主任、張淳淙──現任最高法院庭長等，都有很好的成就。想起求學時期有如此好的讀書、學習環境，深深感謝老主任經國先生及救國團的照顧。

《怡然自得》一書重啟友誼之鑰

曾任職財政部海關，作者同學、台北學苑室友，名字相同，巨建業先生來函

余兄：響應兄台的「怡然」我就天天「自得」的隨興翻讀大作，增聞不少獲益良多，眞羨慕你的工作如此多彩多姿。當年高中新生訓練時第一要務就是練唱「團歌」時代在考驗著我們、我們要創造時代，我覺得「時代考驗青年、青年創造時代」這句話太好太美了，對任何時代的青年都有激勵其立志向上的意義。說得好「台北學苑」是我們的家，中興法商沒大校園，所以除了教室、圖書館，就是窩在「台北學苑」了。

也正因有幸大家同居四年，所以感情特別好，尤其你我又同在

「忠愛莊」服預官役，記得一次假日你約我和馬凱到你家，結果我搞錯了提早在山下就下車，找到你家已是下午一點多，所以我對你的住家深窩子 9 號記憶特深。去年十月下旬我獨自到加拿大探望劉宅葡，趕上美國免簽，老劉又載我到西雅圖見到了陳錦江和周述之，誠人生一大樂事也。

（民國 102-04-04）

上述劉宅葡、陳錦江和周述之三位，與巨建業都是中興法商會統系同學、台北學苑室友，劉宅葡在加拿大從商、陳錦江和周述之都在美波音公司任職，下函為巨建業給劉宅葡信函：

老劉：前些日子收到余建業的大作《怡然自得》詳述其讀書過程和在救國團服務 36 年工作的經歷，其中談到他在台北學苑從高三也就是台北學苑──民國 50 年一成立他就入住了。也談到我們幾個室友，我就和他連絡，於 4 月 11 日去拜訪他，在他家拍了兩張照片現寄給你。

左起：作者、巨建業、劉宅葡

（民國 102-04-14）

老巨：是否可以向余建業請他惠贈一本他的《怡然自得》給我？

人能在同一崗位工作 36 年，自任職之日起以至退休之日畢，沒有定力和毅力是做不到的。尤其救國團的工作，收入實不足養廉，亦不易為一般眾人認同，淡泊明志，有所為有所不為，實君子也。退休後筆耕亦一種樂趣享受，雅人也！

（民國 102-04-16）

給劉宅葡兄的一封信

　　劉兄：你和陳錦江、周述之服完兵役，先後出國、各奔前程，未曾有你們的訊息。我和巨兄雖都在國內，各忙工作，也未聯繫，最近我把退休八年來塗鴉之作，集結成書，特寄給他參閱，才搭上線。4月11日巨兄終於蒞臨寒舍敘舊，方知其夫人已過世四年，真是世事難料！也才得知你們在國外事業有成，可喜可賀！回想大學同窗、共硯、共宿時光，倏忽已過半世紀，而今能夠重新開啟友誼之鑰，就是這本《怡然自得—我的退休筆耕集》，我已用航空郵寄給你，收到閱看後，期盼給我指正。

余建業啟　（民國 102-04-18）

劉宅葡兄的回信

　　余兄建業，你好！

劉宅葡、陳錦江、作者、巨建業

　　收到你4月18號來信好「驚喜」，真的是從天而降的驚喜，本想立刻回信但忙著忙著就把此事「忘著了」（老巨大概已向你報告過我在此每天忙什麼了）。

　　昨天郵差伯伯把你的《怡然自得》大作送到，立刻翻開速覽，原來你過去幾十年的生活是如此豐富多姿，怪不得你幾十年來堅守工作崗位「甘之如飴」其來有自。

　　余兄，人生追求各有不同，你的人生就是奉獻給青年人，是灌溉的農夫，引導青年人各自不同的方向，成就了青年人身心健全的發展，同時也成就你自己更高的人生境界，你形而上的精神富足是我們一般俗夫無法得到的。

我馬上又得去接孫子與其同樂。先匆匆寫上數言以表感動和謝意，請代問候惠月嫂子好。

學弟劉宅葡敬上（民國 102-05-05）

余兄建業及惠月嫂子好：

《怡然自得》書已全書看完。余兄的閱歷經歷豐富了你的人生，於我是求之不可得，真羨慕你人生中有此不易得的機緣填滿了你內心的快慰。錦江和述之兩人現在定居西雅圖，都任職於波音公司。錦江負責物料質量控制分析管理，是北美華人工程師協會負責人之一，經常返台開會，現已退休。周述之尚未退休，屬美國安全局管制人員，他在波音負責美國海軍隱形通訊研發小組組長。

我的情形老巨應已和你提及，商賈市民乏善可陳。已退休六年餘，白天運動外就是料理廚政，採買洗碗等也頗有樂趣。傍晚到女兒家與三小孫同樂，他們三小每個週末回外公外婆家留宿一宵，我一星期七天也就十分充實。

我另郵寄支票加幣$200 元以響應吾兄撥款號召共襄盛舉。

劉宅葡敬上（民國 102-05-10）

互訴衷情——出版本書意想不到的附加產值

宅葡兄：

我的塗鴉之作，居然讓您全書看完，唯有看完書的人，才知道這本書是我自己籌措款項印製，只送不賣，好友認為有價值、有用心，歡迎贊助鼓勵；但我也深怕被人丟到字紙簍裡，特別提醒不看轉送圖書館收藏。發行至今口碑甚佳，只餘十數本。

我要說：我的塗鴉之作，讓隔半世紀同窗共硯共宿老朋友得以重啟聯繫，雖然大家際遇不同，在這個大時代中學習、成長、歷

練，又平安的成家立業，感到非常欣慰，這是出版本書意想不到的附加產值。

　　再說：我從基層出發，一步一腳印，甚為普通、平凡，做青少年服務的工作，未參與政治的事，這也是救國團一再要求的，但外界一直以為救國團是國民黨的外圍組織，無礙我身為工作者內心平安、無愧，在近 36 年的工作歷程，雖有起伏，也歷經風霜、血汗、生命的考驗，還好都挺過來。在諸多過程中，我要感謝內人蕭惠月女士，給我的扶持與幫助，讓我沒有後顧之憂，雖然日子平凡無奇，卻是甜美的。我想老友們也是如此，今天是母親節，特祝福天下母親們「母親節快樂」！

　　最後請代問候嫂子及闔家平安喜樂！

弟余建業啟（民國 102-05-12）

左起：巨建業、劉宅葡、作者

4 感謝與期許──《怡然自得》出書的意義

前言──誠如拙作《怡然自得》書眉

　　出書是件大工程，書的內容是否具可讀性是作者的責任。但如何請知我者拔刀相助，至爲重要。敦請本團名譽召集人李鍾桂博士作序勗勉；請曾在本團共事相知的好友，他們均進修有成，榮獲博士學位、教授級的學術地位：

　　本團主任張德聰博士、朝陽科技大學校長鍾任琴博士、致理科技學院校長尚世昌博士爲本書作序推薦，感謝他們在公務繁忙中慨然允諾，實感榮幸。

敬致李名譽召集人鍾桂博士的函：

　　時間過得很快，我於民國 93 年底退休，至今已進入第八年了。退休後除了運動、注意養生外，爲防「老人癡呆」，我寫作不曾間斷，大部分刊登在本團《團務通訊》，不知不覺累積數十篇，於是興起出書的念頭。自覺退休後，過著作息正常、規律的生活，遂訂書名：《怡然自得─我的退休筆耕集》。

　　現我正籌備出書事宜，想請 鈞長給拙作寫序勉勵，隨函奉上參考稿，請卓參。至於本書的梗概，在我的自序中可知全書大貌，一并奉上。

　　　　　　　　　　　　　　　　　　　　　　（民國 101-09-14）

敬致張德聰主任的函：

您好，自去年你接任本團 CEO 以來，可以說馬不停蹄，頗多舉措，穩定全團同仁的心，用心良善，兄台又是來自基層，執事周全，深得大家的肯定，可喜可賀。

我有一件事，盼吾兄撥冗成全，我民國 101 年有兩件大事：一是讓我學習成長直至退休，持續照顧的救國團──成立六十周年一甲子慶；二是，我與內人蕭惠月女士結婚四十周年──紅寶石婚慶，預定出書慶祝、回饋。

現正籌備付梓事宜，書名訂《怡然自得─我的退休筆耕集》，文章大部分曾刊登在本團《團務通訊》，也有新作，想請 吾兄給拙作寫序推薦，不情之請，敬請成全。

（民國 100-08-10）

感謝鍾任琴校長的函：

感謝您剛回國又在溽暑中，回應我的請求，萬分感謝！文中您回憶起在救國團的日子，大家有緣在一起度過酸甜苦辣的時光，也鍛鍊了日後做人處事的底子，真是三生有幸！

您談及本團今後的作為及期許，有理想、有抱負，至切實際，我頗為讚同，希望在德聰兄任期或借調屆滿之後，你有機會擔任 CEO，重塑本團創團精神，賦予新任務，以嶄新生活、價值觀負起締造新社會風氣的責任，誠如你所說：「善守做為台灣人的義務並履行地球村公民的責任」。

我想人生短暫，有能力時當要竭盡所能去做，屆時鍾任兄您應捨我其誰，勇敢承擔本團繼往開來的責任。　　（民國 100-08-23）

感謝尚世昌校長的函：

感謝您在學校教育評鑑百忙中爲我提筆寫鼓舞的序，如此眞情，回應我的請求，也只有在團建立純純的革命感情才做得到，萬分感謝！

回憶起在救國團的日子，大家有緣在一起，在不同的工作崗位，度過酸甜苦辣的時光，也鍛鍊了日後事業的底子，眞是三生有幸！

我的出書之期，預定配合慶祝本團成立六十週年，文章尚在持續累積中，「怡然」、「自得」兩篇都是退休後所寫的，「喜樂」篇則是書的結尾，給大家喜樂的事。有云：年紀大了，明天的事要到時才知道，先行準備較好，因此請諸好友提前寫序。

我想人生短暫，有能力時當及時竭盡所能去做，以免後悔而悵然，與兄共勉！

（民國 100-10-29）

致本團同仁及義工、好朋友的信函：

時間過得很快，我於民國 93 年底退休，已滿八年了。退休後除了運動、注意養生外，動動腦筋，希望餘生快快樂樂、平平安安、頭腦清楚，期盼我這枝禿筆，能發揮其剩餘價值，帶給本團同仁及義工、好朋友們有些微助益，所謂「一日救國團，終身救國團」，則余願足矣！

民國 101 年我有兩件大事：一是讓我學習成長直至退休，持續照顧的救國團——成立六十周年一甲子慶；二是，我與內人蕭惠月女士結婚四十周年——紅寶石婚慶，出書慶祝、回饋，相當有意義。我正籌備付梓事宜，書名訂《怡然自得—我的退休筆耕集》，文章大部分曾刊登在本團《團務通訊》，也有新作，雖然出書之期尚有

時日，年紀大了，先行準備較好。

　　《怡然自得—我的退休筆耕集》壹書，已請曾在本團與我共事相知的好友，本團主任張德聰博士、朝陽科技大學校長鍾任琴博士、致理科技學院校長尚世昌博士為本書作序，……。本書誠如好友鍾任琴博士所言：「相信可以幫助現在年輕的團務同仁更了解團務文化，進而強化職涯信心；對已離團先進帶來更多的品茗憶舊的談笑之資。」

　　本書自費印製一千三百多本，將贈送本團同仁、先進、好伙伴們，為先了解各單位之需求數量，敬請 您撥冗填寫附表，於六月底前用 Email 直接回覆為感。贈送本團同仁以專任及對各單位情誼深厚、常連繫之老義工、諮詢委員，俟印製完成，寄（送）貴單位轉贈。

　　　　　　　　　　　　　　　　　　　　　　（民國 100-05-20）

張德聰主任主持中山運動中心新舊任主任委員交接典禮，北部地區及總團部主管及作者等觀禮。舊任王玲惠主委（前排左五），新任尚世昌致理科技大學校長（前排左七）

5 生命就如好酒般，與人分享更佳美
——慶祝本團六十二周年團慶

前言

　　時序已進入季秋，然而豔陽仍高照，暑氣燠熱逼人，令人有坐立難安的感覺，每天早上運動二、三小時，汗流浹背回來，躲入小書房，吹起冷氣，沒有節約能源，也是不得已的事。某一天拉開抽屜，映入眼簾吸引我的竟是王端大姊退休後自娛製作的勵志精美書籤，其中有一張印象特別深刻：「你的生命就如好酒一般，與他人分享其滋味會更佳美」。我猛然想到民國一零二年出版了《怡然自得—我的退休筆耕集》一書後，一年多來未再提筆，想起這段日子，也有許多值得跟大家報告和分享的事，因此有動筆寫些熟悉、貼近我輩的人事物的念頭。

本團創團元老，亦是「一世童軍」的典範——謝又華先生

　　首先要分享的是：本團創團元老——謝又華先生，今年已是九十三高齡，身體健康爽朗、神采奕奕，重要場合仍可見到他的身影。對團貢獻良多，我曾以——「瀟灑倜儻」的本團前副主任謝又華先生為文，本團六十周年團慶榮獲本團「團務終身奉獻獎」，接受表揚，由馬英九總統頒獎，他是大家敬重的長官。

　　謝又華先生也是國內推崇的「一世童軍」典範，我國童軍運動發展受到國內外的肯定，謝公辛勤拓展，應居首功。童軍界許多前輩與他亦師亦友。謝又公九十大壽時，童軍界為慶賀他的壽誕，童軍總會理事長趙守博先生（曾任本團總團部學校組組長）主導，請謝又公幾位好友訪談他，由黃克仁教授訂正並總其

成，於民國 102 年 2 月出版《一世童軍—謝又華先生童軍工作紀實》一書，極為珍貴，是童軍界的寶典，書中可以看到謝公推展、指導或參與童子軍活動的情形，也可以看到謝又公成長的歷程與人生體驗，非常珍貴，特別提出分享。

一溪雲，捎來無限的感念——吳挽瀾先生

《一溪雲，捎來無限的感念》一書是吳挽瀾先生擔任考選部部長榮退後的新著，吳挽公溫文儒雅、風度翩翩，是大家敬重的長官。他才華洋溢，說話條理分明，極有魅力，在本團服務期間，有許多創新建樹，同仁感受深刻。吳挽公歷任團、黨、政要職，均有非凡成就，本團六十周年團慶榮獲本團「團務終身奉獻獎」，接受表揚，由馬英九總統頒獎。

吳挽瀾先生公餘大學授課，治學嚴謹，理論與實際相互參證，難得百忙中寫下許多經典作品，如今已著作等身，他的人生體驗、工作方法，行政管理……均可做後輩參考。《一溪雲，捎來無限的感念》一書，可窺到挽公的感情世界及如何走過艱苦與喜悅的歲月，本書值得閱讀。

麻辣校長——陳守讓先生鋼索上的精彩人生

團友——陳守讓校長，退休後出版了《麻辣校長—鋼索上的精彩人生》一書，文筆如行雲流水、內容深刻、文如其人，非常精彩，真為好友高興。守讓校長曾任職教育部國際文教處、復興劇校校長、台中新民商工校長、及台北華興中小學校校長至退休，校長

生涯二十年。他曾榮獲教育部、中華文化總會等單位「推動社會教育」有功獎。

守讓校長對本團「藝文活動」支持甚力，尤其暑期的「京劇研習」活動，由於他的熱心協助，才能克服經費和老師聘請（放暑假）的困難，使「京劇研習」順利舉辦，滿足了愛好「京劇」的青年學子願望。

守讓校長以「麻辣治校哲學」，處處展現不同往昔制式僵化的理念與作為，因此閱讀本書會讓你時而熱血沸騰、時而感動落淚、時而有所啟發，說到精彩處，讓人不由得拍案叫絕；說到黑函攻擊，不禁為他氣憤難平，…陳校長有如走在鋼索上，但他泰然以對，滾滾狂沙消失無影。這本書記錄了他成長、求學、奮鬥的過程，他作內心的剖白，完整生命的回顧，值得後輩學習。

願為救國團終身義工的──劉智校長

嘉義華南高商退休校長──劉智校長，他熱心支持團務工作，未曾間斷，即使退休仍時與團聯絡，本團六十周年團慶榮獲本團「義工英雄獎」，接受表揚。那時他已是九十高齡！同時他出版《九十之嘆》巨作，分送諸好友作為「告別」之禮。他說「我已活到九十，也算不虛此行，走過萬水千山，歷盡了滄海桑田，對以往已無留念……」當時我收到這份「珍寶」，的確嚇一跳，閱讀後敬佩不已！

智公校長這本書感動不少他過去的同事、

朋友，回響甚多，隔年他著手搜集遺珠之作，於建國百年國慶日，又出版《九十之嘆回響錄》一書，主要增補對先總統 蔣公及恩師——經國先生救台灣，興中華的豐功偉業的感念，也對本團前主任宋時選先生、潘振球先生、李煥先生對青年、國家的貢獻，感懷思念。民國 102 年智公校長九十二高齡，又讓人意外驚喜，出版《九十之嘆回響錄續集》，以「甘棠遺愛緬懷經國恩師」、「十步之內必有芳草」、「親情友情縈繞寸心」……等為題，並敦請李鍾桂博士題書名。智公校長真是了不起，耄耋之年身體微恙，在療養院斗室中，也無資料，憑藉記憶、豐富的感情，娓娓道來，讓人不能不佩服他老人家的精神與毅力。

　　智公校長在「九十之嘆回響錄續集」中，有一張「珍重再見」的照片，我想這應是智公校長最後一本書了。然而今民國 103 年九月中又接到智公校長出版的「九十之嘆回響錄續集二」，才知他執筆不輟，九十三歲高齡真可謂「老而彌堅」啊！

　　智公校長，是中華傳統文化的繼承者，真「君子」也。他輕聲細語、禮節周到，注重親情倫理、照顧部屬，乃至對自己後事的安排，巨細靡遺，更是令人欽佩。

兩岸青年交流　信守承諾的——李鍾桂博士

　　本團與大陸的文教交流起步早，二十五年來，在教育、文化、藝術、青少年交流…等領域，都有合作，累積相當豐富經驗，這些都是李鍾桂博士睿智洞燭機先的成果。

　　本團與大陸「全青聯」交流，自民國 85 年起，辦理「海峽兩岸青年聯歡參訪活動」，單年大陸青年來台賞燈慶元宵，雙年台灣青年到大陸共度中秋，這是李鍾桂博士與「全青聯」高層達成的

協議。我們信守承諾，頻繁交流，未曾間斷，海峽兩岸青年互訪，已經二十年了。

今年我們到大陸度中秋已是第十屆，於八月廿六日至九月二日舉辦，到江西參訪，報名極為踴躍，為歷年居次計 131 人參加。李鍾桂博士親自牽領，我與內人也追隨參與。簡述感想如下：

本項活動大陸「全青聯」依舊重視，規畫參訪行程等均經周詳安排。「全青聯」派王陽副秘書長、「江西青聯」張小川秘書長，親臨接待，主持中秋聯歡會活動。我們感受到李鍾桂博士促進兩岸交流甚力，受到大陸尊敬的貴賓。

辦理交流參訪，承辦人員經驗豐富，分配任務，全程盡心盡力，讓人數眾多的參訪活動順利進行，是這屆活動成功最大因素。

活動行程妥善安排，江西好山好水好風光。聞名遐邇的廬山、三清山，被列入《世界遺產名錄》；好水則有長江支流贛江，貫穿全省，與其他支流匯入鄱陽湖，成為全國最大淡水湖。參觀了景德鎮精品陶瓷館、浮梁古縣衙、最美的鄉村——婺源，保存許多粉牆黛瓦、飛簷翹角良好的古村落。看盡江西山川美色，吃遍雞鴨魚肉大餐，適量健行登山身體好，不虛此行。

駿馬奔騰　齊為青年服務——張德聰博士

本團精神與作風是一團的品牌與形象的表徵，我們要堅持與傳承。在馬年來臨春節時，張德聰主任對未來的工作，期勉工作同仁要「勇於創新、忠於實踐」。張主任深刻體認創新、實踐，應為未來最重要努力目標。

張主任肩負本團重責大任，我們看到他日以繼夜，沒有假期，刻苦自己、謙虛待人、國內外風塵樸樸，爲團努力打拚，十分辛勞，眞讓人心疼，請爲團珍重。

　　最後，六十二周年團慶卽將來臨，我們恭祝　救國團生日快樂、團運昌隆！

（本文載於民國 103 年 10 月《團務通訊》795 期）

　　中國青年服務社 40 週年社慶，邀歷任總幹事回娘家，左起 16 任作者、15 任楊保中、10 任王生年、5 任張翰飛、1 任宋膺、4 任許引經、8 任王伯音、14 任陳錦明合影紀念。

6 藝文春秋──魔術館長陳康順的故事

前言

本團許多同仁先進爲了擴大服務範圍而被他單位網羅離團，多半往國民黨中央或地方發展，有擔任縣市主任委員者，他們表現都非常傑出，有擔任中央黨部的領導階層，甚至榮任副主席者，如林豐正先進，也有到地區競選縣市長、省議員、立法委員公職者，縣市長有：基隆市陳正雄先進、台北縣林豐正

先進、雲林縣許文志先進、澎湖縣歐堅壯先進，省議員有：彰化縣白權先進、澎湖縣高龍雄先進，立法委員有：高揚昇先進等，本團離團同仁在外表現受到社會讚譽有加，他們對本團的栽培都心存感激。這篇文章要報導本團往政府單位發展，在教育、文化上有相當貢獻的先進──陳康順先生，除表尊敬之意，也供大家茶餘飯後話題。

《魔術館長的故事──當代難忘藝文人物》──陳康順先進

陳康順先進（簡稱康公），中興法商畢業，政大企研所及美國甘迺迪大學企管碩士，先後擔任雲林縣團委會祕書，台北市團委會祕書兼台北學苑總幹事，幼獅公司總經理，行政院文建會參事、第三處處長，國立歷史博物館第六任館長（民國 79 至 84 年）等職，並在大專院校任教。康公在團從事青年服務與文化的工作，離團後到政府單位同樣是從事藝文工作，且是政策的主導者，因此推動文化與藝文工作駕輕就熟，發揮智慧、創新發展，發揮救國團精神，

親切和藹地接待藝文界人士，使他們深受感動，樂於支持，工作績效極爲顯著，直至退休，對藝文貢獻良多。

　　康公何以被稱爲「魔術館長」？在他的生涯中始終爲「藝文」努力灌漑、耕耘。一路藉文學創作、書刊出版、電台通訊傳播、音樂、美術、舞蹈、戲曲和文物典藏等業務的推展，親炙衆多藝文界名家的風采，增加專業知識，擴大視野與增進創新能力，有與衆不同的想法與做法，變化多樣，克服經費的不足，極少的經費也能辦盛大的活動，有如魔術師，令人敬佩、驚奇不已！

　　康公與家兄余鎭業是至交（曾任桃團縣團委會秘書，苗栗、新竹、台中市教育局長等職），對我這個小老弟極爲溫和、客氣，我任台北市團委會社工組長時，康公先進任幼獅文化公司總經理，對其行事略有了解，出書還贈送給我。本文寫作僅針對他在團時期略加報導，在政府單位的藝文事蹟，請參看康公所著《魔術館長的故事─當代難忘藝文人物》該書文圖並茂，替近 40 年台灣的藝文界發展留下許多重要的見證，十分珍貴。

　　康公在幼獅文化公司任職很久，當時幼獅文化公司董事長爲胡軌先生，幼獅公司旗下有兩個附屬單位─幼獅通訊社及幼獅電台（地點當初在台北學苑隔壁，其建築有如幼獅造型，後交「張老師」使用，而搬至劍潭活動中心車庫改造而成）。幼獅電台當年在廣播界是訓練許多名主播的搖籃，也是新手實習的最佳電台。我認識的男主播有：任新輝、張錦濱、白詩禮，女主播有：盧蘭君、歐陽瑩、周大爲等人，他們都有出色的表現。另幼獅通訊社規模雖小，當年和中央通訊社、軍聞社三家鼎足而立。以前本團在寒暑假期在各大報均有專欄，採訪者正是幼獅通訊社派出的大專院校就讀新聞系所的學生，隨隊或駐站報導。幼獅通訊社培植新聞從業人員，每年舉辦「新聞人員研習會」優秀學員均派至全省各地去實習採訪、發稿等。幼獅公司兩個附屬單位的發展過程可在《魔術館長的故事》書

中了解梗概。

康公在幼獅公司擔任總經理，掌握幼獅文化公司成立目的與發展，幼獅是本團發展藝文活動及文化教本的園地，發行幼獅文藝、幼獅月刊、幼獅學誌及幼獅少年合稱「三老一少」及出版許多的各類圖書，琳瑯滿目，可與正中書局、商務書局及遠東圖書公司等並駕齊驅。「康公」主持幼獅文化公司，顯然成爲文化人，除努力公務外，自己也寫些勵志文章投稿報紙，撰集成書民國 77 年的《選擇 17 篇》，成爲青少年最佳讀物，獲得第十二屆中興文藝獎——散文獎章。在幼獅有八年時間，不厭倦，乃對藝文工作執著所致。幼獅各種刊物出版均網羅專家學者如瘂弦、朱一冰等，《幼獅數學大字典》由中興大學陳國成教授總其成是件大事。「康公」在幼獅接觸「當代難忘藝文人物」自認生涯中無比榮寵，見賢思齊，無枉此生。

幼獅期刊對當代文壇影響很大，如今許多作者大放光芒，幼獅每年舉辦「幼獅文藝研習會」，培養新秀從不間斷，「康公」說：幼獅人才如：何寄澎、沈謙、夏長樸、朱榮智等人俱成當今文學名教授，張大春、詹宏志、高信疆，當年幼獅擦身過，今日文壇齊放光。至於幼獅文藝主編詩人瘂弦作風沈穩、談吐風趣、待人謙和，幼獅文藝在其主編下，極負盛名，「康公」對他非常尊重、愛護。

幼獅文化公司在「康公」時期推展藝文活動，貢獻厥功甚偉。另外「康公」曾是撰述卅年團史的副召集人，他率領一批剛自研究所畢業的學生，包括台大政研所曾令偉和徐平國、台大哲學系陳俊輝教授、台灣藝大趙慶河教授等合力完成《綠旗飄揚三十年》。

「康公」晚年罹患帕金森症，於民國 100 年 5 月 12 日因肺炎併發

呼吸衰竭辭世，享壽 82 歲，聞者無不感傷，天不假年！「康公」一生從事青年服務與文化工作，不論對文化事業的經營，文化活動的推展，文化歷史資產的保存，以及國際文化交流工作，都有顯著貢獻，榮獲民國 95 年四十七屆中國文藝協會文學獎與四十一屆中山文藝獎等大獎。「康公」精彩的生涯經歷，令人敬佩、懷念！

（本文載於民國 104 年 7 月《團務通訊》804 期）

附錄：
楊宣勤先進──對本篇紀念文的觀感

　　大前天（104 年 8 月 6 日）在救國團老同事─余建業兄的臉書上，看見他貼出一則圖文～【本團先進陳康順先生，曾任台北市團委會兼台北學苑總幹事，幼獅公司總經理，文建會第三處處長、國立歷史博物館館長等，是位對藝文活動貢獻甚鉅的先進，退休後，不幸罹帕金森症，於民國 100 年 5 月 12 日辭世，享壽 82 歲，特為這位可敬的先進，為文紀念。本文刊在團務通訊 804 期】。我立刻拿出剛收到的那本團務通訊，仔細拜讀了這篇紀念文章。

　　由於陳康公也是當年邀薦我到文建會第三處工作的老長官，雖然我只追隨他僅兩年半的時間，但對他亦師亦友的情誼一直感念在心；對他的溘然辭世也十分不捨和追思。康公為人公私分明且行事風格謹慎低調，因此他家子女的結婚大事都不曾對外張揚。去年初我在網路上搜尋資料時，偶然發現康公的家人為他設置的紀念網站，曾上網閱覽懷念康公行誼，也曾留言表述感懷思念。昨天就把建業兄的紀念文章掃描成圖檔，轉送康公家屬收納紀念網頁中；現在也藉此時機轉貼該紀念網站網址資料如下，提供大家參考點閱。

　　http://chenkangshuen.net/

朱甌兄邀曾在台北市團委會服務同仁、社會義工、學校校長等友好餐
敘合影。

前排左起：周君銓、洪東興、詹天性、陳康順、朱甌、鄭美俐、田慶成

後排左起：高經武、李咸林、彭永寬、作者、吳明義、林秀雄、楊家
和、施偉、何維荃、高銘俊

7 闕里世家──介青齋孔慶棣的故事

前言

　　這篇文章報導離團先進孔慶棣先生生涯歷程，披露他對青年、社會、國家，竭盡心力、服務貢獻，值得大家讚頌、懷念、學習的事蹟，與陳康順先進一樣，在教育文化、藝文界，諸多貢獻。他們曾在雲林縣團委會，同甘共苦三年，工作歷程頗多相似，是幾十年的同事、好友。

孔子後裔第七十三世孫──孔慶棣先進

　　孔慶棣先進，山東省曲阜縣人，孔子第七十三世孫，至聖孔子家住曲阜城內──闕里，因此，孔子的後裔，通稱「闕里世家」。

　　孔先進，起初我並不認識他，僅知他曾在本團服務過，有一次劉維椿先進告訴我：假期活動有些標章是孔先進設計的。因此我開始設法多認識他。其自行政院參事退休後寄來《介青齋手記》，對先進的身世、居家背景、求學經過、軍中生活、一生工作和奮鬥的過程，有所了解，其刻苦自勵、奮發向上的精神，令人敬佩！謹參酌書中資料，簡述先進在團服務的歷程，供讀者參考。

　　先進民國 36 年，因戰亂離開溫暖的家，隨著山東濟南、煙台聯合中學流亡至澎湖，與劉維椿先進一起入伍當兵，後來到台灣，提前退伍，民國 49 年經劉先進介紹，到台北市峨眉街總團部接受姚舜主任秘書和顏海秋秘書的面試，決定了他進團第一份工作──台東縣團委會文教組組長。他說：「這是他踏入公職生涯的第一份

工作，特別值得珍惜與感謝。」由此知道孔、劉二位先進是同鄉、同學、同事，交情彌篤。

民國 50 年進團，被派到台東踏入青年服務工作行列，當時團委會秘書正是後來擔任本團主任秘書的劉彥公，接受彥公的指導，很快就融入陌生的環境，和同事相處學習。在台東期間辦了許多活動，如：知本溫泉旅行隊、東海岸徒步旅行隊，舉辦舞蹈、軍樂、廣播劇等研習，又主編「台東青年」期刊，是十分愜意的第一份工作。

其後，他參加總團部的「幹部講習」，他認為：對他幫助最大的是參加總團部的「幹部講習」，全團專任幹部，無分職位，聚集食宿、研習在一起，讓他學習到不少工作技巧，了解本團的本質，具有教育性、群眾性和戰鬥性，是一個「我們為青年服務，青年為國家服務」服務青年的團體。由此可知本團辦理「幹部講習」的重要性，每年一次共融，作者在團服務 36 年餘，從無缺席，也曾擔任幹部講習工作人員多次，負責活動部分，挖空心思，創新、再創新，冀望作為示範，極具挑戰。

孔先進在台東工作一年後調雲林縣團委會，秘書為陳康順先進，輔導組長為張喬超先進，服務組長為尤德彬先進，他仍擔任文教組組長。那段時間，雲林土風舞研習、溜冰班、太極拳班等社團，一期接一期辦，「雲林青年」定期出刊，他深感雲林縣社會青年活動朝氣蓬勃，學校青年活動也有積極的表現，緊張而充實的生活，時間不覺匆匆而過。

孔先進在團服務最後一站─總團部，那時總團部已由峨眉街搬遷至松江路 219 號。他擔任總團部輔導組編審，負責團務資料室，要將團務動態和團員基本資料建檔管理，製作成圖表，俾做為團員管理、服務及活動設計的參考依據。作業必須仔細、具統計、美工能力，是項非常重要的工作。

孔先進認爲生動的假期活動必須有精彩而翔實的介紹與說明，聘請專家設計，有時無法符合團的精神和活動的需要，設計工作只好由團內工作人員負責。他曾設計過 55 年、56 年暑期及冬令活動海報、手冊、紀念品、紀念章，以及「團務通訊」的封面和「青年獎章」，他說：在團服務六年，總算留下一點紀念品。上述情形，在我擔任假期活動統籌工作時，同樣遇到，所幸時代進步，設計工作藉助電腦處理，方便多了。

　　孔先進對團充滿了信心，認爲本團幾十年來，爲國家、社會、青年默默地奉獻，工作幹部不斷有新血輪加入，注入了新活力，對團充滿了希望，孔先進以曾經是救國團的一分子，雖只服務了六年，但感到光榮，值得懷念。

因緣進入政府公職工作

　　民國 56 年，孔先進因緣追隨政大王洪鈞教授到教育部參與成立文化局籌備工作，自此踏入政府部門工作，他的業務從文藝工作到社教工作，這些都與本團推動的工作十分相關，音樂、戲劇、文藝、青訪團…的推廣。孔先進在政府部門，歷任教育部文化局科長、教育部專門委員、參事、主任秘書，行政院參議、秘書、參事兼第六組組長等要職，對母團──救國團的活動協助甚力，使本團推廣社教、藝文活動，得以順利開展。

《介青齋手記》──孔慶棣先進著作

　　孔先進在郭爲藩擔任教育部長三年多期間爲教育部主任秘書，郭部長卸任後，民國85年調回行政院任參事，民國八十六年退休，孔先進利用公餘之暇，回顧既往，著手寫作輯成《介青齋手記》，由幼獅公司出版。我再三拜讀，深刻生動，非過來人無法寫出這麼精彩的

回憶錄。

　　孔先進今年已八十五高齡，退休後，為了善用寶貴歲月，預防罹患老人失智症，筆耕不輟，以「介青齋手記」為名，至今已出版了七輯。最近獲贈第七輯《浮光掠影》，不勝感激。本文因《團務通訊》篇幅所限未能暢述，最後，我謹藉孔先進之言作為結語：「一個家族的興起，能維繫百年不墜落，主要的是教育和家風，然而時局的變遷，環境的更易，也是決定盛衰的關鍵。」孔先進您生在這個大時代，恪遵家風，一生精彩，退休如此灑脫，讀書、寫作、繪畫、上網、蒔花，實令大家稱羨。

　　　　　　　（本文載於民國 103 年 12 月《團務通訊》797 期）

8 動漫停看聽──推薦《動漫透視鏡》一書

《動漫透視鏡》一書是吾兒的最新著作，將在民國 104 年 2 月 6 日出版，該書請名漫畫家鴨子──楊小姐作漫畫，好友馮長泰作漫畫腳本，極為精彩，生動活潑。這本書實在值得喜好「動漫畫」的朋友擁有，為人父母者，或從事青少年工作者更應擁有參研，以便了解子女及青少年朋友為何喜歡「動漫畫」的原由。

吾兒從小隨著姊姊喜歡「動漫畫」，國中時期，華視開始播放「美少女戰士」，開啟了他對少女漫畫的認識，進而了解漫畫中許多資訊，高中之後，開始存錢購買日本原版動畫雜誌，更加深「動漫畫」的相關訊息，也成為當時少見的動漫次文化深度迷群。大學之後，透過參與學術計畫的機會，開始撰寫有關動漫畫的論文，在學校就組「卡漫社團」，跨校際同好參與，還擔任社長或幹部。退伍之後出了一本關於動漫社團活動與製作動畫卡拉 OK 的教學書，算是對興趣的回饋。吾兒長期觀察、研究「動漫畫」的動態、趨勢等，甚至參加他們的活動。他是一位觀察家，曾多次遠赴日本、香港、上海，參加「動漫畫」相關活動，他也搜集許多相關海報、紀念品、服飾等。

吾兒是一位認真的「動漫畫」迷，也是一位理論與實際結合的動漫畫專家，自大學時代起，時常適機將「動漫畫」相關文章投稿，被各大報「讀者論壇」及「動漫畫」期刊採用，大篇幅刊載，非常有見地。

為其父母至感滿意，特為文推薦，希望吾友們指教，該書三百二十頁，是一本有分量的書。

（本文係為吾兒余曜成新著《動漫透視鏡》，為文推薦，載於民國 104 年 1 月 28 日我的《臉書》）

附錄：
《動漫透視鏡》書──內容簡介

動漫畫迷們的表現背後的理論基礎，無論是套用休閒社會學、社會網絡、資本與連帶、經濟理論等，其實就是說明每個動漫畫迷在不同時空下，甚至同個年代下，為何表現有所不同。興趣成為研究，並要持續成為志業，奉獻在這上，若非有「外部環境的配合」、「廣泛閱覽文本」與「關鍵人物的接觸」等三種因素的交織，著實不易。

本書不期待每人都成為研究者（也沒有必要），至少能從這類已經整理好的動漫畫文獻當中習得想要了解的事情，對自己有意義就夠了。研究是知識形成的重要過程，若能做到研究，表示您已開始轉變，各行各業都需要研究，端看如何應用罷了。我深信深度的動漫畫迷人人可達到，但能否做到、持續維持，勢必需要各種情況滿足方能塑造。要能達到對於動漫畫圈的事物持續能關懷、能同理、能改善、能深化其內的基礎能量，才會是動漫畫（研究）真正產發出意義之所在。

蘇新益先生推薦──台北市出版商業同業公會 副理事長

動漫透視鏡，透視動漫界

當代，是知識經濟新時代，知識經濟新時代的原動力乃是文化產業，文化產業以流行文化為先驅，流行文化以動漫馬首是瞻。

動漫是一種媒介，透過文字與圖像整合，傳播歡樂給閱聽人。

動漫是一種虛擬，藉著多元化媒介載體，呈現在真實社會裡。

動漫是一種遊戲，穿越古往今來的時空，創造虛擬想像空間。

動漫是一種消費文化，在物質上被閱聽人消費，在精神上消費了閱聽人；動漫是一種視覺文化，在本文裡自由遨遊，在圖像中無限穿梭；動漫是一種全球文化，在國度間彼此互文，在世界中拼貼融合。動漫具有小說與散文的文字敘事能力、具有繪本與寫真書的圖像符號魅力。正因為擁有上述特殊的語言敘事結構以及圖像符號系統，因此，不僅是青少年的最佳休閒娛樂，更是當前獨占鰲頭、獨領風騷的流行文化。

動漫是流行文化的一環，而流行文化則為文化的支流，流行文化本身仍需具有己身的特質，才能與其他文化有所區隔。動漫作品具有閱讀過去、描述現在與虛擬未來的時空交會功能，至於動漫的核心、內涵、氛圍，更內爆一個真實與虛構之間的連結。作者如何論述？閱聽人如何觀察？產業界如何營銷？學術界如何詮釋？研究者如何探索？就讓《動漫透視鏡》來透視這種種的一切。

在《動漫透視鏡》這本書裡，作者援引不同的學說方法，藉以透析動漫產業領域。以歷史脈絡的書寫模式為經軸，以迷文化為基礎座標，運用休閒社會學、大眾傳播學、管理學、管制經濟學、法律等諸多模式，建構出「動漫畫迷、社群與特性」、「動漫畫展演活動」、「動漫畫圈業種生態」這三大「點、線、面」的緯軸樣貌。

在「點」的方面，作者先從漫畫的源流與定義進行分析，繼而研究動漫迷的區隔與流動，令人大開眼界；在「線」的方面，作者一一探討同人誌展、動畫歌謠季、出版社展覽活動、台北國際書展、漫畫博覽會、台北國際動漫節等等諸多策展活動，令人如臨實境；在「面」的方面，作者梳理出圖書類、影像類、音樂類的銷售、展覽、

出租、經紀、代工、發行、演唱等資訊，令人豁然開朗，得以一窺動漫產業界全貌。

這是一本非常值得推薦的動漫論著──動漫透視鏡，透視動漫界！

編著者介紹──余曜成自述

網路暱稱小魚、Roger。

現職爲，財團法人電信技術中心研究企劃組研究員，曾任：台大智活中心副研究員，中華經濟研究院輔佐研究員，畢業於元智大學資訊社會學研究所碩士、台北大學企業管理學系。

幼時在大伯家翻閱「小叮噹」後，對於漫畫載體內故事情節的趣味與豐富度性有初步認識，後來在電視節目、錄影帶租借的耳濡目染下，逐步對於動畫與漫畫有更多了解。在民國 83 年「美少女戰士」動畫在台灣電視上播送後，啟發小魚的動漫魂，從中對於地球科學、天文宇宙的英文學習產生影響，也對於性別教育、社會議題的養成多有了解。

民國 85-88 年的高中階段，當時正爲商業網際網路的發展期，小魚運用所學的電腦技能架設「美少女戰士」網站，並在BBS站認識志同道合的同好，吸收日本動畫產業資訊，並在民國 88 年擔任伊莉琴斯 BBS 站「林原めぐみの島」副板主，民國 89 年與同好組成聲優（配音員）「林原めぐみ來台接機團」，並成立歌友會─林原惠熱血迷俱樂部與擔任會長。

上大學後，除擔任台北大學卡通漫畫社副社長，並逐步結合本

科企管系的知識，開展研究動漫畫的基礎能力，民國 92 年首次在台北大學的商管研討會發表動漫畫電子書論文，成為其研究觀察的起始點。

民國 93-94 年軍旅期間，著述關於動漫畫的影音教學內容不輟，後於民國 95 年付梓《ACG 動漫迷の祕密會社》一書，成為第一本正式出版專著。

民國 95-98 年在研究所期間，實地走訪兩岸三地的動畫演唱會與觀察發展狀況，之後不定時在報章媒體、兩岸動漫畫刊物發表文章與社論。

民國 100 年於「開拓動漫祭」同人誌展發表首本動漫畫文化評論《動漫研究記事》，陸續集結相關文章，至民國 104 年付梓《動漫透視鏡》，為後續在台灣動漫同人誌圈立下基礎。

民國 106-107 年自薦擔任美國漫畫學者——史考特·麥克勞德的《漫畫原來要這樣看》三部曲的書籍推薦人與校譯，對國內漫畫研究的發展注入心力。民國 107 年至今，除擔任漫畫研討會的評論人外，亦有多場的動漫畫著作權的沿革演講與研究，持續為台灣動漫畫產業貢獻心力。

金石堂新書發表（104 年 3 月 20 日）

9 天主教──新春「祭祖」的意義

　　各位主內的弟兄姊妹們：新春佳節，平安喜樂！

　　今天是我們中華民族傳統農曆「新年」，人人都感到神清氣爽，格外高興。昨天農曆除夕是國曆二月十八日，正巧是我們天主教會禮儀年四旬期的開始—聖灰禮。而四旬期的意義是「悔改與更新」，相當符合我國新年「除舊布新，一元復始，萬象更新」的好時節。

　　今天我們齊聚在聖堂舉行新春「祭祖」的儀式，來緬懷我們的祖先──列祖列宗。藉此，將天主教會新年「祭祖」的意義‧向各位報告，敬請參考。

天主教傳入中國後，初期信奉天主教的教友，要把祖宗牌位丟掉，在年節也不能在門口和牆壁上貼對聯、春聯、和「福」字、「春」字，清康熙年間，在傳教士之間對於祭祖的事發生爭執，有人主張教友可以祭祖，有人則堅決反對，這就是中國天主教會史中所謂的「禮儀之爭」。由於彼此各持己見，互不讓步，官司打到「教廷」，而教廷也不了解中華文化，於是在公元 1740 年頒布禁令，禁止教友敬孔、祭祖。幸而，以後由於各方面不停地研究和努力，教會最高當局終於在民國 27 年，就是七十七年前‧正式宣布取消禁令，許可教友祭拜祖先‧這為我國天主教是一件開紀元的創舉。

　　教會打開門戶，許可我國固有文化的空氣進入教會內，使人有耳目一新的感覺，也使信仰天主的人同樣融入中華文化禮教中。從此，教友可為已故親人祭奠，設立牌位，擺設鮮花素果，早晚或初

一、十五，上香或叩拜，與一般人一樣表達對祖先的孝思。而在清明節掃墓時，也同樣可在墓前供鮮花素果，上香或叩拜，只有一樣，不燒冥紙。至於焚香，古代天子祭拜天地、祖先，都以焚香為主禮，世代沿襲，以焚香或燃一柱清香，表示對天地、祖先，致敬及祈求福佑。

孔子說：「慎終追遠，民德歸厚矣。」追遠就是祭祖的儀式，這正和天主十誡的第四誡「孝敬父母」相吻合。在這新年的開始，我們特別追念我們的祖先，一方面表達我們對他們的懷念，感念他們在我們身上所結出的纍纍果實；一方面也在天主台前為他們祈禱，祈求天主接納他們的靈魂，獲享永生。我們今天滿懷著喜悅和盼望之情，在祖先的靈位前，舉行祭祖儀式。

今年歲序為羊年，主耶穌說：「我來，為叫羊獲得生命，且獲得更豐盛的生命……我是善牧，我認識我的羊，我的羊也認識我。」（若望福音）　敬祝

我們的教會：新年新氣象！各位主內的弟兄姊妹們：羊年喜洋洋！

（本文係天主教內湖聖母升天堂——何正言神父，囑咐作者於民國 104 年 2 月 19 日新春彌撒後舉行新春「祭祖」的儀式，擔任主祭，上文為我的講話稿）

10 我與大直聖保祿天主堂

文——蕭惠月

民國 67 年 7 月，我（蕭惠月）從華江女中請調北安女中，就在北安路 501 巷內租屋，全家定居大直，每主日帶著兩個女兒上教堂（大女兒姿蓉五歲和小女兒佩燕三歲尚未領洗），當時本堂是孫友琴神父，大直聖保祿天主堂是孫神父向基督教貴格會買下的，可惜在產權登記時未做分割，民國 69 年孫神父年事已高申請退休，由王溪泉神父接任，積極籌建新堂，然因建地問題困難重重而停擺。

這裡特別要提到馮雪瑩姊妹，她是我 61 年參加基督活力運動女十二屆實習班的同組（瑪達肋納組）姊妹，她關係著我全家人的信仰。69 年暑假大直天主教堂道理班由在道明小學服務的馮雪瑩姊妹主持，上課地點在道明小學，我兩個女兒都參加了，並在聖母升天節領洗。馮姊也是兩個女兒的代母。接著 70 年 8 月 25 日兒子曜成出生，10 月 1 日領洗，代父是常明秀弟兄。71 年先生余建業聽了馮雪瑩姊妹的道理於五月領洗，代父是盧紹業弟兄，又繼續參加聖經函授靈修一年・感謝天主！我的家人都進入主的羊棧了。

作者 71 年 5 月領洗後與王溪泉神父、代父盧紹業弟兄及家人合影

大直聖保祿天主堂曾有聖母軍善會，解散後，77 年 10 月 1 日由一群老中青姊妹組織聖母媽媽聯誼會，由姚徐玉霞姊妹擔任會長，莊美珠姊妹任副會長，蕭惠月姊妹任總務，每個月在主日彌撒後開會一次，並定額奉獻做基金，基金用做開會準備餐點及探訪生病姊妹時帶伴手禮之用。84 年底

王溪泉神父回河北家鄉傳福音，出發前已患重感冒，因早已和當地主教有約，只好抱病回鄉，不料竟在家鄉蒙主恩召，可謂落葉歸根，由大陸傳來訊息，參加王神父的殯葬彌撒和送行人數逾二千人。王神父蒙召後，大直聖保祿天主堂主任由段慶餘神父接任。

我在 86 年開始參加基督活力運動內湖支會的勵志會後，就到內湖聖母升天堂參加主日彌撒及教會活動。從此，離開大直聖保祿天主堂，88 年 10 月全家搬至內湖文德路定居。

今年（民國 109 年）我與建業弟兄結縭四十八年了，賴天主保祐、聖母媽媽護祐孩子健康長大，均已成家，目前有孫子女六人，唯望家人信德堅定是盼。

附註：蕭惠月，作者之牽手，嘉義女中、輔仁大學中文學系畢業，曾任台南市後壁國中、台北市華江國中、北安國中國文老師，民國 91 年退休。

大直聖保祿教堂——小兒曜成
全家參加 110 年聖誕節彌撒，
在聖嬰馬槽前留影。

11 我的信仰旅程——感謝天主賞賜我救恩

文——蕭惠月

對信仰的追尋

民國 56 年 5 月我在嘉義女中高三畢業前夕，家父因感冒而吃了感冒藥引起胃出血，延誤三天才就醫輸血，染上 B 型肝炎，導致肝硬化，看到母親六神無主、四處為家父求神問卜，心無所安頓。七月我考上輔仁大學後，深深感到有信仰，心靈才有寄託，於是在大一、大二時加入佛學社

團，雖有居士從台中來給我們講佛學，但我對六道輪迴感到害怕，遂轉而跟基督教徒讀聖經，沒多久參加一次團契，我被他們熱烈且近乎瘋狂的舉動嚇跑了。

在學校裡，看到外國神父、修女遠渡重洋到我們台灣，建築巍峨的校舍教育我們，神父、修女每週更帶著聖母軍的同學到附近的樂生療養院去探望痲瘋病人，這種愛德表樣感動了我，我想能表現這種大愛，一定是他們的信仰給的力量，我一定要認識祂。於是在大三那一年，請文學院教務主任賀人龍神父為我們（有四位女學生）講天主教的道理，大四（民國 60 年）那年的望復活彌撒中，從于斌樞機主教手中領受聖洗聖事，進入主的羊棧，蒙受救恩。其實在大一那年的聖誕夜參加了子夜彌撒，在彌撒後有神父帶了數十位學生夜遊泰山，我也加入其中，到數學系的學長家包餃子，氣氛和諧，第一次內心感受到真正的平安喜樂，原來救恩的種子早已種在我的心中了，感謝天主。

大學畢業一年後（61 年）的暑假，菁寮聖十字架天主堂沈希澤

神父（方濟會士，荷蘭籍）為我報名參加在台南市碧岳神學院舉辦的第十二屆基督活力運動女子實習班，經過三天的陶成，我才真正認識了天主教，更知道做教友的使命，首先要讓更多人願意接觸天主教會、認識天主教進而獲得救恩。在訴心課程中，我祈求天主指引我的前路，是進修道院或是結婚走入家庭？感謝天主俯聽了我的祈禱，天主聖神觸動在台南縣救國團服務的余建業組長，請後壁國中的同事羅義德訓育組長介紹，要和我認識，仰賴天主保祐、聖母媽媽的護祐，雙方父母同意下，經過數月的交往後，我們決定在菁寮聖十字架天主堂，行婚配聖事，我們更把握這福傳的良機，邀請台南縣的救國團義工——中小學校長、老師參加我們的婚配彌撒，見識天主教的彌撒禮儀。

民國 67 年暑假，到台北北安國中任教後，也把兩個女兒帶來台北，參加大直天主堂的兒童道理班，69 年受洗入教——大女兒姿蓉聖名依撒伯爾，二女兒佩燕聖名瑪加利大。70 年兒子曜成出生後也接受洗禮，聖名方濟各。71 年先生—余建業在聽過馮雪瑩姊妹講道後，在五月受洗入教，聖名伯多祿，至此全家歸主。主耶穌基督真正成為我家之主。

民國 89 年大女兒在高雄市耶穌聖名天主堂行婚配彌撒聖事，民國 90 年二女兒在高雄市聖加大利納天主堂行婚配彌撒聖事，103 年 5 月 24 日，兒子在台北市聖鮑思高天主堂行婚配彌撒聖事，除了做福傳外，更要懇求天主聖父將我的子女們放在祂的聖心中，賞賜信德堅定的恩寵。

奉教四十多年來，我常祈求天主聖神常住我心中，賜我聖神的智慧，承行主旨，在言行上能表現出謙和的態度，讓別人認出我是主基督的門徒。在夫妻相處時，常以感謝天主、讚美天主、天主保祐，來表達我內心的平安喜樂。在任事時，勉勵自己要盡心負責，把事情做好，以榮耀主耶穌基督之聖名。

附註：蕭惠月，作者之牽手。蕭惠月（聖名：小德蘭）於民國 103
年 8 月 16、17 日在台南市德光中學，參加基督活力運動總會舉辦
的全國研習營，特撰文紀念。

前排左起羅慶松、謝惠如、陳婉民、楊明軒，後排左起李
克中、施國豪、于家敏、鄧廣演、曾清波等同仁，作者三
位子女舉行婚禮都大力協助，十分感謝。

12 追念同事羅淑芝小姐生平事略
——主動積極，守分守紀

羅淑芝小姐，世居新竹縣竹東鎮客家庄，於民國 37 年 5 月 1 日生，最後不敵病魔摧殘，慟於民國 101 年 11 月 3 日下午九時卅分撒手人寰，享壽六十有六。噩耗傳來，所有至親好友，無不深感震驚和不捨，昔日熟悉的身影與音容，仍清晰縈繞在大家心中，她的辭世，讓大家哀慟不已。

羅小姐自省立竹東高中畢業後隻身至台北工作，民國 57 年即進救國團行政室服務；民國 60 年受聘總團部服務組擔任管理員，工作期間考上實踐家專家務管理科，利用公餘進修自我充實，63 年經管理員升等甄試通過取得助理組員資格而成為救國團專任人員，正式展開其在救國團的工作職涯，歷經總團部社會組（處）組員、編審之歷練，先後長達十八年。其後又於民國 81 年調總團部秘書處服務，民國 83 年晉升視察職，直到民國 94 年自請退休，在救國團服務長達 37 年。

羅小姐在救國團總團部從事社會團務及秘書處人事業務之領域，備受共事同仁之好評，擇要略加描述如下：

其一、總團部社會組（處）是羅小姐在團服務期間個人學習、成長最主要之單位，受到歷任長官及先進的指導、提攜甚多，因此，在做事方法、能力及待人方面，均見大幅提昇、日益精進。她負責社會團務組織檔案管理、義工聯繫、獎勵、國外參訪等，所經手的業務均能有條不紊，並協助組（處）內辦理重要、大型活動或研習時更是最佳的後勤支援者。羅小姐為人爽朗、做事俐落、有擔當，無私無我，是非分明為社會團務奉獻心力，深受同仁及義工所肯定。

其二、羅小姐在總團部社會組（處）一待就是十八年，然而在民國 81 年基於不宜久任一職之政策性考量，包括羅小姐在內的多位資深同仁之服務單位及職掌均予以適度調整，就此揮別她最熟稔的社會團務業務及與無

左起張開安夫婦、作者、羅淑芝、陳淑珍

數義工好伙伴建立的深厚情誼，來到總團部秘書處人事部門服務，主要負責新進人員的招聘、教育訓練及全團工作人員的待遇與福利。人事業務素卽人少事繁，但是她依舊秉持一貫嚴謹的工作態度，審愼而從容地處理經手的每一件公事，力求公正、公平，以不影響同仁的權益爲最高原則，深獲長官的信任及同仁的愛戴。

救國團姊妹淘們都暱稱羅小姐爲「阿羅」，個性爽朗豪邁，但是卻擁有一顆極細膩的心，頭腦清晰，記憶力超強，做事縝密，個性耿直，熱心助人，富正義感，對同事及義工伙伴均眞誠以待，故人緣頗佳，團內年輕同仁多稱她爲「羅姐」。較熟稔「阿羅」的友人咸認她是位大器且大度的女性，做事果斷，條理分明，可承擔大事但不喜拘泥於細微末節。「羅姐」是性情中人，對朋友一向有情有義，從不虛僞敷衍。她有極佳的數字觀念，對投資理財頗有心得，曾是朋友中的投顧老師；另外「阿羅」喜愛美食，廚藝高超，能做得一手好菜，其客家料理尤其讓人吮指回味、齒頰留香，有幸品嚐過的同事朋友均讚不絕口；唯自「羅姐」健康情形欠佳之後便逐漸少有此類聚會，從此更只能空留回憶了；她還有一副低沉的好歌喉，唱日文歌與國語抒情歌可媲美專業歌手，如今已成絕響，爾後只能在夢裡回味了！

羅小姐於民國 69 年申獲救國團配售之大直眷舍乙戶，爲報養育之恩，接父母前來同住，承歡膝下，事親至孝；唯其尊翁年事已

高，不幸在十年前辭世，現與母親相依為命十分愜意。羅小姐與親戚們都很投緣、往來密切，互動頻繁，由於個性熱心、樂於助人，因此，她理所當然的成為家族親友聚會、旅遊聯繫的中心。羅小姐退休後除奉養母親外，常與前後退休的姊妹淘定期聚會，義工好朋友也時常約她相聚，日子過得怡然自得。羅小姐之驟逝，最傷心的就是她直到最後仍記掛在心、始終都放不開的母親，令人鼻酸；而獨遺高齡老母在世，白髮人送黑髮人，更是情何以堪。所幸她的弟妹及親戚多人住附近，可以照料、安慰。

綜觀，羅淑芝小姐一生，走過六十有六載的悠悠歲月，留下深刻痕跡，將自己逾半生的青春歲月奉獻給救國團，始終無怨無悔並心存感念，她工作認真、主動積極、守分守紀，令親友、同仁、長官以及義工好朋友們感佩、懷念不已。羅小姐生平最感念的是「救國團讓她學習、成長，懂得服務奉獻的真諦，並終身奉行不渝；救國團讓她結識了許多義工好朋友，拓展人際關係，豐富了人生。」羅小姐是懂得感恩的人，常為人著想，然天下無不散的筵席，今天深受歡迎的「阿羅」，永別了！「羅姐」，雖然您已經離開我們，但是您努力上進的毅力、縝密辦事的精神，親切待人的態度，將長存在我們心中。

（民國 101-11-30）

附錄：下文作者楊黎明女士，曾任救國團總團部秘書處專門委員，已退休，與羅淑芝小姐同事，情同姊妹特別敘述衷情。

懷念摯友阿羅

文——楊黎明

阿羅，外表高大，卻有一顆極細膩的心，頭腦清晰，做事縝密，個性耿直，富正義感，對同事及義工夥伴均真誠以待，故人緣頗佳，多人都稱她為「羅姐」。

淑芝，竹東高中畢業後，為負擔家計即至台北工作，民國 57 年甫二十歲，即進入救國團服務，並半工半讀完成實踐家專課業，曾在總團部行政處、社會處及秘書處任職，至 94 年自請退休，在團服務三十七年。將超過半生的青春歲月都奉獻給團，始終無怨無悔並心存感念，她工作認真守分守紀，常說救國團幫助她學習成長且安定其生活，在團裡最大的收益就是交到許多好友豐富渠一生。

較熟稔阿羅的友人都公認她是位大器且大度的女性，做事果斷條理分明，可承擔大事不喜拘泥小節，對朋友有情有義，是一性情中人。她有極佳的數字觀念，對投資理財頗有心得，曾是朋友中的投顧老師。

阿羅喜愛美食，廚藝高超，其客家料理讓人齒頰留香，令我們懷念不已。她有一副低沉的好歌喉，唱日文歌與國語抒情歌可比專業歌手，今後可能只有在夢裡才能再聽到吧！雖然阿羅已先到另一個世界但仍鮮活的在我們心中，我們愛她並以她為榮。

（民國 101-11-08）

13 追念許丕華先進

──熱愛鄉土、耿直剛正的伙伴

民國 104 年 12 月 21 日晚間，打開手機，施國豪兄傳來一則 Line，遽聞好同事、好伙伴──許公丕華先進於十二月十七日晚間，因心臟衰竭仙逝，享壽八十歲。頓時，內心感到極為震驚與不捨，立即衝入書房，翻開許丕公民國 92 年退休時，為他特別寫的文章，他的身影、言行，立即浮

許丕華、第七任主任林烔垚、作者

現在眼前，何況在本年十月成立六十三週年團慶，舉辦離退人員聯誼餐會及團慶大會中，曾見兩次面、寒暄，突聞歸天，深歎人生無常，不勝唏噓。

許丕公一生做人處事，有諸多讓人頌揚、懷念的事蹟，為了讓更多的本團專任同仁及義工伙伴們，一窺許丕公過往的軼事，也讓後進們，對這位先進的精神，能夠取法，謹將所知簡述如下，供大家追念。

進團後在家鄉──金門戰地服務

許丕公民國 25 年出生於金門縣金寧鄉後湖，他就讀高中時，曾因炮火關係，政府安排至花蓮中學就讀一年後，返回金門，畢業後，於民國 46 年 3 月加入救國團的行列，在家鄉金門戰地服務。

許丕公在本團金門支隊部（戰地組織為支隊部，一般稱團委會）服務長達廿八年，期間擔任幹事、輔導員八年，其後升任組長又八年；由於工作認真，領導及溝通能力強，再獲拔擢升任總幹事，當時金門唯一最大報──金城報特別報導，另有專訪，成為戰

地重要消息，當時他才卅五歲，又兼金門縣體育會及棒球委員會兩個單位的總幹事。本團當年在戰地推展體育業務，許丕公功不可沒。許丕公在金門服務期間應是意氣風發，工作績效備受青年及鄉親的肯定與讚賞，任總幹事長達十二年之久。

八二三炮戰，堅守崗位，善盡職責

服務期間正逢兩岸關係最緊張、最危急之際，大有山雨欲來風滿樓之勢，不久就爆發震撼國際的「八二三炮戰」，在槍林彈雨中，冒險犯難，置個人死生於度外，堅守崗位，善盡服務戰地青年職責，堪爲楷模，民國 47 年榮獲青年獎章得獎人殊榮，並蒙蔣主任經國先生召見慰勉。

在金門青春歲月，奉獻桑梓

許丕公將個人最菁華的青春歲月，爲推動團務工作全心投入，各項服務推展至爲順利，尤其鼓勵金門青年投效軍旅，績效卓著，金門子弟在軍中皆有好發展。許丕公年輕氣旺，努力打拚的日子，接受他服務、照顧的金門青年及前來戰地參加戰鬥營、參訪活動的青年及教師、社會青年不計其數，是他畢生最感驕傲、受到尊敬的風光歲月！

職務異動 展開新的工作生涯

許丕公在民國 75 年異動回總團部行政處服務一年多，再轉任社會處，展開另一段工作生涯，參與歷次社會團務改革工作，注入豐沛活力與催化服務動能；另外每年青年節、和團慶重要文稿，均由許丕公執筆，內容精闢、鏗鏘有力，爲大會增光。許丕公在社會處服務凡十五年八個月，社會工作深合其性格，格外賣力，奉獻心力，爲義工好朋友提供優質服務，建立起深厚情誼。

屆齡而離開熱愛的工作崗位

許丕公一路走來始終如一，任事積極認真，做人耿直剛正，文筆流暢犀利，愛國愛團愛黨；又好學不倦，陸續通過考試院丙等暨乙等社工人員特考，獲得許多長官的稱許與肯定，同仁更是由衷的敬佩！

許丕公在民國 92 年 5 月 15 日屆齡退休，離開熱愛的工作崗位，在團服務年資最久，長達四十五年五個月又十八天，同仁暱稱「許大老」。

退而不休，轉進更深層傳承的工作

許丕公是閒不住的人，退休後即接下金門縣政府顧問工作，參加許多宗親會，如：金門縣許氏宗親會擔任過理事長、台北縣許姓宗親會擔任常務理事……，活動很多，忙碌異常，卻樂在其中，然而他念念不忘的是親擁先民文化遺珍，讓金門家鄉的俗語風華更加燦爛，是他多年的夙願。經過他從民國 92 年起努力不斷地發掘、蒐集、整理、分類、登錄，請教耆老、友人們，九十五年獲得金門縣文化局的贊助，出版《浯鄉俗諺風華錄》第一集，俟後陸續在 96 年、99 年出版二、三集大作，頗獲好評。許丕公謙稱：實在是平生一件值得興奮鼓舞的「意外」，其實許丕公已為金門做了不朽的貢獻，著實讓金門鄉親感佩不已。

了無牽掛歸天鄉

許丕公民國 75 年舉家遷台，定居新北市中和區，育有二子二女，均已成家立業，愛妻四年前離世，許丕公生前心臟就有點問題，但身體尚稱健朗，金門、台灣兩地，同鄉、朋友的聚會都會參加。現已了無牽掛，祝福——敬愛的「許大老」歸天鄉，享永福！

（本文載於民國 104 年 12 月《團務通訊》809 期）

團部社會處長　曾騰光領導時期同仁：一排左起作者、曾處長夫婦、
劉維椿、曾繁濳、陳淑珍，二排左起許丕華、羅淑芝、高揚昇、劉
文錦、張玉玲、曹順榮，三排左起張德聰、尚世昌、黃村煜、劉唯
生、黃聖恩、覃遵海等在世貿大樓聯誼合影──民國89年3月4日

14 追念陳錦明先進──默默奉獻一生的仁者

　　近來天候極為不正常，溫度飆高攝氏 38 度以上，令人感到不舒服又難耐的時刻，收到陳賢德兄傳來讓本團同仁們不捨的消息──我們敬愛的先進陳錦明先生不幸於民國 105 年 8 月 17 日下午四點五十一分逝世於國泰醫院，享壽九十歲。訊息很快就傳開來，大家都深感哀悼。想起當年創團時期的先進、大老已漸老成凋零、歸天，感嘆歲月不饒人。當年渠等在本團成立時尚是青年，時光飛馳今民國 105 年 10 月本團成立即將屆滿六十四週年了，不禁讓人唏噓之感。

　　我認識錦明先進（以下尊稱錦公）在其擔任幼獅公司發行部副理時，當時我在台北市團委會任社會工作組組長，「錦公」是前輩，年齡比我大許多，我以小弟的心情向他請益，後來我在總團部，他在中國青年服務社，因業務關係，接觸、互動、交談較多，常有往來。民國 80 年 3 月我奉派中國青年服務社，適逢成立四十週年出版《春風雨露四十年》特刊，我翻閱了服務社許多資料，「錦公」事功歷歷，訪問許多人，更了解「錦公」所作所為。「錦公」儉樸，清廉、慷慨、豪放、溫和……是值得大家尊敬，堪為楷模的長者。

　　「錦公」一生做人處事，有諸多讓人頌揚、懷念的事蹟，為了讓更多的本團同仁及朋友們，一窺錦公過往的軼事，也讓後進們，對這位先進的精神，能夠取法，謹將所知簡述如下，供大家追念。

進團前後事略

　　「錦公」民國 16 年 11 月 26 日出生於福建省連江縣，曾就讀福建省立農學院，因戰亂關係輟學後，擔任過中、小學兩年老師，之後曾在陳公釗、王輔、胡璉將軍麾下高登游擊總隊、指揮所等單位幹部，打過游擊戰。於民國 43 年 3 月加入救國團的行列，分發在金

門縣支隊部及馬祖中隊戰地服務。

「錦公」於民國 48 年 3 月調本團南投縣支隊部第三組組長，服務了兩年，「錦公」曾告訴我——林洋港院長當年與他在南投同事及喝酒的軼事，令我感到興趣；民國 50 年 4 月調本團高雄縣支隊部，擔任服務組組長，也是兩年，民國 52 年 4 月由於工作認真，領導及溝通能力強，調幼獅書店發行主任，爲「錦公」任職在幼獅公司漫長歲月之始端，達十七年七個月之久。於幼獅公司發行部經理任內——民國 69 年 11 月調任中國青年服務社總幹事。「錦公」久任斯職，未聞怨言，堅守崗位，讓一位年輕人意氣消磨至中年，時運所致、令人嘆息。

「錦公」調中國青年服務社總幹事，更加奮起，夙興夜寐，放開心懷，發揮特有的魅力，做得有聲有色，「服務社」名聲四揚，工作績效受肯定與讚賞。直至民國 78 年 9 月 30 日「錦公」自請退休，任職亦達八年十個月之久，總計在團服務三十五年六個月又十五天，團部給「錦公」的總評——備極辛勞，貢獻良多。

「錦公」時年六十一歲十個月，默默離開一生熱愛的救國團，自行找尋新工作——合家歡育樂公司，其後「錦公」的生涯我未便探知，只知其對團關懷依舊，常與團有互動，重要聚會都會參與，偶而與摯友柴松林、張植珊等結伴到活動中心休憩。「錦公」晚年，昔日的老同事、朋友及部屬們時常到他家聊天、聚聚，甚感安慰、不覺寂寞。我也要感謝「錦公」在合家歡育樂公司時贈送許多盒高爾夫球，我收集留到退休後使用，每看到合家歡的球就想起敬愛的「錦公」。

領導服務社，盡心盡力

「中國青年服務社」是本團的櫥窗，它位在台北火車站附近，每天進出成千上萬的民眾，得到地利之便，辦理的社教、休閒活動，

蔚爲風潮，本團特別重視，歷任總幹事都是本團精選的菁英，如：許引經、張翰飛、楊尊嚴、王伯音、王生年、唐勃、江新鵬、蔡志恆等先進。「錦公」調任「中國青年服務社」總幹事，團本部還是看中他的能力及才華，讓他承擔重任。的確，「錦公」在服務社期間，諸多建樹，開創了服務高峰。謹提出幾項供大家鑒閱：

❖ 民國 71 年 8 月 16 日，標得台北市地方法院標售之座落於台北市中山北路一段卅號四層樓房一棟，以充實「服務社」硬體設備。買賣雖經許多波折，「錦公」總幹事得到好友協助，克服困難，得以購置。

❖ 民國 74 年 5 月，爲配合台北市區地下鐵的興建，現有房舍必須拆除、搬遷，「錦公」協助總團部向台灣人壽保險公司押租座落於台北市館前路 45 號人壽大樓乙棟，連地下室共十一層，總面積八百四十坪。服務社順利遷入，各項服務得以繼續，功德圓滿。

❖ 民國 70 年 3 月起，與中央日報社聯合舉辦「眞善美講座」，針對政治、社會、財經、工商、教育、文化等有關問題，邀請專家學者演講、座談，每個月舉辦兩次，每次聽講人數約二百餘人滿座，甚獲社會人士好評。

❖ 民國 76 年 8 月 12 日，爲加強中美文化交流，與美國洛杉磯「州立艾萬斯社區成人學校」締結爲姐妹學校，儀式由本團主任李鍾桂博士主持，「錦公」代表「服務社」簽字。

❖ 民國 77 年 11 月，因「服務社」歷年舉辦登山、健行、研習、講座等各項有意義活動，對推展社會教育貢獻良多，榮獲教育部頒發獎牌鼓勵。

做人處事 極爲圓融

「錦公」將青春歲月奉獻給本團，全心全力投入，推動各項服

務，績效斐然，贏得大家的敬重，退休後仍有規劃，做自已喜歡的事，令人欽佩。

「錦公」做人處事，有諸多讓人頌揚、懷念的事蹟，列舉如下：

❖「錦公」好客、慷慨，豪邁，不因來者年輕、職低而有別，溫和、親切接待。當年我也是常客，到「服務社」吃他同鄉孫師傅煮的福州菜。其實「錦公」自奉甚儉，操守極為清廉，常自掏腰包接待客人。

❖「錦公」對部屬、同仁從不疾言厲色，在「服務社」期間錄用許多年輕人，栽培訓練不遺餘力，對同仁非常注意他們的操守，如有違規諄諄勸導。同仁對「錦公」很有向心力，工作努力也感念他，記得栽培了黎俊明、許國政……等同仁。

❖「服務社」平常接待的人很多，「錦公」對長者更為敬重，執禮周到有加，對本團形象助益不少。

❖「服務社」的語文、技藝班隊很多，「錦公」對這些指導老師，很是敬重，不時噓寒問暖，盡量滿足他們的需求。部分老師組「老友會」聯繫感情，「錦公」支持參加，該會變成老師與「服務社」溝通的橋樑，讓老師有歸屬感，沿襲至今。

默默奉獻一生　堪稱為仁者

「錦公」默默奉獻一生，做人處事極為圓融，在世廣結人緣，為團、為國、為社會，無私無我奉獻，為青年服務，執著至終，實現人生最高價值──大愛精神，堪稱為仁者。

「錦公」定居台北市大安區，有個幸福美滿的家庭，與黃麗華女士結縭，育有一子二女，均已成家立業，兒孫滿堂，「錦公」含飴弄孫，羨煞我等。

「錦公」告別式於今民國 105 年 9 月 1 日農曆 8 月 1 日上午舉行，同鄉、親朋、故舊……齊聚悼念、祈福、行禮，送人間最後一程。肅穆隆重，長留去思，祝福——敬愛的「錦公」歸天鄉、享永福。

（本文載於民國 105 年 8 月《團務通訊》817 期）

中國青年服務社社慶，左起胡耀庭前副總幹事、16 任作者、7 任楊尊嚴前總幹事、李秀蘭前副總幹事、李主任、11 任唐勃、14 任陳錦明、15 任楊保中、19 任錢圓昆等前總幹事合影。

15 追念司徒明先進──拘謹清廉 終身不渝

「司徒公」缺席了聯誼餐會

當民國 105 年 10 月 25 日台灣光復節，逐漸被人淡忘的日子，本團選定爲慶祝本團成立六十四周年團慶，爲感謝曾付出青春歲月的「離職暨退休同仁」舉行聯誼餐會，大家相互問安、寒暄，念及當年共事、相處，度過多少個寒暑，爲青年服務工作流了多少汗水，打造了本團的金字招牌。餐會這天有位資

作者陪楊允昆處長、<u>司徒明處長</u>、程雲秘書視察台東堁口山莊

深的先進、前財務處長司徒明先生卻於凌晨逝世，缺席了餐會，他的老部屬犯嘀咕：「怎麼沒看到老長官出席」，直到 11 月 12 日「司徒公」出殯，13 日骨灰進塔位後，家屬到總團部辦理手續，同仁才得知「司徒公」已仙逝了，遽聞不幸訊息讓他的老朋友、同仁們震驚與不捨。

「司徒公」生前最後囑咐

「司徒公」生前吩咐家屬：要低調，一切從簡。因此出殯時只有他的親屬們參加，沒有驚動同事、朋友們，以致我們在「司徒公」骨灰進塔後才得知他已離世歸天，這也是「司徒公」終身執著的風格，令人敬佩。事後本團張德聰主任率主管們親臨司徒府上向其夫人暨家屬致慰，並表哀悼之意。

「司徒公」生平事略

「司徒公」廣東省開平縣人，生於民國 25 年 4 月 15 日，卒於民

國 105 年 10 月 25 日，享壽八十一歲。生前因患肝疾，聽從醫師囑咐治療，病況尚稱穩定，更經夫人體貼照顧，得享高壽，也是「司徒公」的毅力與上天的庇佑啊！

❖「司徒公」民國 49 年 6 月畢業於國立中興大學法商學院會計統計系，經省立桃園高農校長──曹沛滋先生介紹進入本團工作。

❖民國 49 年 8 月 16 日分發到本團桃園縣支隊部擔任幹事，從事會計工作。當時支隊部同事有：文教組吳挽瀾組長、活動組王建組長、輔導組余鎮業組長等，可謂人才濟濟。

❖民國 50 年 4 月調升本團苗栗縣團委會，擔任服務組組長，不到三個月，升任該會助理秘書，有如秘書組的工作，爲該會首席幹部。

❖民國 55 年 4 月調升總團部會計室編審，當時會計室主任劉明經。此後將近三十五年時間都在總團部會計室（財務處）逐步升遷，專員、專門委員、副主任、處長，直至民國 90 年 4 月 15 日屆齡退休。在團服務總計四十年八個月。

　　以上是「司徒公」畢生爲本團努力奮鬥的工作歷程，從一而終，未換其他工作。他四十寒暑經歷本團爲青年服務奉獻的艱辛，親睹在時代巨輪下，本團積極創新、爲符合青年需要逐漸轉型，外在環境雖受諸多的打擊，仍須努力因應，也是他最關心惦念的，就讓後輩集中智慧解決，您就安心在天享樂吧！

「司徒公」與我

　　我常和「司徒公」相談，自總團部搬回松江路新建志清大樓後，辦公室同在四樓，門口相對，當時會計室主任楊多續，「司徒公」爲副主任，我是活動組專門委員，活動組業務涉及財務甚多，常去會計室協調，順便到司徒公辦公室打招呼、請益，十分投緣。他常談

在萬里翡翠灣飯店餐廳與趙令正、<u>司徒明</u>、
林方察、李嘉新、作者共餐

到當年進團在桃園縣與家兄余鎮業共事的情景，後來無話不談，尤其假期活動的狀況、報名情形……，他知道活動組同仁的辛苦，常默默鼓勵我、他也喜歡我寫的一些文章，二十餘年的相知，至今難忘。我常暱稱「司徒公」為財神爺，當年本團財源不多，老主任經國先生及歷任本團主任對財務的管理非常嚴格，「司徒公」拘謹，清廉、溫和……正符合管理本團財務的人才。

「司徒公」讓人懷念的事蹟

　　「司徒公」一生做人處事，有諸多讓人懷念的事蹟，我們未能送「司徒公」最後一程，深以為憾，特致上追悼之文，以表大家深深哀慟之意。

《我的懷念》

❖「司徒公」生性拘謹、行事低調、節儉清廉，四十寒暑在團工作中成長，並成為領導幹部，一直受到「老主任經國先生」精神的感召，「司徒公」畢生恪守不渝，我感佩他的執著，是「救國團的人」的典型。

❖「司徒公」性情溫和、含蓄隱藏、不出鋒頭，不作「要人」，這次我翻閱照片資料，許多場合以他的資深，卻站在隊伍的後面，很難找到他較凸出的照片，從小處看大，就知其行事風格矣。

❖「司徒公」一言一行、一舉一動，勢必影響會計、財務單位的氛

圍。據我多年的觀察，他們的辦公室常是靜悄悄，每位同仁專注、努力在工作，講話也很小聲。財務無論內部及外部都建立了很好的管理制度，幾乎沒有同仁在財務上發生偏差，主管的榜樣很重要。財務工作雖是靜態的工作較多，如果不敬業，影響團體卻很大，「司徒公」穩住全團會計財務方面是本團安定發展重要靈魂人物。

❖「司徒公」在團隊合作精神也是讓人敬佩的，他不迎合、阿諛。團務的發展，財務如不配合、靈活調度，團務就很難推動了。一個制度的建立，需要長期醞釀。本團工作人員很多人沒有財務知識與專長，必須隨時檢查、協助、指導。記得當年大家都沒有年度預算的觀念，由於不實際，不確實，造成同仁許多的麻煩。預算、執行、決算，多年推動後，在現行運作上已經進入常軌，我想「司徒公」的努力，階段性任務已完成了。

❖團裡的同仁可能不知道，每到發薪水、獎金時，財務單位也需要調頭寸；還有重要採購、建設大筆支出，他都能事前運籌帷幄，「司徒公」不讓長官煩惱。他不居功，認為是理所當然的，令人感動。

❖「司徒公」低調、隱藏的修養境界，我們的故主任李錫公實踐了「老主任經國先生」的精神，而「司徒公」也不遑多讓，真不愧是「老主任經國先生」的部屬、弟子。

《何維荃同仁的懷念》

❖何專門委員追隨「司徒公」多年，目前定居美國芝加哥，當接到老長官離世的訊息，十分震驚、難過，整夜不得好眠。

高忠良、何維荃夫婦在芝加哥與馬英九總統合影

❖「司徒公」是極好的老長官很容易

相處，沒有什麼花樣，按規章、指示去做就對了。

❖他很保守也因保守，而保全、守住了本團財務，例如當年社會投資風氣很盛，有人建議本團也可嘗試，「司徒公」堅決反對，後來果真發生股災，否則就不堪設想了。

《楊明軒同仁的懷念》

❖楊明軒同仁，經由當時會計室司徒副主任面試後，民國 72 年 1 月 2 日踏入救國團會計室工讀，數年後考取輔導員，磨鍊成長，逐級升任專員、編審、視察、專門委員……，轉眼至今已三十多年，「司徒公」一路的栽培之恩、感激之心，她不曾忘懷。

左起：楊明軒、作者、謝惠如

❖楊明軒同仁記得在工讀期間，每年的預、決算是司徒處長最忙的時候，這段時間他的臉沒有笑容、是緊繃的，中午用餐後，就關在自己的辦公室編列，用算盤計算，擔心加減錯誤，要求她再復算；復算完後，她唸他再核對，就擔心弄錯，他就是這麼謹慎的長官。

❖在工作上司徒處長的工作要求，小至憑證整理都得方正整齊、裝箱歸檔須編號、記錄，才進倉庫，諸多細微事項都嚴格要求，讓她從中學習到財務人員應有的工作態度。

❖78 年楊明軒同仁考取輔導員，司徒處長陪著她等待分發，那時的他就像一個父親幫著女兒填志願等分發似的，讓她十分感動。

❖94 年她從總團部調任台北市團委會，司徒處長擔心她的適應能力，期間曾二度專程去探視，給她加油打氣，內心著實感謝處長

的愛護。

❖ 司徒處長退休後，每次回團部都會到財務處看看同仁，跟大家話家常，由於他年紀大，聽力變差了，於是我們用寫的聊天，也聊得很開心。

❖ 今年六十四周年團慶「離職暨退休同仁」聯誼餐會，發現處長缺席，她心想回家再撥個電話問候，但工作一忙，還沒來得及打電話，敬愛的司徒處長已悄然離世了。

拘謹清廉，終身不渝

一般執掌財務者應是單位之要津，「司徒公」卻非常守分，不虛誇自己，謙恭自若。如此做人處事，長官必然極為放心倚重。「司徒公」為團無私無我奉獻，拘謹清廉，終身不渝，是「救國團的人」的典型。

「司徒公」定居新北市永和區，與葉凱蒂老師結縭，鶼鰈情深，尤其在「司徒公」晚年更是形影不離，靠葉老師無微不至的照護，得享八十一高齡。他們育有二子，長子已成家，有一長孫，次子未婚，有幸福美滿的家庭。

「司徒公」已歸天鄉、享永福！在人間尚有許多懷念「司徒公」的親友們，只得長留去思，祈求上天庇佑「司徒公」家人及親友們，平安喜樂！

（本文載於民國 105 年 11 月《團務通訊》820 期）

16 追念佘憲光先進

——愛團愛國 終身侍主

我所認識的佘憲光先進

在台北聖家堂殯葬彌撒

我認識佘憲光先進很久，只知他已轉黨部工作，也未曾深談。更不知他是天主教徒，我們是教友，還是近年在教會活動中有緣相見，真是相見恨晚，還來不及請教他認識天主的經過，以及他在基督內生活中心靈啟發等寶貴經驗，他在107 年 6 月 15 日蒙主恩召，安息主懷，享年九十三歲，精彩一生。

佘憲光先進生平

聖家堂神父對佘憲光先進生平非常了解，據神父說，每次佘前輩到教堂，參加彌撒後，他總會去找神父聊一聊，因此神父彌撒的證道尤為寶貴而真實。又有他子女為他做的生平事蹟、家庭生活等佐證，讓在場親友、同僚們感覺，佘前輩在公，盡忠職守，關愛同仁；在私，喜交友朋，家庭子女教育成功，互動熱絡，溫馨美滿；在教會，敬愛天主，愛慕正義，恪守戒律，服侍天主，做個有信德的人。

佘前輩是廣東中山人，卻生在山東，日本侵華殘害同胞，輾轉逃難至安徽的天主教堂裡，受神父、修女的照顧，耳濡目染認識了天主，十二、三歲受洗為天主教徒，聖名——多明我，其後隨政府來台後，就讀台灣大學商學院，畢業後受老主任經國先生的感召，到救國團服務，在團主管財務，為創團大老之一。

後奉李煥先生提拔轉至知青黨部服務，再至中央黨部為財務管

理委員會主任委員，負責籌措中央財務，當年資源有限，財政極為困難，辛苦多年，殯葬彌撒時，財政大老徐立德抱病來聖家堂送佘前輩最後一程，可見其貢獻。生涯最後至中央產物保險公司擔任董事長一職多年，至退休。

佘前輩不可或忘的是——對團一直認為是他的出身母團，團有任何事，他都很關心，重大慶典他都會出席，並榮任本團團員，對團熱愛終身。

今天，107 年 6 月 27 日上午九時，聖家堂舉行佘前輩殯葬彌撒，告別人間，參加的親友滿堂，團的老同仁有——李發強、張景珩、尤德彬、史濟鍠、吳英黔、劉維椿、葉慕賢、黃雲真夫婦、趙傑、王茂生夫婦與我，在職同仁有——葛永光主任、翁宏文主秘、鄭斐文處長等，儀式莊嚴肅穆，備極哀榮。為這位愛團，為黨國奉獻一生的元老，深致哀悼！天主也把他接引至天國，永享安樂。

（寫於民國 107 年 7 月 10 日）

17 追憶老友陳登科送別夫人
——至情至性　大家感動

其一

　　民國106年7月19日我與內人參加救國團之友「日盛印製公司」老闆陳登科（排行老五）之夫人——徐玉琴姐妹的追思告別禮拜，在台北市中山北路的基督教長老教會舉行。前來悼念的教友，親友……擠滿教堂，簡單肅穆。本團同仁高揚昇，黃沛洋，徐慶炎，施國豪，曾清波……等好友在場。我與老五陳登科兄長久以來由於性情相投，成為至交，也可說是君子之交。

　　老五陳登科兄於追思告別禮拜答謝時，至情至性說辭，博得參與者感動、流淚，當老五登科兄最後說出夫人：徐玉琴我愛你時，熱淚滿眶，大家為其喝采、鼓勵，也情不自禁含淚，因為老五的夫人——徐玉琴姐妹大家都熟悉，對先生登科兄內外幫助甚大，真正的賢內助。雖然老五是印刷廠商，但對我們來說如同工作伙伴，趕工，經費不足，老五的公司卻願意加班、犧牲一點收入不以為意，登科兄實在大方，讓我們的工作如期舉辦，做得更好。

　　有云：世事無常，往往好人不長命，老五陳登科兄夫人——徐玉琴姐妹年紀尚輕，不幸罹肺腺癌不治，最傷心者莫過於老五登科兄及其兒女們，我們懷著感傷的心情前往追悼外，也請老五登科兄節哀順變，仍須生活下去，照顧好自己。

　　大家祝禱徐玉琴姐妹之靈，榮登天國，永享福樂！

　　　　　　　　　　　　　　　　　　　　（民國106-07-20）

其二

　　轉眼一年　Fb　網路提醒我這則訊息，日盛印製公司與救國團關

係當年至現在，都非常密切，舉凡縣市期刊，寒暑假期營隊手冊，文宣資料……等，許多文稿──如青年節文告印製，感人的故事在許多先進的心中流傳著。而經營者幾位兄弟與團的同仁公私情誼，解決許多趕件或經費短絀的窘境。

排行老五的陳登科兄更是熱誠，他專責救國團的印製業務。其夫人徐玉琴姊妹和藹可親，幫助老五的事業甚多，可謂賢內助。不幸罹患肺腺癌蒙主恩召，不覺一年，老五登科兄在送別時，驚天一喊──徐玉琴我愛你！感動在教堂的所有人，憋在老五的情緒終於崩潰喊出，至今難忘。想到此我的眼淚也盈眶，遙祝夫人在天享樂，老五登科兄保重，以慰夫人在天之靈。

（民國 107-07-20）

其三

徐玉琴姐妹去世已經過一年了，住在美國舊金山殷正言先進，看到我的貼文立即來訊稱：頃時驚聞日盛印刷公司、好友老五仁兄的夫人徐玉琴女士不幸往生的消息！同感悲慟！

日盛諸位兄弟、待人誠懇、服務熱心。多年來配合救國團工作同仁之業務順利進行。逐漸都成為至交良友！這份友誼、正言先進身居海外多年、仍然懷念不忘！

有關訊息我轉給老五陳登科兄知悉稱：感恩我的貼文，過了一年還記起我及其內人，銘感五內！

登科兄說，這輩子能和救國團諸位長輩認識結緣，在各位先進指導鞭策下，讓我們的公司學習和成長，真是感恩！

時代的變遷及政治輪替，讓救國團今非昔比，令人不勝唏噓！

然我日盛就是，不做民進黨的業務，雖有機會但就是不願，因

味道不同，不願接觸！因珍惜這份得來不易的情感！是非利害寧選是非而棄利害。

　　建業兄我們皆有年齡，我現在也住龍潭，期望您回龍潭故鄉時能相聚，泡泡茶聊聊也是一椿美事。

　　您有機會請代問候殷正言先進向他致意，感恩他以前給我甚多的照顧、指導與鼓勵。像團的長輩們一樣，真是亦師亦友，讓我學到如何待人接物。

　　老五陳登科兄又說，反正這輩子我和團的種種因緣際會，真是一言難盡，期待見面再聊，敬祝闔家平安喜樂！

（民國 107-07-20）

前排左起徐玉琴女士、劉叔清、何維荃、蕭惠月、高淑惠。

後排左起陳光蔚、作者、老五陳登科、高忠良、張德元，徐台光

18 緣聚江蘇 歡慶中秋

——「溱潼賞月」之旅見聞

緣起

　　兩岸青年工作者代表中秋聯歡參訪活動已進入第二十年，本次到江蘇南京、淮安、泰州、揚州等地參訪，承蒙團長李鍾桂博士相邀，退休後，得以連續第六次參與，甚感榮幸。本次有一零八人參與，我也藉機與老朋友、同仁敘舊並認識新的朋友。此行心情是愉悅的，充滿著期待，祈望身心靈都有所得。

活動重點陳述

　　這次參訪，兩岸主辦單位及承辦旅行社均慎重安排，舒適、安全方面要讓大家放心。有云手冊中已載，何勞爲文，然而親身目睹，走過、看過、聽導遊說過，回味後頗有感受，擇重點陳述，讓讀者也能一起參訪。

首都南京：

　　首謁國父——中山陵，它的建築依鍾山階梯層層而上，陵墓坐北朝南，依序爲廣場、石坊、墓道、陵門、碑亭、祭堂、墓室，中山陵園如同一口大鐘，佔地三千公頃。陵門上「天下爲公」牌匾，展現偉人胸懷。我們鞠躬以示崇敬與緬懷。

　　規模最大帝王陵寢之一——明孝陵：明孝陵毗鄰中山陵，紫金山南麓，位於鍾山風景勝區，明太祖朱元璋與其馬皇后合葬陵墓，因奉行以孝治天下，故名——孝陵，占地一百七十餘萬平方公尺，

是中國規模最大帝王陵寢之一。

參訪總統府：

原來是明代侯府和王府，清朝改爲兩江總督署，太平天國時改建爲成天王府，之後焚毀，1870 年重建爲兩江總督署，1912 年孫中山先生在南京總統府宣誓就任中華民國臨時大總統，僅維持四個月，之後也曾是國民政府辦公室，日本佔領時期，僞傀儡政府辦公室，1947 年蔣中正先生在此就任中華民國總統。總統府佔地很廣，庭園景觀非常美，可參觀的地方甚多。

侵華日軍南京大屠殺遇難同胞紀念館：

南京大屠殺的悲慘歷史，揭露日本軍國主義的血腥暴行，爲悼念遇難同胞，南京人民於 1985 年修建了紀念館，1995 年又進行擴建。建築物採用灰白色大理石壘砌而成，氣勢恢宏，莊嚴肅穆，以史料、文物、建築、雕塑、影視等綜合手法，全面展示南京大屠殺特大慘案的專史陳列館。紀念館分外景展區、遺骨陳列、史料陳列三個部分。外景展區諸多景觀，構成了生與死和悲與憤爲主題的紀念性墓地建築風格。外形爲棺槨狀的遺骨陳列室內，陳列著建館時從「萬人坑」中挖掘出的部分遇難者遺骨，是侵華日軍大屠殺的鐵證。

南京的景點很多，如：夫子廟商圈，以夫子廟爲中心，結合秦淮風景區，發揮文化、旅遊、購物、服務的功能，它是傳統古街市，吸引觀光客。

淮安是從南京乘車往江北，約兩小時抵達，淮安古今出許多名人，如周恩來紀念館、明代吳承恩─西遊記博物館、淮揚菜文化博

物館等，都讓人留下深刻印象。晚上還坐畫舫遊運河，頗有詩情畫意。

從淮安到興化，就可以見識到先人的智慧及節能減碳、生態維護的具體成果：

其一是千島垛田，江北下河水鄉的興化城東，有一片奇特的土地，這便是垛田。垛田，或方或圓或寬或窄或高或低或長或短，形態各異且大小不等，大的兩三畝，小的只那麼幾分幾厘。也有相同之處，就是四面環水，垛與垛之間各

與前立委童惠珍合影

不相連，形同海上小島，就有人稱這兒爲「千島之鄉」。如此規模如此獨特的地貌，可謂天下奇觀。

其二是李中水上森林，李中水上森林地面積 2000 畝，其中森林面積 1050 餘畝，水面面積 950 餘畝，森林種水杉爲主，漫步水上森林公園，呼吸森林芬多精，也可乘坐木筏漂游，觀賞李中水上森林景區，它是全省最大的人工溼地生態林。

溱潼古鎮：地處江蘇省下河地區位於鹽城、南通、泰州三市交界處，距今已有三千多年歷史，是全國民間藝術之鄉，歷史文化古鎮。這裡四面環水、水土肥美、環境優雅，有水上明珠之稱。古鎮內麻石當街、小溱湖巷、八仙橋巷等大批明清時期的建築群、保存完整、店鋪林立、風貌依舊。

溱湖溼地公園：湖泊內星羅棋布的沙灘島嶼，四通八達，經過長期的開發和利用，溱湖已形成獨特水環境風景區。並以"麋鹿故鄉園"爲品牌的濕地生態公園。

泰州古壽聖寺，泰州華僑擴建古壽聖寺時，決定在溱湖中修建

60米高的藥師佛塔，三面藥師佛銅像是佛塔的主體，由三尊獨立的佛像組成，與藥師佛背向而立的是日光菩薩和月光菩薩，共稱爲東方三聖。三面藥師佛採用先進工藝鑄造，佛像的不同部位呈現出五種顔色，塔建成後金碧輝煌，有琉璃世界的神韻。

泰州古今出許多名人，如水滸傳作者——施耐庵、梅蘭芳、胡錦濤……我們團長李鍾桂博士也是泰州人。這裡要講的是——梅蘭芳，名瀾，字畹華，祖籍江蘇泰州，1894 年 10 月 22 日出生在北京的一

個梨園世家，是世界人民熟知的戲曲藝術大師，我國最傑出的京劇表演藝術家，梅蘭芳先生將我國戲曲藝術的精華集于一身，形成具有獨特風格的表演藝術流派——梅派。他對現代中國戲藝術的發展，起了承前啟後的作用。在國內外被譽爲偉大的演員和美的化身。

鳳城河景區——鳳城河畔、望海樓、桃園景區內三十多個景點匯集了泰州歷史、戲曲、民俗、商賈四大特色文化。景區內核心景觀望海樓，更領江淮雄風，國學大師文懷沙稱其爲「江淮第一樓」，望海樓隔河爲桃園景區，取孔尚任寄寓泰州陳庵創作《桃花扇》之意，與泰州梅園戲劇、柳園評話相聯，三園一線，形成「戲曲文化三家村」的獨特人文旅遊景觀，徜徉其中，宛若行走於中國戲曲文化之長廊。

稻河古街區：是泰州最重要歷史文化街區，它形成於元末明初已有六百多年，爲泰式民居建築群，別具風情。稻河和草河貫穿南北，淮水和江水相會其間，古時舟楫相連、鹽糧轉運、街河並行，井然有序。歷史文物古蹟很多，吸引人們探古尋幽，非常值得。

瘦西湖：西湖原名保障湖，瘦西湖由於年長日久，湖心淤塞，

鹽商便出資疏濬，並在東西岸興建起許多亭臺樓閣，瘦西湖是由隋、唐、五代、宋、元、明、清等不同時代的城壕連綴而成的帶狀景親、並始終與大運河保持水源相通的互動關係。園林群景色怡人，有「園林之盛，甲於天下」之譽。

个園─是以竹取勝，園名取竹字的半邊爲「个園」因主人姓黃，名「至筠」个園分爲住宅、庭園、和松竹林三個部份，面積廣闊，建築多樣，住宅部分原爲四進三路，前進的磚雕門樓和轎廳已不存在，現存的還有三進兩路，中路五開間東路三開間。前兩進爲平房，後進爲串樓。每進都建有幽房小院，院中具有不同的景色點綴。

豐富之旅

作者與藍涂育、錢圓昆及柳闓生、曾雪華夫婦合影

這次參訪食宿、行程十分精彩，一般旅遊界不會如此安排，住的好──全部是希爾頓五星級旅館；吃的淮揚名菜，符合我們的口味，餐餐數不出幾道菜，讓大家非常滿意，揚州炒飯也見識了。參訪景點，對喜歡史地的我，正好實地印證。江蘇每個城市都在努力創造特色，看了淮安市的城市規劃展覽館，宏大遠觀，新市鎮已逐步成形，他們驕傲奮發，巨龍是已經醒了。

至於大陸接待單位，江蘇青年聯合會派副秘書長劉雯小姐全程陪伴，各城市青年聯合會依轄區接待，交通引導等，至爲親切，讓參訪行程極其順暢。拜會、座談，均由團長李鐘桂博士率領四個主辦單位相關人員參與，策進未來合作事宜，情誼更加增進，甚爲成功。這次活動值得報導的很多，限於篇幅割捨甚多。

　　第十一屆兩岸中秋聯歡活動，泰州市青年聯合會承辦，場地規劃在泰州鳳城河景區中，取《桃花扇》之一的桃園景區，晚間河邊景區璀璨迷人，霓虹燈照亮全城，全國青年聯合會從北京派王陽副秘書長前來致意。千里共嬋娟，兩岸中秋聯歡活動隆重舉行，節目安排更是用心，由男女兩位廣播電視節目的主持人主持，節目精彩各展特色，我們也準備青鋒劍武術、高山青歌舞……等節目演出。最後，我們更拿出帶動絕活，帶動兩岸青年，掀起了活動高潮。

整體觀之

　　海峽兩岸人民血濃於水，藉交流、互訪，增進彼此認識與了解，相互觀摩學習，有積極的意義。最近新政府兩岸政策，無法突破「九二共識」，兩岸交流呈現低迷，影響國人民生經濟至鉅。

　　總之，希望兩岸青年交流、互訪活動，政府、民間應共同合作努力，讓兩岸人民減少對立、擴大視野，心手相連，共創美好未來。

（本文載於民國 105 年 9 月《團務通訊》818 期）

第十一屆兩岸中秋聯歡活動全體團員合影

19 Momo 三歲生日快樂

——璇子告白至情至愛

　　璇子是位聰慧、善解人意的媳婦，有個人想法與堅持，具備一些專長，喜歡獨立思考作業。尤其懷頭胎，可以說經歷許多波折、身心煎熬，還是提前三個月向人間報到。她堅持自產、自養、自育，只有小部分讓媽媽、老公……等協助，我在旁觀察，她有她的SOP，我去看孫子一定先洗手、消毒防患腸病毒，這是基本的衛生，我跟我周邊的朋友說，他們都取笑我，其實我媳婦的堅持是對的，就由他們笑吧！現在她又懷第二胎，也是男的，Momo 幫他取名 PoPo，以下是我的媳婦—璇子的告白，著實讓我感佩。

　　Momo 三歲生日快樂！每到生日我總是會從兒子一出生開始想起，Momo 出生因為急刀，已經貧血的他，還被醫師割耳朵逢了幾針，通常這樣的情況下，當媽媽爸爸的應該會非常氣憤醫師的不小心，但是因為早產 1300 克，37 公分，我們要面對的是

生死關卡，耳朵沒影響到聽覺相較起來事小太多了，身體虛弱的我，每次去保溫箱看兒子，忍不住淚流滿面，我以前從來沒有連續哭過近一個月的經驗。

　　看著兒子過五關斬六將，先是腸胃闖關，再來呼吸、心臟、眼睛、腦，每關都可以嚇死媽媽我，等醫師宣判結果，最難熬的一關是心臟差點要開刀，最後護理師告訴我，妳兒子很爭氣自己關閉動脈導管，我謝謝這樣的經驗，我在婦幼小兒加護病房看見春天，感謝照顧兒子的黃信中醫師，最先照料 Momo 的瑜玫護理師和一群護理師們，謝謝你們不僅專業，還能體會爸爸媽媽的心情。

　　還有爸爸媽媽公公婆婆和一群好友陪伴幫忙，讓這段日子變得好走些，這段日子不管過多久，想起來都好像昨天才發生的事，感謝你們的心情真的不會隨時間而流逝，謝謝你們一時的辛勞，帶給我們一輩子的幸福。感謝主與我們同在。

❖ Momo 昨晚十二點睡，今天八點就起床了，中午一直怎麼哄睡就是沒用，五點多睡著了，中間我趁機放下兒子成功（他喜歡睡在我腿上），趕快用晚餐，用好沒多久約六點多，兒子醒了硬要繼續在我腿上睡覺，到現在 XD 媽媽動彈不得啊～兒子啊～菜都涼了。兒子是位高需求的寶寶，沒遇過高需求寶寶的人，是無法想像的……

❖ 理智線崩壞的一天又開始，兒子五點多爬起來玩到十點，我才睡三個小時，十點終於睡著了，我硬撐終於也可以睡了，結果樓上裝潢開始鑽牆壁，我的天啊！我快哭了！我睡不著，好險兒子沒被吵醒，只有亂動，半小時一小時後，終於安靜了，結果貨運送貨按門鈴，我沒力氣開門，想說按兩聲後，會下次送，結果，天啊，他竟然一直壓著門鈴不放，我又哭哭了！然後沒多久兒子就醒了……

❖ 今天參加好奇寶寶足球比賽，原本以為勢在必得啊～暗爽中。開始比賽了，每個孩子都用手抱球，全力衝刺，只有兒子堅持用腳踢（有上足球課真的不一樣），說教練有教，完全不聽他媽媽的戰略——就是用手抱球衝啊～）……結果五個一組比賽，我們好像第五名，哈哈哈哈哈哈

PS.到場才知道每個寶寶都要穿好奇尿布才可以上場，當場我覺得出賣了色相了，跟兒子說，如果你不想穿我們就不要比賽了，沒關係，兒子很猶豫，因為他不喜歡穿尿布褲，又這麼多人看，最

後他還是很想上場玩。

❖科教館門口的這個物理機器有多麼重要啊～聚集這麼多孩子，可惜它年久有些故障，球有時候會落地，發明者也不從事這行了，需要人工撿球，兒子一直不願走開，一直問為什麼沒在動了？為什麼球在地上？爸爸便去問工作人員，哇！好開心哦！工作人員來撿起球，就開始運轉了！好幸運的我，本來以為壞了，堅持不要離開，說想看到天黑黑，還真的天快黑了，門口天花板的燈都亮了。

❖懷著老二肚子越來越大，帶二歲多的兒子出門好不方便，光是跑給我追我就沒法度了，只好想更多辦法在家裡玩，說好的漂浮足球呢？一百多元就不計較了 XD，反正兒子還蠻開心的，不過剛剛桌子打蠟後，真的漂浮了耶，YA！

❖兒子常常過敏流鼻涕，我想知道家中的甲醛含量是否安全，家裡很多木頭家具，所以近日租了一台測甲醛的專業儀器，很慶幸當時沒大裝潢，都是原本公婆數十年前裝潢的，所以很多都是 0 甲醛，結婚時的家具也幸運 0 甲醛，結果是廚房的系統櫃不常開的上櫃，測得 0.003ppm，我放黏著劑的抽屜也是 0.003ppm，一般是建議 0.008 以下，剛好朋友新裝修的櫃子，2ppm，真是嚇壞我們了！

　　我的媳婦—璇子就是這樣懷著老二 PoPo，帶著 Momo 從小到三歲的育養教實況，藉機將做母親晝夜不得闔眼吃睡的辛苦，告知普天下，天下母親都一樣，母恩多偉大。九月近了老二即將出生，她要更忙碌、更有經驗，進入另一番景象，祝她主恩滿滿，一切順利平安！

（民國 107-08-01）

附註：民國 110 年 9 月 Momo 上小學，Popo 上幼兒班。

Popo 抓周，全家出動！

Popo

Momo

20 野鶴隨筆——閒情逸致 心靈慰藉 之一

奇妙之旅

　　這是奇妙之旅，台南市東山區農會長期在內湖社區駐點推廣農特產，特別安排曾參加他們蜂蜜養殖促銷說明會多次的社區七、八十位長者，共乘兩部遊覽車，只交保險費一百元，供早，午，晚三餐，車資都免費，我內人幫我報名。一大早六點二十分出發，直抵台南東山區，實地參觀東和蜂文化觀光工廠，目前經營者已是第三代，了解蜂產品的製作過程，用最先進上千萬的機器加工製造，衛生安全，營養特佳，對使用者保健功效好，中午在東山區餐廳招待午餐，非常澎派。

　　接著往北回程，到南投縣竹山參觀土地廟及七星級化妝室，果然名不虛傳，沿途賣農產品，便宜又好。農會行銷員告訴我們有下午茶，停在台中市西屯區如邑堂餅家公司，喝咖啡配糕點，自由購買，非常自然。最後，一行到楊梅吃客家晚餐，回到家已晚上七時多。這次短短旅遊，最主要讓顧客了解蜂王乳製造過程，農會蜂農推廣組不惜工本包車南下，可見農業產品競爭多麼劇烈。這次旅遊，服務親切，熱心，真是異想不到的奇妙之旅，特分享給大家。

（民國 107-07-13）

打健康球的——萬年青球隊

　　萬年青球隊，是自由組合打高爾夫的團隊，不需繳費，志同道合的一群，目的在追求健康，飲食清淡，分攤費用，不計輸贏，大

家都很愉快，人數已三、四十人，年紀最高 91、87 都有，量力而為。我是團長，連絡人之一，下列是我們的活動或一些記事：

❖ 每日一動，要活就要動，聚餐也要有名目，史將軍生日，林董夫婦，前消防署趙鋼署長，前遠傳行銷副總謝自強，……一通 Line 就來了，真迅速，我有時差點忘了，一個 Line 就趕去。大家熟悉無拘無束，閒話家常，甚是高興，相約再會。（民國 107-06-14）

❖ 看到自己的活動影像幾乎都在球場上，是顯示我尚有活力，並不是我喜歡，而是為健康強迫自己，這些人都是長年的球友，只有友誼，高興而已，退休的日子就這麼好過，你說是嗎？

（民國 107-06-21）

❖ 兩年前五月份與現在相比，截然不同。那時我們打球都在新淡水球場，便宜又近，下雨機率少，臨近淡水河河口，風景極佳、心曠神怡，感覺真好。

❖ 去年跟今年天氣差不多，都沒下雨，林口幸福球場是我們新的主球場，看到國家建設─發電廠甚為高興，沒想到它是燒煤的，今年就嚐到惡果，空氣污染極為嚴重，我們開車經過了觀音山隧道，天空霧茫茫的，看不到前方，蔡政府執政，害人不淺啊！

❖ 一大早又經過林口火力發電廠，忍不住想今年電量顯然是不夠，電廠積極增蓋火力設備，讓人不放心啊！今天天氣真好，晴空萬里，將來如何就不管了，東華球場到了，果然是個標準美麗的球場，可以一顯身手。

❖ 每日一過往，無需你動腦，走過必留痕跡，馳騁大地綠蔭，遠眺太平洋無邊無際，呼吸芬多精心曠神怡，老之將至，都忘矣。

（民國 107-06-12）

❖ 今早與二十位球友前往礁溪球場球敘，我與九十高齡的蔡老，八十六高齡的喻老同組，享受打球的樂趣，中午我們到福哥石窯雞，嚐宜蘭風味餐，忘卻了疲憊，品嘗美味，其樂融融。

（民國 107-06-12）

❖ 萬年青球隊以前都是幾個老球友固定在廉價的新淡水打球，當時蔡連理先生八十八歲，現已九十歲了，以前我們叫他蔡老，現在年輕了，稱 Henry，我們的人數不多二十餘人，隨時揪團到花蓮、中部、南部，日本，緬甸，大陸……，十分有活力，我辦了一輩子的活動，退休下來，還不忘本業，跟著大家活動。

（民國 107-07-22）

❖ 萬年青球隊，最年長球友蔡連理夫婦及周春陽兄，特到青青練習場探班。蔡招待我們四十位球友長庚打球、聚餐、摸彩、送紀念牌，還刻上我們的名字，特合照留念，感謝他的慷慨，祝蔡老夫婦身體健康，福壽康寧，事事如意。

（民國 107-11-18）

靑靑高爾夫練習場──球友的樂園

天下無不散的宴席，退休後每天必去運動的好去處，故宮對面─靑靑高爾夫練習場，空氣好，臨溪有負離子，山邊有芬多精，獨立的區域，卻是我們不可多得的場所，打球，交朋友，閒聊……，眞是世外桃源，是我這些退休人員的休閒場所。

新淡水球場──靑靑球友打球後聚餐合影

然而，也擋不住經營不下去的命運，終於宣布今 107 年 7 月底關場，規劃花園結婚廣場來轉型，昨天是最後一天，我們依依不捨，十七年之久，有些人更久，從早到晚都有球友相聚，值得懷念。管理人吳董事長還爲我們舉辦感恩晚會，誠意十足，向我們述說困境，備了十五桌席，請那卡西樂隊助興，非常隆重，大家也非常高興，互道珍重，也祝吳董事業經營成功。　　　　（民國 107-08-01）

高爾夫練習場豐富了我們退休生活，爲健康而活，彼此坦然相處，切磋球技，閒聊無關顏色，高興就好，快樂相聚的日子，而今已改到美麗華後方──蓬萊高爾夫練習場，重起爐灶，地處精華地段，因租金貴，打球價目，全市居首，爲了健康與興趣，勒緊褲帶，勉力維持基本休閒生活。

（民國 107-08-02）

球友互動 友誼無價

　　話說花聖祐──我的老球友，是我民國 94 年退休後的球伴，整理，翻新三芝古厝，邀好友觀看近年來整理的成果，一甲多地整理，特挖二個蓮花池，這次環境的清理，我們看來所費不貲。

　　花兄事隔一年，他又邀我們去觀賞，訂 7 月 2 日先在大屯打球，中午大老二餐廳聚餐，接著至花家祖厝，賞荷花池與荷花爭艷。相信我們將有難忘的一天。（民國 107-06-29）

　　今天健康之行，多采多姿，六組二十二人打球，餐會主人花兄，席開三桌，約了數位音樂友人演奏，自己拉小提琴助興，又到他的祖厝賞花，踏青閒話家常，十分耐司。　　　（民國 107-07-02）

　　花兄盛情邀約萬年青球友餐敘及其古厝巡禮賞荷，友誼無價，這才是最珍貴的……大夥相約 10 月中特別的日子，將為蔡老──Henry 暖壽！

（民國 107-07-02）

施公博及夫人

　　公博兄是很熱衷高爾夫運動的球友，每星期至少二至三次，打球認真，球技越來越好。對夫人又尊敬，又周到，夫人是位書法家，她最近在中正紀念堂有展覽，很有水準。

左起：賴正信、施公博夫婦、作者夫婦

今下午偕內人惠月專程去中正紀念堂，遇到賴正信球友一起觀賞球友公博夫人陳姿妤女士與其同好蘇子修，傅瑩瑩老師——舉辦書姿盈古書法三人展，她們都有二十年以上的書法功力，是書法家黃一鳴先生的傑出弟子，她們有自己的工作室，展出作品都是她們的精品，也有創新之作，值得推介各位友好，前往觀摩，欣賞。特別祝賀展出成功，發揮社教功能。

（民國 107-05-27）

大專康輔人員聯誼會——歷屆參加大專康輔研習的學員組成

這些老康輔，假服員，相處多年，畢業後各奔前程，但是他們的情誼不斷，時常聚會，關懷，三年前他們想起余伯伯了，還邀我共聚，讓我驕傲一下，祝他們散播熱情與愛，為社會盡一分力。

話說七○年代老服務員楊琇碧召集，王素云，賀光輝，柏暐琦，王中禮等服務員，邀孫慶國、錢圓昆及我、內人在仁愛路北平都一處敍舊。至為感動，他們和我等相敍至為融洽、難忘。

（民國 104-06-18）

老康苟潔予（如下頁照片）服務中央氣象局為氣象衛星中心副主任，七月四日為其局慶，邀請我及其他老康參觀解說，十分豐富，又在教師會館請我們吃喝，真的要感謝，特送他，我的著作「怡然自得─我的退休筆耕集」以資紀念。

這一次的聚會至為有紀念價值，這些資深伙伴見證救國團七十年代的自強活動的盛況，大家感情特別好，事業上頗有成就，還想起我們，實感窩心，值得安慰。（民國 107-6-18）

又到母親節

又到母親節，我是舊時代的人，好像沒有向我的母親慶賀什麼，母親也不知五月份第二星期日是母親節。媽媽只知子女過得好不好，有沒有把書讀好，找到好頭路，這就是她最大的安慰。

天啊！我媽媽離世已二十二年，懷念之心，不敢忘懷，日益加深，母親您真偉大！祝母親在天享永福。這是我去年母親節感言，母親離開，思念之情湧在心頭，特將生活照再貼出，以解思念之愁。

（民國 107-05-10）

徐政才先生──是我大哥鎮業的親家

其一

網友傳給我──徐政才先生，是一段關於「健康」的妙語，我特別把它記下來參考──窮人失去了健康，等於是雪上加霜；富人失去了健康，一輩子算白忙；男人失去了健康，她將會變成別人的新娘；女人失去了健康，他將會重新妝點自

己的新房；老人失去了健康，天倫之樂成爲奢望；兒童失去了健康．雙親會痛斷肝腸！句句話是眞，值得深思！

政才親家稱──民國47年8月23日（距今巳58週年）他隨部隊駐防金門，駐地是金中防區雙乳山，晚餐後準備下山洗澡，步出碉堡約十餘公尺，聽到了隆隆炮聲，接著是嘶嘶炮聲密集而至，舉目望出，全島巳籠罩在硝煙中，他趕緊跑回碉堡，清理好服裝和武器彈藥，循坑道回到營指揮所，時任營情報官，所有人員都到齊了，各就各位準備迎戰，深夜十一時許，奉命全員領發防毒面具，這一晚就在隆隆炮聲中度過……（徐政才民國105年8日23日23時40分追憶）

政才親家當年親身參與，爲國爲家置身金門戰場，烽火連天，大難不死，必有後福、精神可佩，親家現年九十幾，祝他福壽安康，兒孫滿堂。

（民國107-08-03）

其二

今天收到政才親家資訊：撫今追昔，彷如隔世，六年前（民國105年）當年熱鬧過年，意興風發，從未想過以後如何？六年後，我已九十三歲了，承受了新冠疫情嚴峻的衝擊，關在家中幾近整年，現在我變了，病痛多了，雙眼花了，走路的平衡感困擾著我，最顯著的是一家人鼓勵我要多外出走走，我卻自已管束禁足，尤有甚者，老朋友、老同學大多數棄世而走了，現在連打個電話聊天都很難找到人，唉……！沒有（再一個六年了）！

我回應說：這次新冠病毒疫情，的確不能稍有輕忽，目前死亡人數已超過二次大戰陣亡人數。希請吾兄振作，雖然天道無常，必須有心有力，天公是疼好人的，加油啊！

（民國 110-02-25）

梁慧敏──國中數學老師，現已退休

慧敏是我的外甥女，我姐姐的大女兒。自幼在鄉下看著長大，就學，當老師，結婚生子，一切彷彿昨天，歷歷在目，當有一天她告訴我，她要退休了，把我嚇一跳，我驚覺自己老了。

話說回來我這外甥女，人如其名，聰慧，勤快，有如她媽媽的翻版，甚有人緣，也很孝順，穩重，常見她們帶著媽媽出遊，聚餐，過著幸福美滿的日子，祝福她永遠平安喜樂。

（民國 107-07-26）

余翠華──我大哥的女兒

是我的姪女，從小在龍潭鄉下由阿婆──我媽媽帶大，那時我讀中壢中學初中部，每天從鄉下通車至中壢上學。她是我從小看大，結婚生子……等等歷程，她幼時的照片都是我年輕時的傑作。阿婆帶大的小孩，其能幹是阿婆的翻版，她的名字聽我大哥說過，出生時，正好當時西北航空翠華號飛過天空，故名翠華。

我的年紀漸老，過去的事記憶猶新，現在的事，平淡無奇，親人血脈相連，常有思念，撿選美好人事物，趕快把它記下來，日子

總是好過些。

（民國 107-08-03）

林有土教授——曾任台師大公訓系教授，教育界服務四十五年

林有土教授——生於中壢，曾任國小老師，後進修師大英語系……曾任師大公訓系教授，爲教育界知名教授，從事教育四十五年，貢獻良多，退休後美台兩地居住。

林有土教授，他年輕時在我家鄉教書，後上師大……與我家及兄長們往來密切。特別要向林教授報告，我父母親及兄長均已仙世，只有我，姐姐，弟弟健在，天道無常，大家保重啊！

（民國 106-06-27）

我告訴林教授我們家的事，轉眼一年時間，對年輕人來說，知能成長，可能換工作；對邁向高齡者，身體自有變化，雖努力保養，也擋不住歲月摧殘。

最近看到林教授在美國居多，好像也有去歐洲旅遊，闔家幸福美滿的照片，令人羨慕，願我們及 Fb 上的朋友們，都過著怡然自得，喜樂融融的生活，日日、月月平安如意。

（民國 107-06-27）

殷正言——曾在總團部任職、童子軍理事會總幹事、台師大衛教系教授

殷正言先進是救國團的前輩，我進團在台南縣鄉下基層磨練，

但我知道他童子軍科班出身，美國國家露營學校畢業，民國 40 年起一直是位熱衷推動童子軍活動者，在 Fb 上常看到他留存相當悠久的活動紀錄，徽章，真是有心，殷兄應該是童子軍的活字典。祝他在洛杉磯生活愉快，繼續將童子軍活動的點滴實務、人物分享後進，十分精彩。他參與的童子軍運動史，見證我國童子軍的發展史，彌足珍貴，實應請殷兄敘述、收集其資料紀錄下來，深具傳承價值。

　　殷正言說：當年我是在救國團總團部，大專學生社團服務中心工作。跟隨劉元孝前輩，陳驥先生推展「動作歌（唱和跳）、土風舞、團體遊戲」，是現今救國團團康活動的早期工作。寒暑假辦「歲寒三友會」，「大專學生社團負責人研習會」。（民國 108-05-05）

*殷兄最近他有一篇「戶外教育」經驗談，特錄於後供大家參考。

談戶外教育

　　戶外教育的意義：戶外教育是在戶外舉行，而預先有組織的學習活動。使得參加者走出教室，邁向戶外。親身體驗面對所接觸的實際事物，經過個人操作、小組分工、公開討論……等等學習過程，而得到第一手的實際學習經驗。

戶外教育的對象：

　　戶外教育是終身學習的教育。除了親子活動外，最好是以同年齡階段的人們來組成，為的是考慮介紹的題目，和參加者之體力等是否可以接受？除此之外人人機會均等。從幼稚園幼童開始，到兒童、少年，青壯年和資深公民都是被歡迎的。

戶外教育的內容：

1. 科目：包括自然科學、人文科學和社會科學等領域的知識。

2. 場地：校園、社區公園、動物植物園、國家公園、科學館博物館、氣象局、天文台、海洋公園、菜市場、漁市和海港、溪邊和河岸、雙溪河海滙流處、不同海拔高度的植被區、礦場……。各級政府和議會、公立民辦的大眾服務機關如：圖書館、消防局、郵政局、銀行、車站、機場、警察局派出所、衛生局和醫院、非政府組織的慈善單位、寺廟教堂、音樂廳、戲劇院、以及特殊具有代表性的建築物……。

3. 特色：從人類休閒活動（生活）演進過程來看；戶外教育是一個具有現代人們知識性的休閒活動。

4. 方式：長短不同時間的：遠足登山、野炊露營、指北針使用、地圖判讀、旅行考察、地形地質的實察、昆蟲花卉的辨識、專題討論、分組報告、角色扮演、隨時筆記、親手操作（在專業人員協助之下），以及成果發表與展覽等等。

5. 領導：老師、志工、童軍服務員、學者專家。

6. 安全：資深國民參與，應有其家人陪伴。每六個兒童規定必需有一位成年志工全程帶隊照顧。

　　以上是有關戶外教育初略的介紹。難免遺漏，敬請指正。

　　　　　　　　　　　殷正言誌 2020-03-10 洛杉磯。

林仙龍、周梅春夫婦——仙龍兄生於台南將軍區，梅春女士生於台南佳里區，都是作家

其一

梅春姊妹是作家林仙龍兄的牽手，同好，賢內助，台南佳里人。民國 55 年就有作品發表在聯合報副刊，多年筆耕，榮獲吳濁流文學獎，國軍文藝金像獎等，文采細膩豐沛，難得

女作家，近來嚐試台語言寫作，看來也是駕輕就熟，最近台南市政府文化局幫她出版，記憶的盒子，值得一看，恭喜她。

仙龍兄及其夫人周梅春一直在 Fb 上聯絡頻繁，認識的朋友眾多，她們倆志同道合，神仙眷屬，令人稱羨，能夠與他們交往，互換生活訊息，感到榮幸，祝友誼長存。

（民國 107-06-06）

其二

仙龍兄說：民國 58 年蒙獲您大力提攜，接編南縣青年，前後三年六個月，當時我才 20 歲，這份恩情我從來不曾忘記，再次的感謝您。目前，我在立委黃昭順服務處擔任辦公室主任。

我說：我也要感謝您，幫忙我，成長了不少，公餘寫作，大膽出了三本書。

（民國 105-01-25）

羊子喬，本名楊順明——台南鹽分地帶作家、詩人。仙龍兄 Po 文才知他英年早逝

仙龍兄 Po 文之一〈送別羊子喬〉

羊子喬是鹽分地帶重要作家，詩和散文俱佳，編過重要文選多種，也寫文學評論。

羊子喬與我有共同地緣關係，我們雖然在不同工作領域，但平日互動頗多，常有連繫，特別在文學路途上，我們共同提攜，相互鼓勵，他是我年少以來交心的文學好友。

近些年，羊子喬在台灣文學館退休後，寓居在家鄉台南佳里北頭洋。這裡是平埔族的原鄉，也是我和內人返鄉種田必經的路途，每每路過，我們會前往探訪，不期然的在草寮相聚，更有說不完的話題。

右起：羊子喬、林仙龍、周梅春

驚聞羊子喬今晨離去，內心有太多太多的不捨。

（民國 108-08-30）

作者附記：羊子喬——當年就讀北門高中之學生，擅寫新詩，屢投稿「南縣青年」期刊，未受青睞，作者臨陣代編，翻閱遺珠之投稿，如獲至寶，與其少有見面，其後成為知名作家。

仙龍兄 Po 文之二〈羊子喬故居掛牌儀式〉

一項訂名〈台南市歷史名人羊子喬（楊順明）故居掛牌儀式〉，

明（17）日上午九時，將於台南市佳里區北頭洋，佳里區海澄里番子寮 62 號羊子喬故居舉行。

這項由台南市政府文化局主辦的活動，市長黃偉哲將親自蒞臨主持，同時邀請中央及地方民意代表，前南投縣長彭百顯，國立台灣文學館蘇碩斌館長，自立晚報同仁（羊子喬曾任職於自立晚報、南投縣政府、台灣文學館），學界、藝文界、地方人士，以及羊子喬家屬及生前好友多人參加。

台南市市長黃偉哲掛牌

做為同樣出身鹽分地帶，做為與羊子喬共同成長的好友，我和內人將會出席這一項掛牌儀式。我們要為早逝的一代才子表示哀思，我們也為羊子喬的文學成就以及列名歷史名人的榮耀感受一份光彩。

（民國 110-09-16）

陳賢雄——曾任台灣亞硝酸公司董事長，台中市團友會會長

賢雄兄，熱心團務工作，救國團的死忠，高雄，台中兩地跑，最後落腳台中。在團裡的朋友很多，健談，喜交朋友，熱心、平易近人，我們至少三次一起參加李博士主持的「兩岸青年中秋聯歡活動」，友誼常存，祝健康快樂！

（民國 107-07-16）

張壯熙──現任華梵大學副校長

　　壯公認識很早，應該是文教處楊允昆處長期間，他為大專社研輔導教授，留法，年輕，瀟灑，是個帥哥，頗受青年歡迎，中央大學教授。記得曾在鋼鐵姓焦的企業家下，擔任CEO，後擔任台中縣副縣長，華梵大學主秘，副校長……等職，為人親切、熱情，結交甚多好朋友，不可多得的人才，祝他前程遠大，事事如意。

　　壯公非常幽默，他說：我的老師告訴我，你人生的成就應該不止於此；老闆則告訴我，你工作的認眞勤奮應該不止於此；老友們告訴我，你的豪情壯志酒量應該不止於此；老婆則更實在地告訴我，你的薪酬待遇福利應該不止於此……，該怎麼回答、說什麼呢？什麼也不能說、不必說，說了也說不清楚。

（民國 107-08-03）

彭德富──曾是救國團的人，隨曾騰光處長到台中霧峰籌辦朝陽科技大學

　　彭德富教授是我在團部社會處的同事，他與曾騰光校長，一起離團籌辦朝陽科技大學，從無到有，一草一木，典章制度，大樓興建──他協助曾校長，筆路藍縷，也完成國立師大博士學位，令人欽佩他的毅力，不求上位，否則早是校長了。誠實苦幹，是不可多得的益友。

左起：林嘉洽、作者、彭德富

　　德富兄，是花蓮縣富里人，鄰近池上，同樣產米，果蔬，因水質好，都是客家鄉親，從新

竹，苗栗搬來開發者居多。德富來自農村，不脫純樸、老實之風，非常認眞上進，台大，師大三研究所碩，博士。欽佩他的毅力，名士之風。

（民國 104-03-12）

周大爲──又名粥大爲，曾任職幼獅電台

大爲姊妹，民國 64 年我從南部調到台北市服務時就認識，她在幼獅電台工作，就在台北學苑（內有，台北市團委會）隔壁，年輕貌美，一口好口音，我想她剛畢業就到電台工作，那時新手要到老電台不容易，先到幼獅電台、或通訊社過水，後來是名記者、名嘴或主持人很多，田文仲也是一個。

大爲難得一直守在「幼獅」多年，她是位有才華的人，她能在人才濟濟那裡，我想生存不易啊！後來到服務社脫離本業，退休了。

退休是她的轉機，更能發揮她的專業，如教華語文，說學逗唱，相聲啊！有人說，你怎麼知道，因爲她是我大直老鄰居，常有耳聞，她與人爲善，有正義感，近年來好像是做環保，美化的義工，兼照顧父母親，她的天分來自母親，非常孝順……不多說了，遇到老朋友總是說個不停。

大爲姊妹回說，時光眞似箭，年輕時工作雖鄰近，見您時卻不敢跟長官親近，現今明知您易於相處，毫無架子，尤其是您的太座，總是笑臉迎人、十分有禮，我們住的不遠但似乎咫尺天涯，我現成了眞正的救國團辦活動的樂齡人，感謝長官您的關心，也歡迎您給予我支持與指教。

　　我說，我們平時雖無緊密相談，但曾經與我有緣分相識之人，何況是同事，心中彼此的關心是有的。尤其我是辦規劃活動的人，每人都是重要的螺絲釘，要記住他們。因你在團服務我也會知道你的動態。我因工作關係各地方、活動點，認識結交不少人，大家雖不常見面，但彼此理念相通，心卻繫在一起。

（民國 107-09-01）

楊宣勤──曾任行政院文建會第三處處長、館長退休

左起孫錦文、李秀蘭、楊宣勤、張德聰、施國豪

　　宣勤兄與我同是救國團老同事，當年他表現傑出，甚受長官器重，很年輕就當了花蓮總幹事，可以說是青年才俊。他很早離團去從事藝文工作，幾經歷練，外派紐約文化參事，後回國任文建會第三處處長，掌管藝文事項，頗有建樹，與康公一樣。我們在 Line 上常看到他參與藝文許多活動，羨慕他悠遊在藝術的領域中，生活非常充實，目前他還是合唱團的一員，常在木柵農會練唱，持續不斷的毅力，讓人欽佩，是我學習的好榜樣，好朋友。

（民國 107-08-09）

曾騰光──曾任救國團總團部社會服務處處長、朝陽科技大學校長

其一　曾校長給我的信

　　貴府是非常融洽和諧的家庭，有家庭的子女能常邀請父母來宅見面餐敍，是幸福的聚會，常聽人說：我們民國二、三十年代出生的男女，是奉養父母的最後一代，同時也是被子女棄養的第一代，

目前是有這種趨勢，但不明顯，我希望這種現象最好不要發生。

平心而論，我覺得爲人子女者，不是不願意奉養父母，只是子女有自己的家庭，生計負擔重，心餘力絀，自顧不暇，真是值得父母同情。我雖不是很贊成「養兒防老」，但天有不測風雲，在萬分不得已之時，也只好請子女克服萬難，勉爲其難協助父母苟延殘存了。

（民國 104-09-27）

其二

我跟曾校長在救國團同事何止二年，有數十年之久，然而他的風範除宋前主任時選外，他首屈一指，由自己做起，以身作則，生活，工作，爲公，爲私，非常律己，助人，苦口婆心，努力創新，到那裡行事都沒有身段，平易近人，是我一生都不能忘記的長官。祝曾校長身體健康，青春永駐，平安喜樂！

曾校長爲朝陽科技大學創校人，親身擘畫，建立規章，以救國團的精神領導師生，建立楷模，名傳全國，辦校，治學有聲有色，令人景仰，有幸在救國團時，追隨過他，學習很多…。

其三

說到夫妻感情，曾校長有獨到見解：平凡，平淡而含蓄的夫妻感情，常常是人間難得的偉大愛情，它與身分、地位、財富無關。公開大膽、甜言蜜語的愛情，不一定比含情脈脈來得美麗動人，有時無言的默契更勝千言萬語。夫妻感情的相融之道，像是詩篇、是藝術、是歌曲，各有不同的意境，過程和結局，誰都不要羨慕誰，

自己的姻緣自己經營，結論要自己下注，別人是幫不上忙的。

（曾騰光 民國 105-05-16）

其四

我（註：曾校長）由於長期受到青光眼眼疾之苦，日前眼科醫生已告訴我，我的青光眼已進入末期，意謂著我的眼睛距離失明已不太遠，這是我人生無可奈何的最痛之一，我必須面對它，接受它，目前我除了要妥善保養所剩無幾的眼力外，也要減少閱讀量，因此，自即日起我不再在 FB 投稿或表達意見，期能在進棺材前還能看到彩色世界，事非得已，敬請 FB 的好友見諒，並祝福大家平安健康快樂。

（曾騰光 民國 106-07-19）

其五

曾校長是救國團先進，救國團精神體會頗深，常有許多精闢名言發人省悟，最近他身體違和，已有改善，於是寫下：如何優雅地邁入老年呢？要領是：

☑清潔乾淨，服儀整齊，不邋遢。

☑凡事提早十分鐘，從容不迫。

☑一次只做一件事情，事事專心。

☑每天外出，常常出遊。

☑善待自己，隨遇而安，量力而爲。

☑自在、自由、不在乎別人的意見和眼光。

☑別人沒要求，不要主動給意見，不要去改變別人。

☑把時間和精力留給自己和所珍愛的人。

☑不要一直「想當年」。

☑時常微笑，想想快樂的事。

（曾騰光 民國 110-02-25）

陳銘薰教授的風骨——曾任國立台北大學行政副校長

與陳銘薰教授爲友已經多年了，當年台北大學企管系年輕有理想的教授，特別敦請他義務指導救國團的假期活動，從青年的各個層面分析對活動的喜愛傾向，以其專長點出行銷策略，公私交誼甚多，他專業，熱心，理想付出許多血汗，學經歷非常豐富，也從學校步出校門投入台北市  政府柯 P 陣容，爲市民服務，貢獻所長，無論如何，他實踐的精神，就讓人欽佩，最後回歸學校，他的作爲足以爲社會、青年的典範。他的家庭幸福，夫妻鶼鰈情深，孩子教育成功，足稱杏壇之光，我與他交誼受惠很多，祝福他身體健康，完成理念。

陳教授回我說：余公，我不年輕了，再三年就屆齡退休了！這兩天看到貴團被定位爲國民黨的附屬組織，實在是不勝唏噓！還好您退休了，小孩也成家立業了！我倒是要感謝您過去的抬愛，讓我有機會跳出象牙塔，爲年輕人服務！我珍惜我和你們家的兩代情，也順祝您闔家安康！

（陳銘薰 民國 107-08-02）

對於一個從小就關心政治，學政治的人而言，我在柯 P 當選市長以前，對台灣政治的參與，一直都是相當冷漠的。但是柯 P 民國 103 年的勝選，吸引了我的注意，也重新喚起我對政治的熱情。所

以我毅然決然地加入了柯 P 剛上任後的行政團隊。即使只有短短十個月的共事，我敢說我是少數可以摸得清楚柯 P 在想甚麼，能完全理解他的理念，容忍他的行事風格，且是少數敢在公開開會場合時，跟他說「不」的機關首長。跟他在一起工作十個月，等於跟過去的老闆工作四十個月一樣長的時間。所以如果說他過去四年沒有政績的人，不但羞辱了柯 P，也等於是

侮辱了所有在他麾下為台北市民勞心勞力的公務員。如果明天台北市民否定了他的辛勞，認為他不夠優秀，我想他也不必耿耿於懷，因為台北市民沒有這個福分。我對台灣政治的熱情，從此跌回原點，從此不再杞人憂天，誰當總統都不再是我關心的事。但是我相信台灣人的智慧，我更相信台北人有足夠的智慧判斷誰當選，才是國家之福，社會之福。衷心為台北祈福，為柯 P 祈福！

（陳銘薰民國 107-11-23）

陳教授回應（102 年）七年前他在臉書的話語，實感欽佩！他說未忘初衷，一路走來，始終如一。這些年來，不是我變了，是我澈底想通，不再一廂情願，或不自量力。利用人生最後的日子，做自己真正想做的事，盡心盡力愛惜每一個值得我愛和疼惜的人；為我身邊每一個真正關心我的人，維持健康的身心靈，活得精彩！

（陳銘薰 民國 108-04-20）

李鍾桂博士──現任救國團名譽召集人

其一

李前召集人曾說：「她的一生都在追求真、善、美的境界，所以我們看到，即使救國團面臨風暴、深處橫逆，大家都像在壓力鍋

中熬煮，但她永遠臨危不亂，不打口水
仗，不攻訐他人，卻以法、以理讓人心
服口服，故總是化危機為契機。」，其胸
襟與領導風範，堪稱救國團永遠的大家
長。

引自《真善美的追尋》編後語

民國 111 年 2 月 3 日特向
大家拜年，虎年行大運。

其二

李博士說：「救國團是一個大家庭，由好多可愛的家人組成
的。不論外面是風是雨，救國團的家人永遠團結在一起，從未失卻
信心與勇氣。而這些家人不論是義工夥伴、服務員、及工作同仁，
都是救國團不可缺少的希望和力量。」

引自《青春的記憶─救國團的故事》發行人的話

假服員最喜歡與李博士合影，暱稱李博士為「李阿姨」。

21 野鶴隨筆——閒情逸致 心靈慰藉 之二

歷史會永遠記住的日子

這是救國團歷史的一刻，雖然愛救國團的人不忍，不捨。再大的委屈，我們守社會最高的規則——法律，我們搬家了，葛永光主任與一級主管留下不能磨滅本團對國家，對青年，對社會的貢獻，服務的所在地——台北市松江路志清大樓。

在此，呼籲全國同胞給救國團繼續鞭策、鼓勵，及 FB 網路上的朋友們，更感謝老主任蔣經國先生創辦了救國團，堅定我們爲青年服務，青年爲國家服務的崇高工作原則，團結愛國青年，完成中興大業。也感謝李煥，李元簇，宋時選，潘振球，李鍾桂……等主任，堅守經國先生指導方針，努力以赴，才有今天的救國團。

我們祝福未來救國團不涉政黨，繼續爲社會、青年，做公益、服務、健康、教育的業務。

（民國 106-08-30）

謝義弘——曾任幼獅電台台長退休

義弘兄與我同時進團，他分發至台東，後到新竹，其後他到幼獅發揮專長，在團服務末期，歸建團之系統，在活動處同事，何其奇妙的 ending。謝兄身高一八幾，體形壯碩，笑聲異於常人，人未到聲已到，生性寬厚，才藝驚人，國樂專業，舉凡笛子、古箏，樣樣精通，是我客家人

之光，認時機已到，自請退休。他的國樂專長得以發揮，以教古箏著名，退休生活寫意，無視年金改革，自由自在，羨煞我也，祝福他身體健康，怡然自得，快樂如神仙。

（民國 107-07-07）

史濟鍠——曾任本團張老師第一任輔導組組長，台南縣、市，台北市團委會等總幹事、總團部學校組組長

今天老長官史濟鍠教授暨夫人，應當年團委會小老弟李榮昌之約，北上相見歡，約了韓諮豐夫婦，楊台英，施家順，李榮昌夫婦，本人夫婦，薛毓芬，史公兒子美奐，韓公兒子吉元等相聚言歡 。大家久未見面、友情溫暖，話語多，想起別來感

慨心懷，問及當年小老弟居然也六十五歲，事業有成，家庭幸福。離開台南縣四十餘年，大家別來無恙，無不欣喜，照相留念，不知下次相會是何時，互道珍重。

（民國 107-08-03）

本團離退同事，現澎湖社大校長徐瓊信兄說─敬愛的史濟鍠組長，當年民國 69 年曾帶領全國學工組長，因軍校招生有功，與國防部長官陪同訪問金門戰地。史組長參觀金門軍醫院後，到金門坑道賓館餐廳與大伙一起喝金門高梁時，還掛心時事、國事，如時光能倒流，真希望史組長，再率原班人馬再走一趟，猶如老兵重回諾曼第般，令人難忘。

他又說，宋公（宋時選執行長）創立張老師，史組長執行全國青少年輔導工作，造福青少年，功在台灣。　　（民國 104-07-14）

趙建群老師──曾任台南縣後壁國中主任

趙老師是後壁國中老師，曾任訓導主任，她和我的媒人公羅義德校長，都是台南縣假期營隊輔導老師，他們與內人蕭惠月同事，是非常積極、熱心，人緣很好的老師，我在台南縣期間承蒙他們的照顧，相處愉快，現退休了住在台北，大家都忙，還沒有見面，祝她身體健康，萬事如意。

建群老師，早安，我的貼文，妳總是給我棒場，妳的身影印象深刻，到底是老朋友了，祝福妳生活寫意，身體健康，萬事如意。

（民國 107-06-29）

特附其女兒 Hsu 小姐給母親生日祝福的話──媽咪，生日快樂！

曾經是台南縣第一位女訓導主任的媽咪一點兒也不兇喔！在那個無綱一本的聯考年代還是家長們指定的導師！現在是社大走路班最具指標性的資優生！希望媽咪的腳腳不要再作怪了，可以開心的到處走走又跳跳、永遠青春活潑又美麗！媽咪　，生日快樂！

（民國 110-01-22）

陳安梨──曾任澄清湖青年活動中心財務組長

　　安梨妹子，您好，退休了應該稱老同事，從事財務工作，在澄清湖活動中心她做得最久，任勞任怨，在事業單位人少事多，什麼事都要做，她都能配合，與人和善，爽朗的個性贏得不少掌聲──安梨我這樣說，還好吧！祝你身體健康，萬事如意，代問候妳老公曹兄，向他請安了。

　　安梨回我說，謝謝老長官的美言，退休後生活的心態沒變，衹是容顏已老，但是管它呢！順應老天安排。祝福闔家安康！

（民國 107-06-29）

徐凱旋──曾任南投、屏東、桃園等縣團委會總幹事、台北市青少年活動中心執行長

左起：徐凱旋、葉慕賢及作者

　　凱旋兄是我老同事，瀟灑，有才藝，籃球打得好，姿勢美，曾是籃球校隊。生在北京，一口京片子，家傳京劇世家，說學逗唱藝術，樣樣精通，講笑話，信手捻來，非常傳神，引來哄堂大笑，十分了得，近年多次會同家人，在國軍文藝中心粉墨登場，他扮花旦，迷倒眾公子哥兒，平時也拜師──李貞吉大師學書法，作品與其他學友共同展出，邀我前往欣賞，他在旁解說，頗為得意，替他高興……要說的太多了，祝他天天開心，身體健康，才藝大進，生活寫意。

凱旋兄回稱：哇呀！今天一看 Fb，不得了！老長官把他所能用的美好形容詞都加在我的身上啦！感謝、感恩、感動！你才是有人緣、有活力、有才幹、有親和力的摯友啊！

（民國 107-06-29）

凱旋兄說：哈哈！我們家應該算是京劇世家，其證：

一、內人──龐怡倩，初中時唱「遊龍戲鳳」的李鳳姐

二、家母登台演出「春秋配」，男主角姚天健

三、我的父親演「鳳還巢」朱千歲，他擅長丑角法門寺、打漁殺家，堪稱一絕

四、我們兄妹四人演出後，嚴蘭靜來探班

（民國 108-02-03）

左起：楊宣勤、徐凱旋

凱旋兄是標準的京劇票友，家學淵源，唱老生、青衣、小生、老旦，幾乎樣樣皆精，看到他培植孫女票戲模樣十足，樂呵呵的！最近看到他頗為有成就的書法──篆、隸、楷、行、草的作品，他退休後充分掌握時間妥為安排各項喜好，遊戲人間，「細品人生、靜觀世態」頗為自在了得，我十分羨慕。今天是凱旋老兄弟的生日，退休生活精彩，善用時間安排自己的喜好，身心靈俱佳，悠閒人生，頗讓大家羨慕，我祝福他生日快樂，闔家喜樂融融。

（民國 110-03-01）

璇子──我的媳婦

　　我的媳婦說──感謝生命中三個重要的男人（爸爸，老公，公公）都對我很好！

　　我公公人生才開始幾年了，除了媽媽寄來的補給品外，大部份都是托公公照顧，三樓沒電梯，慢慢爬，安胎到現在幾乎每天不忘愛心便當，吃的都比他好；我拉肚子不用提醒，買稀飯，謝謝公公，要健康活一百二啊！

（璇子　民國 105-08-12）

　　我說我的媳婦──璇子是位有智慧，賢才的媳婦，做事也一樣，不容人隨意欺壓頤使，她總是做得很好，不需命令，按規定完成。有幸兒子──曜成娶到她，生子，養育，堅持自己來，再苦也撐過去，帶一個，懷一個，挺著大肚子，照樣從早到晚忙碌，陪著三歲聰明大寶，精力充沛一起玩遊戲，處處顯示過人之處，媳婦總是循循善誘。在此，希望二寶平安人間報到，為我們增添新生的力量，祝福健康快樂，平安福樂！

（民國 107-08-12）

中國青年服務社──民國 41 年 3 月 29 日成立

　　今 107 年 3 月 29 日是中國青年服務社成立六十五周年紀念，回憶廿五年前該社成立四十周年，我擔任總幹事，該社是救國團服務的前鋒，辦了無數的活動，社團班隊，績效空前。為了表彰他們的成就與參與者的貢獻，因此我就著手出專輯，幸得曾雪華小姐的老公柳闓生協助，出特刊訂名：「春

風雨露四十年」，蒙長官厚愛提字勉勵，特披露四位已辭世的尊長——李煥、李元簇、宋時選、潘振球等前主任，其中李元簇副總統昨（民國 107-06-28）日舉行出殯儀式。當年他很少提字，蒙當時在總統府任職的巴台坤兄，老同事、老鄰居協助，李副總統認爲極有意義，樂於提字勉勵。特披露當年往事，供友好追憶。

（民國 107-06-29）

王禮俐——曾任台東縣團委會會計工作

禮俐姐妹——是我民國 75 年 3 月事前完全不知曉的狀況下，從總團部突然被調到台東縣團委員會任總幹事，那時她擔任會計工作。當年台東是邊陲地帶，想像中是落後地區，做爲救國團的人最服從，二話不說，就

毅然前往，我還買了張地圖，把鄉鎮市區研究一番，名字怪怪的，有太麻里，卑南，長濱……，坐火車搖晃五、六小時到達台東上任。

認識同仁，當然也認識了禮俐，那時她是年輕的媽媽，她的先生姓蔡，台東人屏農畢業，在家鄉工作。禮俐工作認眞，性情溫和，與人爲善，會計工作清楚，有條理，讓人放心，我們共事了一年半，我對台東深刻了解，結交甚多地方各界朋友，做了許多難以忘懷的人事物，畢生永遠記憶的地方。感謝禮俐在工作上的協助，現在她已做阿嬤了，祝福她永遠健康美麗，雖然沒見面，在 Fb 上可見生活寫意生動，溫馨的畫面。

（民國 107-08-14）

曾雪華——曾在中國青年服務社、中國青年旅行社工作

雪華小姐很年輕，高中吧！約民國 60 年。就在中國青年服務社工作，當年在舊的國父史蹟館，臨近火車站，車水馬龍。人多車多，參加服務社班隊多。劉元孝日語班，三百多人擠滿小禮堂，謝長廷的日語應該在此時學的。英語研習趙麗蓮教授，鵝媽媽。同樣轟動─還有假日旅遊，週週辦，車車滿，盛況空前。

雪華小姐年輕貌美，就當了義工，我想應該是王伯音總幹事時期，活動專家劉增善──嚕啦啦之父，雪華小姐在那裏幫忙。我的好朋友柳闓生兄擄獲美人心，結為連理，一起在服務社工作，數十年，是元老級，年輕人都叫她雪華姐，人來人往的人事，唯有她不動。我曾是過客，被她送走了。

說起雪華小姐，非常隨和，熱心，善於人際，服務員都喜歡她，她一直辦週末假日活動，全年不得閒，是服務社的台柱。退休後，她的專長又被中國青年旅行社請回來，工作了數年，對到大陸旅遊安排甚為熟悉，幫助中青旅甚多。

（民國 107-08-19）

黃喜惠——擔任台灣婦女菁英聯盟總會長

余副座：敬讀來訊，甚感佩服，無私的付出，充滿正義感，這正是台灣目前社會所欠缺的，一個人能為理想堅持，日久必有所成，祝福您悠遊於自己的天地，行有餘力，助人為樂！

我說，現在的人們冷漠、袖手旁觀、看笑話的人，太多了，如

沈順治、黃喜惠夫婦

果你去理會，指正他們，就犯不著。反正我已經是退休的人，在外與人吃喝幾乎沒有，管好自己最爲重要。

最近 107 年 8 月 7 日救國團被黨產會認定是國民黨附隨組織，退休金可能也要泡湯啦，只有少數人家有祖產、或另一半是有錢人家者，尚可度過，對這種人無關緊要、較無同理心，團裡的同仁和社會上的人，一樣者比比皆是。

我欽佩您一直爲兩岸婦女工作的理想，建立一個小王國，成立台灣婦女菁英聯盟在積極推動中，自是怡然自得，樂爲社會國家貢獻。

（民國 107-08-29）

孫明鳳——曾在中國青年服務社擔任社團班隊婦女儀容指導老師，曾就讀日本山野美容藝術短期大學，退休後偕先生在台東養生，但她偶而會出現在台北、台中、高雄等地做有益社會的事

孫明鳳老師是個很開朗、明亮的老師，人緣很好，樂於助人。民國 80 年我擔任中國青年服務社總幹事，就認識她是——服務社資深班隊「婦女儀容」指導老師。我常跟班隊老師們見面、請教，知道資深老師們，有一個聯誼性的「老友會」組織，他們每次聚會都邀請我參加，它是與老師溝通、關懷的最佳機會，一直延續至今，唯我退休已久聚會少參加了。現在網路方便仍有孫明鳳、伊秀燕及一些老師們參加同一臉書群組，時常看到她們的動態，感到

親切溫馨，就像「老友」一樣。

疫情期間，怕我們吃不到美食，明鳳老師特在臉書上 Po 她親手示範製作的菜餚，給我們參看，功夫了得，其小女兒也得到真傳，早、中、午三餐（註：民國 110-6、7 月　孫明鳳臉書）均有詳細解說，十分窩心。

明鳳說：好友們！早安安！迎接晨光，快樂過每一天，要吃飽飽才有能量喔！

（民國 110-07-22）

孫明鳳老師回覆說：謝謝您的讚賞，不敢當，廚藝拙劣，只是疫情期間真的悶在家裡無聊，煮點家常飯菜，消遣自己，也和好友們藉著 Fb 聊天，如同與好友在這個平台見面般，有按讚，會很開心，因為知道彼此都安好無恙。再次謝謝您的愛戴。

秋水伊人（註：伊秀燕老師）回應說：老友們大家好唷！能在這裡常常看到老友們的留言，的確是非常開心又溫馨的感覺！希望疫情早日平息後我們再約相聚，重新找回往日美好快樂的時光喔！

我挺救國團

我說了許多自我安慰的話語，我也要自我實踐，上午六點我就看了聯合，中時，聯合是別人訂的，我就先看了，在中時看到陳家祿醫師讀者投書，請政府對救國團放手吧！

心中有感，過去參加救國團自強活動，暑

假工讀，藝文活動者千千萬萬，感動之事何止萬千，呼籲社會各個角落的人們，回想過去靑春年少時，有一群人不畏天寒地凍，在各地爲你們辦活動，讓你們知能成長的救國團，希能以具體行動支持救國團，也爲救國團發聲吧！

（民國 107-08-25）

我心沉重──救國團亟需脫困

民國 106 年 9 月 21 日曾經是台灣大地震，是刻骨銘心，悲慟傷心的日子，救國團何嘗也是，成立六十五周年，嚐到被欺壓搬離自己的窩，是多麼的無奈，悲慟。因此，特別選這一天，做爲租賃新辦公室啟用的日子，聞訊而來的好朋友很多，自動前來致意，見證歷史關鍵的時刻，大家共祈願，救國團永續經營，共創未來。

匆匆過了一年的時間，團有如歷盡滄桑的感覺，尤其是八月七日被黨產會認定是國民黨的附隨組織，我們永遠記得這一天。未來荊棘滿布，尚需智慧，實力，耐力，人心，更需要天主的恩寵，祝早日脫困，靑年幸甚！國家幸甚！

（民國 107-09-21）

退休金恐不保，格外感傷

退休後，不覺歲月已增，健康保命，從容生活。近來服務單位救國團，被認定爲國民黨附隨組織，黨產會的手已伸入，退休金恐不保，此情此景，格外感傷。

朋友們請放心，我樂天知命，一定會好好生活下去，祝福大家福壽安康，萬事如意。

（民國 107-08-09）

創團先進仍健在者幾希

下個月救國團成立六十六周年慶，創團先進仍健在者幾希，謝又華、劉彥、裴文風、劉錫銘、馮次文、楊尊嚴、王伯音、李漢君、尤德彬、李發強、李光耀、張喬超、郭良生、丁德成、鄭玉光、劉維椿、孔慶棣、陳哲燦、林煇、溫璇、鄧蔚林、熊雲巖、趙傑、王端、王茂生、葉慕賢、謝桂之、李秀蘭……都是八、九十好幾歲的長者，緬懷他們過去在創團艱困時

作者與劉彥前主任秘書

王生年前主任秘書

期資源短缺，上山下海，爲青少年服務立下汗馬功勞，如今歸隱人群中，認識這些前輩者已寥寥無幾，請大家爲這些老前輩們致敬、鼓掌，希望他們健康生活，見證老主任蔣經國先生，留給國家，社會爲青年服務的團體——救國團，如何永續經營，爲青年，社會造福服務，繼續屹立不搖。

（民國 107-09-23）

作者按，民國 112-04-30 止，謝又華、劉彥、尤德彬、張喬超、王生年、馮次文、劉維椿等先進已先後辭世。

周逸衡博士——救國團第八任主任

民國 110 年 9 月 6 日他更新大頭貼，許多友好回應，他 Po 文說他的近況：

我不常上 face book，也不常透過這個平台發言。偶然心血來潮

換了個大頭照，居然有這麼多朋友回應，出乎意料之外。謝謝大家！

我現在透過管科學會的平台，繼續投身在台灣的大學商管教育品質提昇改善工作之中，不知老之將至，忙得蠻快樂！希望多少能發揮些「光」與「鹽」的功能，結合多年來建立的人脈與經驗，替下一代學管理的大學學子們建立一個更好的學習環境。

當此疫情似乎始終揮之不去之際，願大家善自珍攝、遙祝朋友們闔府安康！

我也給周前主任 Po 文：別來無恙，祝健康快樂！周主任回應說：多年不見，祝願

平安如意！闔家安康！

（民國 110-09-10）

22 我的新生活──與吳威志教授的敘談

我憂心忡忡,奈何救國團陷入困境,我們無能為助,內心甚感不安,許多人翹首企望,是否有人拔刀相助,有心者,卻提不出具體對質資料。反觀,民進黨小小近邊資料變成證據,如團旗有國徽……。

我樂天知命,緊縮生活,從此刻起要過新的生活模式,企盼各位朋友一起度過難關,也祝我們的團,洪福齊天,有貴人們相助脫困,改革勢在必行,說容易,做起來實難。

常言道,人逢絕處,說不定峰迴路轉,上天垂鑑,救國團從未做壞事,有德之事無數,老天垂憐定有恩寵。

我說了許多自我安慰的話語,我也要力行實踐,一般早上六點許我就下樓拿報紙,看了聯合報、中國時報,聯合報是鄰人訂的,在櫃檯上我就先看了。某一天我在中國時報看到陳家祿醫師的讀者投書:「請政府對救國團放手吧!」心中有感,過去參加救國團青年自強活動、暑假工讀、藝文活動者千千萬萬,感動之事何止萬千,大家回想過去青春年少種種,當年一群熱心的救國團人不畏天寒地凍,在各地為青少年辦活動,讓青少年知能成長的救國團,正遭逢不公平的對待與下場,呼籲有識之士,以具體行動支持救國團,也為救國團發發聲吧!

我的新生活,就是要做些「無料」的事情,如寫作,慢走啦……,首先,與吳威志教授的敘談。緣起在今年的爸爸節,我看到吳威志執行長對其父親感恩、思念的一段話語:『爸爸!父親節快樂,去年父親節我──吳威志教授在大陸杭州,一回國遇到了父親心臟不適,緊急送醫動了一個大刀;您如此勇敢與生命搏鬥,連

我都被你的毅力與決心折服！父親一直以身作則，無論求學與工作
全力以赴，要我不畏強權、不怕艱難，勇往直前追求夢想。給我闖
蕩的自由，也給我保護的天堂。今年又逢父親節，卻在前一天救國
團發生大事，我該如何告訴您呢？你曾任「康輔教師召集人」與「團
友會副會長」的救國團正遭到民進黨政府惡劣對待！爸爸！塵世竟
然比以前更紛擾！尤其假藉正義卻行不義令人不齒！幸好，父親已
無須理會，可以快樂地在天國安享，這也是您的功德與福分！只
是，我還是不斷想父親，如果你在，跟你說說話多好！您是位敦厚
寬容的老校長，一定會鼓勵兒子別害怕，別氣餒！不要放棄希
望！』

我對此深深有感，我說：在天上的吳
校長您好！令郎（吳威志執行長）也加入
救國團的服務行列，為您感到高興，惟有
我們那個時代的人，對救國團的感覺特別
深刻。那時候時局動盪不安，政府在蔣公
父子努力經營之下，稍有起色，就讓我們
的國民義務教育延長到九年，公平的遴選
出許多的校長，得以發揮所長，這在任何
時代是做不到的，吳校長您說，對吧？今
天令郎以您為榮，將來在團出人頭地，您
將以兒子為榮。祝福您們父子倆，福氣滿
滿，勇氣可嘉。

魏繼中、吳威志、簡鴻檳

我今天看到吳執行長網路給我的留言，非常感謝我的鼓勵與關
心！

我說──我們對老主任蔣經國先生、潘振球主任推動九年國民
教育，對國家貢獻千秋萬世留名。個人有幸追隨他們榮幸之至。我
們對團有深刻的感情，為團服務拿微薄薪俸，退休時退休金已減至

四成，這次又要被砍，情何以堪，我想您學法律，更應秉持公平正義，有人說，我們退休人員砲口對內，莫大凌辱。退休人員維護與團的契約權益，是合情理法的，希望您能夠了解。團的許多規章制度，我們畢生參與，用血汗、生命來建立，會不珍惜嗎？雖然您是客卿，也是自己人，生命共同體，我們都是一家人。

感謝您與我對話，您說：「非常感謝前輩剴切、激勵所言。救國團對國家社會、對當代青年貢獻卓著，我在學生時代深受其恩惠，邇來能有機會親自參與團務，了解先進努力付出，深感榮幸與責任重大。黨產會行徑令人深惡痛絕，我本法律人之正義與使命，定當竭盡所能全力以赴，感謝前輩支持與期勉！」

於此，我更回答說：「我只不過虛長年歲而已，吹擂自多，尚望吾兄指教，惟吾輩受過救國團革命洗禮、至情至性的伙伴，挺我們的母團——救國團，始終不渝。祝團運昌隆，永續為青年、社會提供最佳服務。」

（民國 107-08-08）

附註：

吳威志教授，曾兼任救國團研究發展委員會執行長、台中市政府勞工局長。

現任：雲林科技大學科技法律研究所教授、中華人權協會副理事長、國立斗六高中校友總會副理事長、中國文化大學雲林校友會會長、中國國民黨中央評議委員、青年之愛文教基金會董事、環球科技大學教師申訴委員會主席、雲林縣救國團指導委員

23 救國團退休人員的心聲
——反對不公不義 支持上訴

支持我們的大家庭——救國團

民國 107 年 8 月 7 日黨產會認定救國團為國民黨的附隨組織，凡愛護團的人、支持團的人、曾參加過團活動的人，真是痛心疾首，深感遺憾！救國團自始至終，以服務青年為職志，從未偏離我們為青年服務的成立宗旨。雖然我們已有年紀，過退休生活，但關心救國團、社會、國家之心從未稍有減少，熱情依舊，凡我台澎金馬、散居世界各地愛護、認同團的伙伴，有理性、良知的同胞們，請一起站出來，站出來！團結起來，救我們的國家，支持我們的大家庭——救國團。

偏激的言論、行為反成主流

民進黨處心積慮要打倒成立六十六年來推動正當的青少年活動的救國團，許多民進黨員年輕時也都是參加活動的一員，這些人在寓教於樂的活動中，逐漸成長，或因受到某些人或政治因素的影響，觀念而有偏差，尤其社會民主自由化，為了取得權力、利益，諸多泯滅理性的言論手段，無所不用其極，我們徒呼教育失敗。偏激的言論、行為反成主流，善良、沉默的大多數深感倫理道德淪喪之際，普羅大眾，伸張正義，更待何時？

舖天蓋地，全面追殺，毫不手軟

執政黨——民進黨全面執政，舖天蓋地，全面追殺，毫不手軟，我們救國團全無招架之力，雖一再提出有力的說明，仍置若罔聞，猶如狗吠火車。多年來外在環境，給救國團的壓力接踵而至，但救國團仍然秉持著「我們為青年服務，青年為國家服務」的宗旨，

排除萬難，在資源緊縮下，依然奮起。我們秉持中性，不介入政治，反被一些有心人士譏爲清高，對民進黨來說，救國團是國民黨的一員。我們不是沒檢討，甚至有人提議，我們要推出自己的公職人選，才能發揮助團之重要力量。奈因與我們救國團成立的宗旨相違背，否則成立 66 年了，我們會被欺凌嗎？人言我們成千上萬的義工好朋友爲什麼沒有發揮力量？好像我們陶醉在已培育出目前社會上許許多多堂堂正正的菁英人才，過去我們可以這麼說，現在不然，他們否定救國團的功能，認爲是全靠自己的努力學習得來。國家社會的安定、和諧是救國團人最大的安慰。

支持救國團上訴，爲正義奮戰到底

人是很健忘的，許許多多令人痛心、悲慘的人事物，過不了幾天，就被新事件淹沒了。107 年 8 月 7 日對救國團來說，是極羞辱的日子，救國團長期以來對國家社會的奉獻，甚少宣揚，宋公時選說：我們做的事無需宣揚，只要對得起良心，流淚撒種的，必歡呼收割。這是團一向的堅持，但時代不同了，民進黨已深入刨根究柢，宰割、凌辱，我們不能退縮，請支持救國團向法院上訴，爲正義奮戰到底。

附記：本文民國 107-08-31 投書風傳媒刊出，作者自稱：曾爲救國
團總團部活動處及社會處副處長，統籌救國團自強活動二十餘年及
社會服務工作多年。著作：《回首來時路─救國團與我》、《我的救
國團生涯》、《怡然自得─我的退休筆耕集》、與救國團活動及推動
社會服務相關工作著述等。

本團辦理 69 週年團慶，前總統馬英九、前副總統
呂秀蓮蒞臨現場勉勵，分享本團公益愛心成果。

24 黨產會，放了救國團吧！

前言

我思，我言，我行。在這天災人禍，天地極變，總讓人有所不安。惟我們的上主，是眷顧善良，有信德的人民，大家在工作上均奉獻一片赤誠，絕無投機取巧、荒廢公務、以私害公之情事。我們熱愛我們的團，目前團有難當頭，與其枯守愁城，我雖年邁，體已衰，氣息尚存，投書告知大眾，雖言而無力，怪我功力差。

邇來葛永光主任分區舉辦安定力量專案座談會，應該是固本正當的防衛作為，受到無情污衊的質疑。過去有三個團體，單位，是穩定社會安定的力量，讓我們的國家經濟起飛的後盾，那就是——輔導會榮工處、中華郵政儲金、救國團。歷史見證不遠，政治請勿污染，人們賴以生存活命的靈糧。

蔣經國主任曾說——團是國家的團，團是青年的團。吳敦義主席說的一點也不錯，救國團是政府的附隨組織。團協助政府輔導青年正常發展，培育青年，為國舉才，功不可沒。團成立即將六十六周年，卻遭黨產會認定國民黨附隨組織，是全民咸感痛心疾首的事。回首過去，仰望未來，團的苦難才開始，企盼老天眷顧救國團，早日成功轉型，脫困邁入新里程。

投書傳媒

我是屬於當年吹台青年代加入救國團的工作行列的人。當年看到蔣經國主任意氣風發，領導一批年輕有為的幹部，以「我們為青年服務，青年為國家服務」的理念，寓教育於活動中，推展青年育樂活動，心中就有一股嚮往的衝動，希望成為該行列的一員，經過了正式的考試，當時副主任李煥先生口試，錄取後執行長宋時選先

生親自督導新人訓練，尤其重視人格教育，勉勵我們做個堂堂正正的幹部最爲重要。宋公更經常以「經國先生自反自勉錄」來勉勵我們新人，至今難忘。

我自覺在團服務近四十年，經歷了整個團的運作，無論人事、財務或營運，都絲毫沒有國民黨附隨組織的感覺，黨產會卻是預設結論，再從成立歷史背景找立論，草率認定救國團爲「國民黨附隨組織」，顯然濫用國家公權力，此舉違法違憲，實在太偏頗了。

也難怪近日國民黨主席吳敦義出席「九年國民教育實施五十周年特展」，國立政治大學人文中心主任周惠民陪同觀展，提及救國團是「黨的附隨組織」，遭到吳敦義主席立即糾正，「是政府的附隨組織，不要隨便講」。吳主席是具高度公信力的國民黨現任主席，親口澄清救國團是「政府的附隨組織」，證明救國團不是「國民黨附隨組織」，請黨產會諸公明察。

如今黨產會不但凍結救國團資產，救國團的營運支出，也都要經過黨產會通過才能支用；對救國團歷年來爲照顧退休人員而實施支應的退休金儲存利息補貼政策，其金額比一般軍公教爲少，且計算方式實在不同，請黨產會勿刻意刁難爲盼！

在這裡也要敬告黨產會官員們，救國團使用經費最爲謹愼、節儉，控管很嚴，不濫花公帑，儘可放心。因爲青年服務工作最具彈性、迅速，後勤支援如經費等適時到位，服務才有績效。而救國團接受民間、政府委託推動事項，數十年來一向口碑好、信譽好，絕不會在金錢上發生問題，頗獲委託單位讚賞，請黨產會明察。

救國團一向遵守法令，支出看似龐大，主因除總團部外，分支單位如縣市團委會、青年活動中心、運動場館、張老師、……等數十個，救國團沒有政府預算，籌措何其困難，都是全團過去與現在同仁克勤克儉所累積。每個單位都兢兢業業、積極依團的成立宗旨，有計畫在經營運作，單位多、活動多，相對每個單位分配的經費不多，必須要求謹約、管控要做好，且服務品質及費用成本比一般高。

　　盼請黨產會明察、放手吧！讓救國團有尊嚴地、繼續為我們國家的青年及社會服務盡力吧！

附記：本文民國 107-09-11 投書風傳媒刊出，作者自稱──統籌救國團假期活動及社會服務工作近四十年。見證青年活動、戰鬥訓練、青年育樂活動、自強活動、休閒活動的時代歷程，救國團對青少年的身心發展，及端正社會的風氣影響頗鉅。

救國團新址啟用剪綵（台北市中山區民權東路二段 69 號）

25 悼念曾公廣櫻兄行誼──質樸、踏實、愛團

　　我與廣櫻兄是老朋友、老同事、同庚，他是廣東客家人，來台後定居苗栗，很快融入客家人較多的環境，學習成長，民國61年7月16日與董安琪兄一起進團至苗栗縣團委員會擔任基層輔導員工作，當時唐勃先進爲總幹事，其後總幹事陳長助接任。廣櫻兄工作認眞，64年卓升在地社工組長，到了68年調台中市社工組長與陳總幹事兩度共事，深知相互理念，工作推展順利，台中市是活動大站，人來人往極多，諸事繁雜、均能迎刃而解，團務昌隆。71年調升雲林縣總幹事，73年調回家鄉苗栗任總幹事，76年因夫人在豐原任職，調台中縣總幹事，較好照顧家眷。廣櫻兄多年的歷練，已是極優秀的領導幹部，79年再調省垣台中市任總幹事，發揮專長。

　　他擔任台中市總幹事時，我記憶最深刻的是：指定台中市團委會承辦全國義工聯誼活動，當時台中市主委爲林敬義老主委，在台中成功嶺新兵訓練基地舉行，規劃極爲詳細，有創意，獲得台中騎馬俱樂部──林資清前國代，全力支援數匹駿馬拿著團旗繞場，開幕典禮極爲壯觀，有創意深獲主任李鍾桂博士、吳挽瀾副主任之讚賞，聯誼活動其規模、項目之精彩，爲歷年之最，營造團結和諧氣氛極其濃厚，一直爲全國義工、同仁津津樂道。

　　廣櫻兄83年調升高雄市團委會總幹事，高高屏重鎮，團務繁重、社團班隊全國之冠，工作量大，各方面之照顧自然沉重，爲團部長官器重，做了四年之久，足夠辛苦。終於到他工作生涯最後一站89年奉調總團部社會處副處長，92年總團部社會處改服務處，仍擔任副處長，協助當時王福生處長推展社會團務，有聲有色，爲社會服務推展貢獻甚多。

　　93年本團受到SARS流行疾病影響甚鉅，團務受到重創，我們一起在94年元月一日提前退休了，在團服務卅二年三月又十五

天，可說是功成身退。

　　廣櫻兄退休後定居台中豐原，身體本來都很好，訪友敘舊，家庭美滿，育有昭秦、昭源二子，夫人林瓊苗女士有很好的工作，退休也有十餘年了，過著隱居寫意的日子，令人稱羨。不料 107 年 10 月 2 日因急性肝衰竭辭世了，噩耗傳來，令親朋、友好不敢置信，哀慟不已！廣櫻兄享年七十有七。

　　回想，廣櫻兄為人質樸，性情溫和，工作踏實，與同仁相處融洽，終身為團、為青年、為社會、為國家默默奉獻，友好稱頌。突然接到其噩耗，失去老朋友，大家均萬分不捨、哀慟，但天不假年，大家終有離散的一天，但願吾兄一路好走，到天國極樂世界享永福。別了，老兄弟，老朋友！

（民國 107-10-05）

左起：張建、賴賢哲（賴爸）、黃世良、曾廣櫻、李秀鳳等同仁聚餐合影

附註：

唐勃先進來訊：

建業兄，讀你寫的廣櫻老弟的行誼，爲你的情誼深深感動。其實我一直把他視爲自己的兄弟，因爲他常說我是他在救國團工作的啟蒙總幹事，然而他卻早勝於藍，比我穩健踏實多了。如今他息了世上的勞苦，願他在天家健康、平安與快樂。

唐勃教授，救國團先進，曾任總團部大陸工作組組長，國立政治大學博士。

26 悼念楊處長保中公之行誼
——忠誠、愛國、愛團

　　敬愛的楊處長保中公於民國 107 年 10月 30 日凌晨在家睡夢中仙逝，享壽八十歲，噩耗傳來令人震驚與哀慟！有幾位老朋友說，昨日尚與其聯繫話家常，真是天有不測風雲、人有旦夕禍福，雖不捨也無奈，深深祈願保公不必再操心凡俗塵事，一路好走駕鶴西天極樂世界。

　　我與保公甚為有緣，他是我師大附中、中興大學合作系兩度學長、救國團同事二十餘年、長官十年，關係、認識、了解自然較為深刻。

　　保公江蘇省皋寧縣人，聽他說小時住在上海，他父親是顧祝同上將隨軍參謀，戰亂中只帶他一人到台灣。高中就讀高我兩屆的師大附中 61 班，該屆有許多傑出學長如王贛駿，童兆陽，黎昌意……。他大學高我一屆就讀中興大學合作系，畢業後於民國 55 年 12 月 1 日進團，首站分發基隆市團委會擔任輔導員，他認識了當時在團委會工讀的高中生張炳煌同學——當今著名書法大師，是保公終生好友，一些書法的公益活動、金鵝獎書法比賽等張大師均邀請團來協辦，都是保公牽的線。

　　保公 57 年調升院轄市台北市團委會輔導員，不久因業務需要調總團部服務組組員，60 年升為社會組編審，主辦本團義診病床之爭取、運用，籌辦急難扶助基金，聘請社會殷實者擔任急難扶助基金會委員，斯時義診病床及急難扶助基金的設立均為本團首創，受惠青年遍及全國各縣市，保公承辦並推廣著有功績。

　　保公因工作備受肯定，65 年升任宜蘭縣團委會總幹事，團務工

作順利，業務蓬勃發展。二年後調到離家較近的金山青年活動中心、後調台北國際青年活動中心，均擔任副總幹事，69 年派新竹團委會總幹事，次年再調任台北縣團委會總幹事，厚植他推展團務能力，73 年調升副處長級金山青年活動中心總幹事，這段時間保公表現沉穩傑出，推展許多富創意的工作，並不遺餘力地培育後進，深受同仁尊敬與愛戴！

楊保中處長（右四）於阿里山活動中心

保公 75 年開始進入團部核心，調升總團部社會組副組長，78 年外放到綜合活動、旅遊、社教服務於一體的中國青年服務社擔任總幹事，整個團務歷練臻於完整。他 80 年晉升總團部社會處處長、83 年轉調活動處處長當我的長官整整十年，至 93 年 8 月屆齡六十五歲退休，總共在團服務三十七年八個月。社會處、活動處在本團而言，是團的核心業務之一，長官對保公是充分的信任，讓他自由揮灑，他也確有過人之處，因爲社會處前任長官吳挽瀾、曾騰光，活動處王生年、蔡中偉等都是本團傑出領導者，但保公除穩穩接任外，團務工作並時有創新，在時代巨輪不停推進，青年性向快速轉變下，仍能保持社會處、活動處的榮景於不墜！實乃保公竭盡心力的結果。

保公一生歲月，服膺老主任經國先生的對團同仁的期許，無怨無悔，奉獻給團、國家、社會，雖然退休多年，仍時刻感念團給他得展長才的機會，其飲水思源的風骨，令人由衷敬佩！

保公一直住在台北信義區，與張鈴小姐結縭後，育有麗玉、雅媛兩位女公子，兩女優秀嫻淑，均有一份好工作，都已成婚于歸，麗玉已生兩子，保公極爲疼愛兩位孫子，退休後更是精神之所寄，

提及孫子常喜形於色，笑逐顏開，我們也替他高興！他每天都會去南港運動中心練氣功，藉以暢通心脈，對其身體極有幫助，閒暇時則含飴弄孫，過著愜意的日子，令人稱羨。

　　回想，保公性情溫和，生活簡樸，與同仁相處融洽，畢生忠誠愛黨國，更愛團，愛家，關心時事，默默奉獻，友好均稱頌。十月三十日噩耗傳來，令親朋、友好不敢置信，懷念感傷不已！唯天下無不散的筵席，但願保公一路好走，到天國極樂世界永享清福。別了，老兄弟，老長官！

（民國 107-10-30）

附註：曾騰光教授，曾任本團總團部社會青年服務處處長，離團後籌辦朝陽科技大學，辦學十分成功，私立大學名列前茅。

來訊稱：

　　建業，你描述保中兄一生之行誼，至真至情至愛，文情並茂，字裡行間有同事愛朋友情，勾勒了保中兄一生平凡中的不平凡，很令人思念和感動，救國團的人每有任何白事，你都義不容辭、自告奮勇、主動搖筆桿為逝者立傳並發揚逝者的豐功偉業或感人的故事，你真是做了人世間最難為的大事，我要向你致上最崇高的敬意！

曾騰光于哈爾濱旅次（民國 107-10-31）

27 救國團六十六周年團慶感言

六十六的巧合

各位救國團的朋友夥伴們：

中華民國 41 年 10 月 31 日，先總統 蔣公六十六歲華誕時，中國青年反共救國團成立，蔣經國先生擔任主任，成立至今已有六十六周年，先總統 蔣公今年冥壽已經 132 歲。

我們的期盼

請看！金山青年活動中心「萬馬收京圖」塑像聳立廣場前，綠旗飄揚圍繞著國旗的景象，多麼讓人懷念與感動！

想當年到處綠旗飄揚，為青年朋友帶來無數夢想與希望，「救國團的人」，不但是一份責任也是一份眾所尊敬的榮耀，鼓舞著救國團的人無怨無悔、胼手胝足地為國家培育菁英人才而努力不懈，不但普受海內外同胞之肯定！也為無數青年朋友帶來無限希望與璀璨的未來！

回首前塵，當年的盛況至今仍讓人津津樂道！在時代的巨輪下，世事雖變幻無常，但只要不忘初衷，當可再造一段輝煌歲月，這也是我們衷心的期盼！

離退同仁祝賀詞

欣逢本團成立六十六周年團慶，我們恭祝

救國團生日快樂，團運昌隆！

　　我們這些離退同仁，雖散居各個角落，仍時刻熱切地、默默地關注著你，無論面臨多大的狂風巨浪，或遭遇任何艱難險阻，我們最愛的仍然是我們的團。

　　回想，老主任經國先生曾再三訓勉：「團是國家的團，團是青年的團」。因之，本團一切作為均以國家利益為最高考量。本團向來配合政府政策，協助政府，輔導青年正常發展，可謂為國舉才，且從未居功。如今成立六十六周年之際，卻遭黨產會認定為國民黨附隨組織，是大家咸感痛心疾首的事。

　　回首過去，展望未來，本團的災難似非短期內可以解除，唯願全團上下能齊心團結，再次發揮篳路藍縷胼手胝足的精神，共同面對這一次前所未有的難關，祈望本團早日成功轉型，邁向光明燦爛的新里程，不久的將來能再造輝煌。

（民國 107-10-31 ）

本團是個大家庭，先進們團慶回娘家，倍感歡欣與光彩，永遠支持救國團。

28 我們對救國團六十六周年團慶的期待

民國 107 年對救國團而言，是創團以來，最嚴酷、最煎熬、也是最關鍵的一年。無數的扭曲、誣蔑與醜化，考驗衝擊當年老主任──經國先生創立救國團的理想──「團結愛國青年，完成中興大業」的偉大歷史任務。

在黨產會認定救國團是否為國民黨附隨組織的過程中，雖經二次聽證會救國團一再提出證據、邀請專家學者析論解釋，加上過去參加者、服務員、義務工作同志的佐證，以及聘請律師辯護等，均無法扭轉黨產會以偏概全、以政治偏見預先形成的結論。黨產會此種先有結論再尋找自行認定的歷史資料加以佐證的論證法，無異於先射箭再畫靶，實明顯地斷章取義，脫離歷史的真相，也失去轉型正義的意義。

黨產會於本年八月七日宣布認定救國團是國民黨的「附隨組織」，對此違憲、違法、不公不義、缺乏歷史證據及事實基礎的處分，我們由衷不能接受，應予以嚴正抗議。救國團的人，包含台、澎、金、馬，和散居全世界愛護、認同本團的伙伴，有理性、良知的同胞，大家都會一致支持本團提起適當的救濟程序。

救國團是我們大家的共同記憶，至今仍然是台灣年輕人的重要資產，救國團為國家培養了許多人才，在過去那個動盪、經濟蕭條的年代，對台灣社會的安定也有著極大貢獻。過去有三個團體、單位，是穩定社會的安定力量，也是讓我們的國家安定、經濟起飛的後盾，那就是──輔導會榮工處、中華郵政儲金和救國團，歷史見證不遠，政治請勿污染人們賴以生存活命的靈魂。

在這天災人禍時傳，天地極變頻仍中，確實讓大家心緒有所不安。但仍有許許多多救國團的人，不計名利得失，在全國各地爲青年服務工作上仍秉持著一片赤誠，絕不投機取巧、以私害公，仍堅持我們爲青年服務、青年爲國家服務的理念。目前救國團艱難當頭，不能只  坐困愁城，有鑒於此，葛永光主任爲了凝聚共識，全國各地走透透，做了一趟「救國團安定力量&希望之旅」——主任與大家有約座談會。透過此次座談，讓大家更了解救國團的歷史與現今之處境。座談中葛主任一再強調：本團無論從人事、業務、財務各方面而言，絕不是國民黨的附隨組織，本團是爲國家、爲社會公益、爲青年服務的組織，且服務從來沒有分黨派、顏色，近幾十年來救國團一直扮演著台灣公益社會的調和劑，走中道理性的路線，所有義工夥伴服務的初衷從未改變，如義工救災、張老師安心專線、急難救助、災區居民服務等等。如今，黨產會違背憲政程序追殺救國團，許多義工夥伴與支持者均忿恨不平，全力相挺救國團，希望能透過各種方式、不同管道，讓力挺救國團的聲音爲更多人聽見，一同守護救國團，希望因有救國團使台灣社會變得更美好！

黨產會違憲、違法、不公不義的認定，救國團遵守法令，不得不接受，但是救國團全團上下不氣餒、不灰心，所有業務均仍繼續正常運作，經費按規定申請，雖然不夠彈性，手續也十分不便，甚且影響業務時效與創新，可謂影響團務發展至大，然在目前面臨陣痛期也是不得已的事，唯願烏雲早日散盡！

在這期間救國團因應時局，決定對退休人員退休利息補貼問題，完全比照政府年金改革的公務人員退撫法辦理改革外，同時也讓黨產會充分了解到救國團照顧退休人員生活的初衷。同時也對團務工作提出「不忘初衷，堅持信念」的方向，來鼓舞了全體專任人員與義工伙伴繼續發揮工作的熱情，讓團務工作不致有所間斷，本月

卅一日是救國團六十六周年團慶，在這具有歷史意義的日子，救國團將動員所有的義工將十月廿七日定為全國義工公益日，在十八縣市盛大辦理「聚‧分享──愛心園遊會」外，另在劍潭青年活動中心舉辦「團慶之夜─救國團經典歌曲演唱會」，藉以回饋青年及社會各界。

　　救國團向來協助政府輔導青年正常發展，為國舉才，從未居功。如今成立六十六周年，卻遭黨產會認定為國民黨附隨組織，是大家咸感痛心疾首的事。回首過去，展望未來，救國團的苦難才剛開始，唯願救國團人能齊心團結，再次發揮篳路藍縷精神，共同順利度過這一次難關，早日成功轉型，邁向光明燦爛的新里程，不久的將來能再造輝煌。

附記：本文民國 107-10-23 投書風傳媒刊出。

左起：謝又華、黃正鵠、史濟鍠、鄭松年等長官合影

29 救國團我常思念的人

之一 裴文風先進

今年應該有九十幾歲，個人常看到他，裴公定時會在大直培英公園散步、遛狗，身體狀況良好，步履稍緩慢而已。裴公一向悠遊自在，樂觀。在職期間做了無數仁愛的事，宋時選擔任主任時代開始，專則本團同仁、義工、急難扶助等至榮總診療、住院事項，都靠裴公來聯繫、協調，直至他退休，做了許多好事，許多案件當事人或眷屬都甚為感恩。

裴公人很隨和，喜歡熱鬧，與我們這輩相處甚融洽，我們都叫他裴資政、裴大老，上桌請他坐首席，喝酒海量，大伙歡喜一堂，也消除大家公務之勞頓。如今大家年事已長，隱居各市井，較少交流，相信很多人未見過面，而他也不會網路、智慧型手機，我特別從其女公子裴蕙琴照片中，分享他們全家福照片，供大家知道他的近況。

裴公家庭美滿，子女各有成就，其中二兒子裴家麒任職屏東農業科大教授為知名動物學家，裴蕙琴曾任職幼獅少年美編多年，現自行創業，就近照顧父母親，過著無憂慮、幸福生活。

（民國 108-01-06）

我的臉書 108-05-15 稱──

今早在大直培英公園捕捉到創團時期的元老──裴文風先進，

看到裴公在遛狗，機不可失趕快用手機照下影像，給老朋友們知道他的身體健康。

裴公讓人最懷念的是，全團專任、義工伙伴及親人，重大疾病的守護者，它被指定本團協調榮總就醫的任務。這裡也要感謝榮總住院組吳組長，他是在管委會服務吳文英小姐的老爸。工作成果斐然，深受感念。斐公生性豁達，喜交朋友，與人為善，是個好好人。

我的臉書 110-12-6 稱──

本團敬愛的先進 裴文風前輩，13 年次，最近其女公子裴蕙琴為他慶祝 97 歲生日，特在臉書、Line 群組讓大家知悉，為其長壽祝賀，祈祝裴公──松柏長青，生日快樂！

之二 馮次文先進

右起馮次文、劉錫銘、張緘三先進

75 年青年自強活動會師大會在南部澄清湖盛大舉行，特上書老主任信函，書寫的人──就是這篇的主角馮次文先進，年紀應該是九十之林，住在台北大直，我們是鄰居，以往常常看到他的身影，張羅家居生活事宜，近年來較少看到他下樓走動，他的大兒子在大直街二巷口開關東煮的小吃店，張貼價目表，看到他的字，倍感親切，想當年寒暑假的研討會，簡報，

所謂大字報，我都請馮公書寫，字漂亮又工整，要費許多功夫書寫，又不能寫錯，特此感謝，當年是老主任經國先生親自主持，參加者至感光榮。

馮公是救國團的前輩，我略知他曾經在彰化縣、台南市，台北學苑後調到總團部秘書處專責管人事工作，直至退休，職位為秘書。我跟他相知甚久，我們也談得來。我這麼描述他，是善良、謙恭、生活儉樸的人，做事公正、依法，絕不徇私、剛正的人，深得大家尊敬。

退休後到李慶華立委及奧會秘書長辦公室幫忙過一段時間，其餘過退休恬淡的日子，愛團，關心團之情，溢於言表，不愧為救國團革命情感的表率。

（民國 108-01-07）

之三　轉載林仙龍兄臉書與作者談〈南縣青年〉的往事

李男來高雄

民國 58 年軍校二年級下學期，救國團台南縣團委會余建業組長大膽用了我擔任〈南縣青年〉主編，當時我未滿二十歲。余組長用我，是我當時的一篇散文，獲得台南縣青年學藝競賽散文類社會組首獎。

接編第一期，我大膽用了李男的封面設計和插圖，當年的李男十七歲，寫詩和插畫，都具用心和創意。他的詩和畫，自然流露，淡實真切；生動有力，真摯迷人。在我主編近四年期間，除了用過詩人和畫家蔡建發的封面和插圖之外，我大量用了李男的作品。

〈南縣青年〉是縣市救國團發行的青年期刊，每學期出刊四期，

發行縣內初中、高中、高職,以及五專院校,人手乙冊,發行量頗大。我接編後,深受余建業組長信賴,大幅更新,大力注入文學養分,儼然是青年文學刊物。也由於有李男出色的封面和插圖,相得益彰,獲得不少迴響,引來更多青年和學生大量投稿。〈南縣青年〉不僅在當年連續獲得全國青年期刊賽優異獎項外,相信也鼓勵和造就了當年的一些文青,目前有的還在文壇馳騁。

李男從來沒有離開文學、繪畫的喜愛,也沒有離開他專擅的廣告設計。多年來,他前後擔任中國時報以及天下雜誌藝術總監;他個人成立有李男工作室,在廣告、設計迭有重要作品和表現。我看見他的成長和進步,當前他已是業界大師級的人物。

我與李男未曾有機會見面

最近,李男在嘉義的活動,遇見了蔡建發,也由於蔡建發的援引,讓我們取得了聯繫。前不久,我在黃徙的台江泮一項文學活動,與蔡建發相遇。

元月六日中午,李男專程南下看我。我們約好在目標明顯的立委黃昭順左營服務處見面。這一些年,十餘年,我追隨黃委員;黃委員是資深重要委員,人好,心好,也給我自主空間,也給了我辦公室主任頭銜。

轉眼五十年,五十年相見歡。

(民國 108-01-11)

迴響

作者——感謝仙龍兄慧眼識英才,種種成果都是心血,李男兄大力付出,也是〈南縣青年〉之福。退休十餘年後始得致感謝之意,過往之美好,得以知之,實感幸運。祝你們倆身體健康,平安喜樂!

林仙龍回應——感謝您余先生，您是我和李男的貴人，由於您的激勵，讓我們在年少的年代，有了一個淬煉的機會。感謝您，衷心的感謝！

　　作者——難得能在臉書上述說當年衷情，這就是緣分，一連串的因緣抖出來，如今已成為名家，我感到高興，我不過是給個機會，你們的成就還是歷經許多磨鍊，我沾光而已。希望你們繼續傳承，寫出不朽作品。

　　林仙龍回應——一段年輕美好的時光，也是一段珍貴美好的回憶。感謝余先生的賜予，也感謝余先生帶引我和李男，文學和藝術最初、最重要的一段路程。晚安！

　　蔡建發——余先生慧眼識英雄提攜了仙龍兄，仙龍兄同樣有寬大的心胸，培植各地有才情的文青，如李男和傳記文學家李展平先生。

　　我生逢其時也承仙龍兄栽培，有這份情緣認識了李男，也因此今天能懷念往昔種種。

　　林仙龍回應——李男的底蘊深厚，他的作品，不僅僅是個產品，當中會有他的創意，很可以玩味。

　　我大致也有林兄的習慣，會注意一本書一本雜誌的設計；包括設計的人。晚安！

　　余北利——學長慧眼，原來在總政戰部參謀時代見過（我是民國 75 到 78 年）。李男是民國 64 到 65 年共事，沒想到學長也認

識真巧，他是讓人蠻懷念的人，希望有機會見面，我現住台中，路過也可賜個電話。

之四 秦金生先進

翩翩君子，金生今世──憶金公

金公，去年 107 年 1 月 22 日是他離世、告別人間的日子。他在海洋大學當學生時就在救國團總團部幫忙活動事務，當年前輩陳壽昌組長非常喜歡這個年輕人，熱心有活力，進團後在南投、彰化等縣市基層為輔導員、組長之職，曾擔任澎湖縣，台中市，台北市等團委會總幹事，有傑出的表現，在團服務近十年後轉任國民黨南投、新竹、台北縣等縣市黨部主委，黨務工作適合他發展，幾次輔導黨員選舉成功，被當時宋楚瑜賞識，追隨他至省政府擔任副祕書長、省政委員、親民黨創黨副秘書長，累積聲望，在黨政高層、兩岸均是響噹噹、知名人物，因晨間運動心肌梗塞，不幸逝世，最後職務是親民黨秘書長。

金公胸襟開闊，做人處事，基層服務極為成功、踏實，人緣頗好、人脈極廣、聰慧機智，受人稱道。我跟他的情誼深厚，特別參加他的告別式，目睹金公親朋好友，各黨派聞人，社會各界人士，擠滿會場內外，排隊祭弔，我置身其中印象深刻，本團前主任張德聰博士率同仁致祭，為一代英才致上無限哀思與懷念。

我與金公同事多年，私交甚好，當年他住大直為鄰居，我三個小孩結婚，他公務繁忙，均允時間參加，是念舊、熱忱的好同事、好朋友，氣質優雅、風度翩翩，特貼出來，讓大家懷念。

（民國 108-01-22）

之五 史濟鍠先進

史濟鍠先進與我，是親近的長官、也是無話不說的兄弟，情誼頗好，他三度擔任我的長官，第一度民國 61 年在台南縣團委會，原白權總幹事回彰化選省議員，第二度 66 年在台北市團委會，原侯光宇總幹事調總團部副組長。第一度他當時是張老師草創時期之輔導長，頗受本團宋主任時選之賞識，史公當時沒有團務經驗破格提拔，派台南縣團委會總幹事；第二度 64 年我調升台北市團委會社工組長，隔年他從台南市團委會調升台北首善之區，再度相逢格外親切、相處愉快，我竭盡心力幫助他，團務推展順利，第三度他又調升總團部學校組副組長、組長，這次不是直屬長官，我在活動組，不同樓層。他是青年才俊，宋公刻意栽培，以跳躍式擔任縣、市總幹事，以至總團部學校組組長。

一個人的好運要擋也擋不住，史公對人一向溫和謙虛，尤喜助人，可說急公好義，服務工作更是踏實，親自作爲，校長、老師、義工……等生日、病痛、急難總是第一個到達，令人感佩。因爲他是軍人子弟，十分照顧軍訓教官，當時台北市軍訓教官上校缺只有一人，他積極向教育部軍訓處反映，增加爲二位，由於史公的熱心、注意到他們的福利，至今許多教官對他甚爲感激。

史公其他事功很多，紙短不能多寫，爲團務發展多有貢獻，惜未獲長官體察，僅部分同仁知也，甚感惋惜，黯然離開他深愛的救國團，轉至國青中心協助教育部鮑幼玉先進，籌畫國立藝術學院，後在關渡建校，擔任訓導工作。其後又轉至北知青黨部擔任書記長、醒吾專校副教授、訓導長，遊走北部東南工專、康寧護校等校兼職，他的時事、兩岸分析，研究深入，頗受學生歡迎。人生風光僅是一時，另闢蹊徑，覓得桃花源，我敬佩我的老長官，修養好、

念舊，總有說不完的故事，每次他跟我聊天，他都說「我都知道，常讓我丈二摸不著頭腦，其實我什麼也不知道」總之他是好好人，所謂「失之東隅收之桑榆」最佳寫照。

　　濟鍠兄是我敬佩的人，古道熱腸，憂國憂民，精彩一生。遺傳自其先嚴—史久光中將，更是傳奇人物，江蘇溧陽人，生於民前 27 年（1885 年），二十歲東渡日本進入軍事學校振武學堂學習陸軍，轉士官學校第四期與蔡松坡、蔣百里同學。三十歲赴德國專攻砲工，才名振德國，北伐統一，出任要塞砲校校長，因日本侵略中國，壓迫我政府關閉該校，後任陸軍大學高級教官，講授軍事哲學與中國國防史等課，一時將帥、多出門下，抗戰勝利退伍後，三十八年政府遷台進入考試院任參事，五十年終其任，享年七十八歲，史老爺有二子六女。

　　濟鍠兄民國 28 年生於貴州遵義陸軍大學教官宿舍中，國立政治大學教育研究所畢業，與孫灼民女士結縭，美滿家庭，育有二男一女，均已長大、成家立業。史公夫人長期慢性病纏身，不幸 102 年病逝，近年史公身體出了問題，進出台大醫院，身體虛弱，需要人來照顧，也譜出另一姻緣，傳為佳話。原來他的夫人孫灼民女士，當年是史公家教學生，愛上了老師，而她的姊姊孫灼華是史公女朋友，妹妹也愛上他，家長師大教育系孫德中教授見狀與女兒商議，認為她的姊姊比史公年紀大四歲，後來娶了妹妹，姊姊也找到好對象，婚後定居在美國，近年先生過世了，過寡居生活。這件事情史公的子女知道了原委，促成他們的阿姨孫灼華女士回國與史公一起生活、互相照應的佳話，多完美的結局，大家祝福他們相偕至老。
　　　　　　　　　　　　　　　　　　　　　　（民國 108-01-28）

之六　謝又華先進

今天要說的是——謝又華先進，大家對他並不陌生，退休後救國團的重要活動他都來參加，現在年事高了逐漸身體有所不便，想當年謝又公精神奕奕的風采著實令人心儀、羨慕。他是民國 11 年生，現年九十有八歲，江西省崇仁縣人，廈門大學銀行系畢業。

謝又公在老主任經國先生創團時即被網羅爲核心人物，擔任總團部第四組副組長，組長爲白萬祥，後離團發展，擔任教育部總務司、社教司司長，中華電視公司總經理，教育廳廳長，國民黨台灣省黨部副主委，繞了一圈又回到團部擔任副主任，他負責輔導活動處，我有幸常親聆到他對活動、藝術方面許多寶貴的經驗與想法，受益很多，因而開辦了一些創新營隊。

謝又公一生精彩，多元發展他的才華，他在童子軍界也是前輩，台灣的童軍運動，除在國內爲各界支持外，在世界童軍運動中普受肯定，歸功謝又公的執著勤勞，努力拓展，九十大壽時童子軍界爲其祝壽並出書〈一世童軍——謝又華先生童子軍工作紀實〉紀念。他在童子軍界貢獻很多，簡要說他曾任中國童子軍總會總幹事、國際委員、世界童子軍亞太區委員會副主席。最爲人稱道的是：謝又公推展童軍運動，晉見當年總統蔣公、曾榮獲世界童子軍榮譽獎章——銅狼獎章及中國童子軍榮譽獎章——銅豹獎章。

又屆歲末，祝福謝又公，春節愉快、身體健康、福壽綿延！

（民國 108-01-29）

附註：向謝又華先生致以無盡的哀思

中華民國童軍運動在台灣的主要開拓者及重要領導者之一，前台灣省教育廳長、華視公司總經理、國民黨台灣省黨部副主委及青年救國團副主任謝又華先生，於民國 110 年五月十六日蒙主恩召，享壽一百歲；因疫情嚴峻，家屬已於五月廿六日，按政府之規定，在二殯舉辦簡單而莊嚴的追思禮拜。謹此向謝又公致以最崇高的敬意及無盡的追思。

（民國 110 年 5 月 26 日訊息）

之七 陳國義兄

因應 SARS 疫情肆虐造成本團面臨諸種危機，本團進行第二次改革，其中人力資源改革，降低退休年齡，凡超過六十歲者，均於民國 94 年 1 月 1 日為退休生效日，大部分為高階正副主管，我亦列榜其中。退休人員都是畢生投入團務工作中，默默接受、沒有怨言，離開心愛的團體，替團解決壅塞的人事瓶頸及人事成本，回歸家園。退休人員服務年資大部分三、四十年，以往服務的單位常調動，服務的範圍遍及各地，很少過著安穩的日子，家庭親情更不要說，這批退休人員好同事、好朋友們歸隱市井、家鄉，咸少有再覓工作者，都在家頤養天年，退休金雖少、夠用就好，過著恬靜、清貧的家庭生活，彌補家庭親情，這就是退休人員的寫照。

陳國義兄是我思念的人之一，已經好久未見到他了，以往他還會參加中區離退人員聯誼餐會，近年因心臟衰弱，氣力不足，無法外出與友好們見面，據南投縣團委會李湘梅總幹事稱，國義兄身體康復進步中，祝福他早日康復。國義兄也是在當年 SARS 疫情肆虐，本團因應，許多正副主管提早退休的一批。他是民國 29 年次肖龍，八十歲矣。我與國義兄有如兄弟般很談得來，但在團裡從未同一業務單位共事，他幾乎都是在事業單位做一位經營管理者，因

他具美術專才，對環境、庭院、生態等之規劃，頗有獨到之處，繼管理專家周逸衡博士之後，成為事業處處長，績效極佳。

說起國義兄，我們很麻吉，這麼多年的同事、彼此交心，大致了解他的經歷，早年出身教育界，就讀師範學校美術專長、後至台灣師範大學主修童子軍教育，增強青少年活動能力。他曾在南投高中擔任訓育組長，熱愛團務工作，民國 63 年毅然辭去

陳學自、作者、陳國義合影

神聖教職加入救國團行列，從基層做起，分發南投縣團委會擔任輔導員，65 年調升溪頭青年活動中心活動組長，他對中心經營，尤其園藝、環境布置，頗有巧思，待人親切，對長官進退有禮，甚獲當時本團主任宋時選的賞識，稱之為標竿，進團雖晚、晉升卻快速，優秀人才重點栽培。67 年調升雲林縣團委會總幹事，71 年調回南投縣團委會總幹事，73 年調溪頭青年活動中心總幹事，活動、住宿、財務等績效極佳，隔二年躍升副處長級總幹事之獎勵，實至名歸，令人敬佩！76 年調澄清湖青年活動中心總幹事，78 年調日月潭青年活動中心總幹事，一路順遂，80 年調總團部事業處副處長，82 年調劍潭海外青年活動中心總幹事，各類型青年活動中心他都歷練過，應是超博士均未有的經歷，本團唯一。85 年調升為總團部事業處處長，直至退休。

本團事業單位之經營管理並不簡單，都是全團群力配合及中心上下同仁努力辛勤耕耘、胼手胝足，一磚一瓦、一草一木，改造了景觀，創造中心特色，招徠客源，才有人人稱羨的活動中心，也引來民進黨人的覬覦，其實他們沒看到本團辛苦的一面，本團取得時幾乎是別人不要的、地處偏遠，雜草叢生、十分荒蕪，並非美景，本團看在未來性租借下來使用，營運不易、需長期改善等情事。

　　歲末想起老朋友國義兄，退休當時珍惜我們倆的友誼，他還贈送我一幅親繪的油畫留念，我特別照出來，讓大家欣賞。當年我們互道珍重再見時，曾約好過些時候一起去溪頭、日月潭遊玩話當年，結果爽約了，退休十五年來，只見了三次面，感慨萬千。因此在我現在思路尚稱清楚時，說出與老友結緣，人生最美好的一段相知相惜盡在──救國團。午夜夢迴，幻似正邁開大步走過車水馬龍的松江路、行天宮、民權東路，救國團向我招手，我永遠愛你！

（民國 108-02-06 寫）

之八　主內　徐美玉姊妹

　　遽聞本團退休同仁──徐美玉大姊，已於民國 108 年 3 月 17 日蒙主恩召，享壽 82 歲。定於 4 月 9 日（星期二）上午 10 點 30 分，在第一殯儀館大覺廳舉行追思感恩禮拜。由管世民牧師主持，儀式隆重肅穆，親朋故舊齊聚滿堂，徐子池熙群，女池熙琳熱忱招呼其媽媽過去的同事、親友們，大家懷著哀傷思念的心情，聆聽牧師闡述──主說，復活在我，生命也在我，信我的人，雖然死了，也必復活，凡活著信我的人，必永遠不死。管牧師慰問了家屬，也為參加者上了一堂生命教育課程。牧師說，基督裡死的人必先復活，主內徐美玉姊妹將在空中與主相遇，與主永遠同在。所以，你們當用這些彼此勸勉。

　　典禮上播放徐美玉姊妹生命光碟，了解其一生多姿多采，年輕時貌美讓人驚艷，追求者眾，陸海空都有，卻選擇報業搖筆桿的記者──池濂先生。婚後家庭美滿，克服許多家庭經濟的困難，吃苦耐勞，拉拔二女一男成長，深具傳統婦德。許多過去她的一些照

片，呈現眼前是如何的美善，徐姊來世間不虛此行。

徐美玉姊妹，年十八歲進入高雄市團委會擔任輔導員，我認識她的時候，她在台南市團委員會輔導員，民國 60 年 6 月升服務組組長，當時主任委員倪超，本職成大校長，總幹事李士崇先進，李後來轉至成大任教授，總務長等，曾騰光當時任社工組長，徐也與黃喜惠同事，我民國 57-64 年間曾在台南縣服務，每次在台南市附近仁德、歸仁、關廟等義工訪問，都會繞到台南學苑稍作休息，順便工作請益。

徐大姊工作熱忱，與同事相處很好，曾騰光先進之子希哲，叫她乾媽。徐之夫君池濂公是報界知名人士。徐後來因夫君在台北報界服務，民國 61 年 7 月北調中國青年服務社擔任服務組長、管理組長，民國 74 年 6 月調總團部行政處擔任編審、視察（79 年起）、專門委員（83 年起）至民國 89 年 1 月 1 日退休，在團服務長達四十五年。徐姊為人熱心，喜助人、與人為善，工作認真，克守職責，大家都欽佩。她是位好大姊，好同事，共事多年突聞噩耗，令人不捨，有云，人生無不散的筵席，祝一路好走，在天鄉享永福！

參加徐美玉大姊追思感恩禮拜者，都是過去老同事，老夥伴逐漸凋零是必然，大家互道保重！參加者很多：曾騰光夫婦及兒子希哲、沈順治、覃遵海、林方察、趙傑、王端、葉慕賢、黃喜惠、劉叔清、蔡秀蘭、楊蘋、曾清波、陳光蔚、朱亮晃、余廣盛，老服務社同仁林幹直、施國豪、張道模、曾雪華、蔡素梅、余建業……，陳利貞代表李鍾桂博士。現職同仁鄭斐文、簡鴻檳、洪啟洲、楊明軒、謝惠如、王綉孜……均撥冗參禮，祝福主內徐美玉姊妹榮歸主懷抱！

❖黃喜惠──台灣婦女菁英聯盟總會長

余副座對美玉姊的描述真貼切，在台南與美玉姊同事期間，她

很照顧我，感佩她的古道熱腸；誠如您所言：人生無不散的筵席，對她的仙逝，感到哀悼與不捨，惟祈望她一路好走，在天鄉享永福！

❖何維荃──前總團部財務處專門委員，定居美國芝加哥

余副座您好，謝謝告知，徐大姐仙逝，早年在團期間，對我備加愛顧，今離我們而去深感哀痛！因遠在海外，不克親臨追悼，謹請轉致哀悼之意！

❖蔡中偉──前總團部主任秘書

老友不死，只是凋零！池兄及徐姊相繼辭世，畢竟令人哀傷！凡我退休同仁後事，諸承余兄惠助，銘感肺腑！

之九 懷念「張老師」劉安屯先進

「張老師」今年成立五十周年，「張老師」基金會涂喜敏執行長正在尋找58至108年曾服務「張老師」的老張們，邀請 108 年 11 月 10 日一起《溫暖相伴，讓愛卽時》的活動訊息，讓我想起了劉安屯先進，又知道他已仙去更加懷念！想起，他在團服務的情景、身影，歷歷在目，直自其退休後，竟然消失在人海中，未再聯繫。

安屯先進有如我們的兄長，好同事般，性情溫和、待人親切，是飽學、知書達禮的人，概言之，以溫文儒雅、穩重形容最爲寫實，我時有機會與其交談，備感溫暖，深入我腦海中。當年（79）年我從總團部社會處副處長調中國青年服務社（簡稱服務社）擔任總幹事，次年服務社成立四十周年社慶，我預定出一本紀念刊物《春風雨露四十年》，以表彰服務社對社教的貢獻。劉安屯先進義不

容辭，給我一篇深具意義的宏論——〈在既有基礎上繼續努力〉，因為安屯先進曾於民國 61 年至 65 年為服務社的輔導組長，特邀其對服務社對社會的貢獻批評指教。我特擇錄安屯先進談到服務社與「張老師」的故事，民國 80 年寫的第一手資料供大家懷念。

首創「張老師」工作

「張老師」創始於民國 58 年服務社總幹事王伯音先生任內，初創階段時係在服務社增設輔導組（對外稱青少年輔導中心——「張老師」）首任輔導組長為史濟鍠先生。為因應社會的需要，至民國 65 年「張老師」脫離服務社而劃歸總團部管轄。

「張老師」成立迄今（民國 80 年）逾二十二年，目前在全省除已有十七個「張老師」諮商服務中心外，另在台中市設有「青少年之家」，在台北市設置「輔導人員研習中心」，此外，並設有「張老師月刊雜誌社」及「張老師出版社」。由以上各項輔導工作發展可以看出，當初宋執行長時選指示「張老師」，是一件符合社會變遷及青少年需要，而且甚具前瞻性的作為。到目前為止，歷年來接受訓練後擔任義務「張老師」的熱心人士已接近一萬人，所輔導的青年朋友已近百萬人次，而且更重要的，「張老師」多年來對於心理衛生教育的推動、輔導觀念的推廣工作不遺餘力，因而帶動社會各界普遍重視輔導工作，進而投入與發展青少年輔導工作，目前，「張老師」的輔導模式已在國內外建立了信用可靠的品牌，「張老師」三個字已被許多人當作輔導的代名詞了。

在服務社服務時光是我離開學校步入社會以後發展事業前程的起步階段，也是入團服務以來第一個服務單位，回憶那段

服務歲月，在同仁互相扶持、先進啟發薰陶之下，爲我日後人生發展打下了深厚基礎，幫助最大。因此，對於服務社，我有一份深厚的感情。那段服務的甜美時光，特別值得珍惜！

我的感言

「張老師」成立不覺五十周年，已在社會樹立信用可靠的品牌，當年宋執行長時選的睿智，前瞻的眼光，做了救世濟人、萬世流芳之舉，現在宋公的骨灰已由老義工陳憲義先生（照片右一）安葬浙江故鄉，定期祭拜，前主任張德聰、前雲林縣長許文志兩位，四月份曾前往大陸祭拜、懷念。

「張老師」首任輔導組長爲史濟鍠先進、第二任劉安屯先進，我認識他們頗深，他們的付出讓「張老師」的偉大志業紮根，值得後進們學習。

之十　彭肇雄先進——苗栗客家人，性格耿介、頗有硬頸精神

彭肇雄先進於民國 108 年 6 月 14 日仙逝，距生於 30 年 1 月 1 日享壽八十歲，脫離病魔苦痛、人間世俗掛念，返回天鄉極樂世界，謹致上無限哀思悼念之意，祝您一路好走！

後排左二爲彭肇雄先進

肇公先進苗栗縣人，身材高挑、深邃的雙眼、面貌極爲英俊，爲人和善待人親切，好交朋友，是標準的客家人，性格耿介、頗有硬頸精神。我認識他很早，他民國 53 年進團，總團部新進人員講習時，恰是暑假期間，他臨時與我住在台北學苑同一寢室，那時我大三，他讀專科學校早就業，這就是緣分。

肇公先進在團服務過的單位相當多，表現傑出，文筆也很好，頗受當時長官的器重，工作地點北到宜蘭、桃園、新竹、苗栗，南到高雄等縣市，又到團的事業單位幼獅文化公司擔任傳播部主管多年，後因幼獅文化公司改制，專任同仁可選擇團部退休者調回團部任職，從肇公先進經歷來看，可說非常精彩、豐富。在此感謝團部葉淑貞同仁的協助將他在團服務經歷列出，我循著他服務的脈絡、拼湊整理尚能有個輪廓，讓肇公先進在各單位服務時的老同事、老朋友們得以追思其行誼。

　　肇公先進在團簡歷如下：

1. 民國 53 年 9 月 1 日進團，分發新竹縣團委會擔任輔導員；

2. 於 55 年 4 月 16 日調升桃園縣團委會社工組長；

3. 二年後 57 年調回故鄉苗栗縣團委會社工組長；

4. 隔年調新竹縣團委會社工組長；

5. 60 年 12 月調升高雄縣團委會總幹事；

6. 63 年調宜蘭縣團委會總幹事；

7. 二年後 65 年調回故鄉苗栗縣團委會總幹事，肇公先進縣市團務生涯結束；

8. 67 年 11 月調總團部秘書室專門委員；

9. 69 年 11 月調事業單位幼獅文化公司秘書室秘書、主任；

10. 72 年擔任幼獅傳播部經理；

11. 76 年 9 月擔任幼獅電台台長；

12. 78 年 5 月，因幼獅文化公司退休辦法改制，調回總團部擔任總團部大陸組研究委員職務。

　　肇公先進在職後期，因腰部脊椎受傷，無法久坐，疼痛不已，遍求名醫治療、造成許多不便。肇公先進鑒於服務年資滿 25 年符合退休年齡，毅然決定於 78 年 9 月退休，並多次赴大陸北京長期治療，均未痊癒，令人遺憾！肇公先進退休不覺近卅年，我和他雖未共事，團的大家庭都是好同仁，碰面還是很熱絡，何況我們還有同鄉之誼，退休之後還關心我的寫作、互有聯絡，突聞肇公殞落，傷感自多，身體健康極為重要，肇公宿疾纏身一輩子，敬佩肇公面對苦難的毅力，最終仍需照護終老，絕非其所願！

　　有云，生老病死，人生必經之路，肇公先進的一生就是寫照，為青年、社會、國家奉獻終身，默默地走了，囑咐家屬低調，連自己的母團都未發訃聞，我的訊息都是輾轉打聽來的，大家看到我的哀悼，一定同感哀痛欷噓。民國 108 年 6 月 22 日是肇公先進告別式的日子，我們為您祈禱。

　　肇公先進，天下無不散的筵席，別了，祈願您一路好走，早日升天，天老爺會庇蔭您家人的，您在天上無病無憂，享永福。

寫於民國 108 年 6 月 18 日

之十一　黃宏榮兄 po 文

之一

左起：黃宏榮、黃仲生主委、范懷權

　　古聖和先賢在這裡建家園

　　透過*副座細膩流暢且充滿感情的筆鋒

　　再一次來介紹謝又公詮釋的儘是團的文化

　　欽佩推崇敬仰之心油然而生

　　現在的團最是需要

挖掘團的文化來加值著力增資有文化的團

團之所以得以承先啟後繼往開來

文化願景策略

完全就是團強而有力的三腳督

晚拜讀感謝手比讚

由衷的說聲副座有您真好

之二

有幸拜讀副座的大作

就看到團的文化

有情有義有文有質

有如咱團的一部活字典

文章乃經國之大業不朽之聖事

在晚看來副座您是

團成立六十六年來

最是寶貝的經驗最是珍貴的資產

黃宏榮先進簡介：來自嘉義，民國 70 年 8 月 1 日進團，在嘉義團委會由輔導員做起、服務組長、學工組長，在嘉義服務十三年之久，83 年調總團部編審，後升視察，87 年調升雲林團委會總幹事，94 年張老師公司總經理，隔年為張老師基金會副執行長，……99 年 2 月底退休。黃兄，聰明智慧高，溫文儒雅，表現優秀，是團的幹才。退休後，悠遊自在，怡然居家生活。

之十二 柯基良先生——前行政院文建會主任秘書

其一

　　今日下午去第一殯儀館送一位好友，也是我工作上支援最力的好友——柯基良先生——曾任行政院文建會主任秘書，國立台灣戲曲學院，國立傳統藝術中心主任，國光劇校校長……對文教與藝術貢獻很大，退休後身體本來都很健康，然而近半年來突聞罹患癌症，藥石罔效，天不假年，享壽七十二歲，痛失英才。今天許多藝術團體，含文化部友好，傳藝工作者都來悼念，禮堂擠得滿滿的哀悼人潮。

　　柯基良主秘，死後哀榮獲頒總統褒揚令，由鄭麗文部長代表頒發，其長公子代表接受。柯基良主秘，彰化鄉下出生，從基層做起，一生將傳統藝術發揚光大，守護，延續，傳承，是柯公一生的使命。其作爲、事蹟令大家深深懷念，痛失碩才。全體與會人員，齊聲祝他一路好走，登極樂世界享永福！

（民國 106-03-04）

其二

　　我的好友柯基良先生——前文建會主任秘書逝世不覺四周年了，時間過得眞快，他是我常想念的人，待人親切，眞誠，本團推展藝術活動，故柯兄功不可沒，懷念故人於公於私，他是我敬愛的兄弟。　　　　　　　　（民國 110-03-04）

之十三 楊尊嚴先進──救國團工讀服務的故事

　　我與楊尊嚴先進同住台北大直社區，常以培英公園作為晨間活動的場所，他喜歡晨跑，我跳元極舞，碰見打打招呼，道早！後來我到故宮對面青青農場打高爾夫練習球後，就少見面了。

　　我知道楊尊嚴先進，是我在台南縣團委會學校組輔導員時，負責「工讀服務」的業務，楊先進在總團部學校組統籌全團「工讀服務」，按進度，地方也要到轄區公司行號、事業單位爭取工讀名額，我與陳長助組長，全縣跑透透，爭取地方名額，俟六月下旬分發，七月前辦理工讀講習。在楊先進負責下，全團做得有聲有色。

　　「工讀服務」它是民國 45 年開始提供，經過八年辦理經驗，53年公布「輔導青年工讀服務辦法」，由救國團協調各級政府及民間單位，成立「全國青年輔導委員會」，推舉成立「執行小組」由總團部學校組負責策畫執行。「工讀服務」分成三類，一是暑期工讀服務，二是暑期青年工程建設隊，三是日、夜間部學生工讀服務。均列入寒暑期活動中，加入台灣人壽團體平安保險，參加工讀同學按規定自行繳費，嘉惠青年甚鉅。

　　楊尊嚴先進把「工讀服務」的金字招牌擦得更亮，制度做得更完美，為了使參與工讀的同學能了解「工讀」的教育意義及工作規定，總團部學校組或地方都在工讀前辦理講習，總團部楊先進一手主導，其口才一流，反應靈敏，效果頗好。曾參加過救國團工讀服務者無數遍及社會，是一項實質嘉惠青年的服務工作，尤其對窮困的僑生安排工程建設隊，解決下學期學費問題，幫助完成學業，至今傳為佳話。楊先進後由我的鄰居──故黃漢維先進，負責此項極重要而繁複的工作，也做得甚好，青年學生來團部詢問絡驛不絕，在此謹向所有曾負責此項業務的先進同仁致敬！

楊尊嚴先進，生涯精采，根據民國 102 年 5 月《復旦通訊》中有刊登其簡介，特摘錄如下：楊尊嚴先生，江蘇省鎮江市人，上海復旦中學畢業，國立復旦大學政治系畢業。38 年來台從事教育工作，曾任省立嘉義中學初中部主任，省立宜蘭中學訓導主任。43 年加入本團，曾任：宜蘭縣團委會總幹事，高雄市團委會總幹事，總團部大陸工作組專門委員、學校組副組長、服務組副組長。62 年七月轉任國民黨，歷任：新竹縣、台南市黨部主任委員，省黨部專門委員、航運事業黨部總幹事，65 歲黨部退休。後任台灣省商業會總幹事，實踐大學教授等，曾出版著作多種。

楊尊嚴先進，近幾年失聯，已不住大直，推算他現年 94 歲高齡，以往他每天誦經禮佛，耳聰目明，對國家局勢十分關心，是可敬的長者。

寫於民國 110-08-12

之十四 曾興平——台東大學美術系教授，東部名畫家

台東好友曾興平教授與其弟弟曾興德 109-02-11 至 03-03 在敦化北路行天宮圖書館

四樓舉行———山海奇紋書畫聯展，歡迎喜愛者前往參觀。曾教授畫風已創新，浪漫、熱情，充滿對山海的執著，後山子弟的

智慧，不愧爲山海畫大師。

當年我親訪他的畫室，了解曾教授

繪畫的努力歷程，頗喜歡他的畫作，他也慷慨先後送我畫作。在台東與他結交、喝茶、聊天的日子，留下深刻的友誼，感動特別多。我對曾教授肯定的是，他的純樸，勤奮，環境如何惡劣，他都能克服過來，協助父親還債務，照顧兄弟姐妹及家庭，實在是了不起。他曾對我說：「**他的每一畫作如同生小孩一般，刻骨銘心，即使畫作送人，他都記得清清楚楚**」，這些都是他當年告訴我的。我能夠在他的畫室直接欣賞他的心血大作，一飽眼福，至感榮幸，還有他的夫人黃三妹的接待！真是客家之光。

近日曾興平教授已決定在台東縣池上客家文化園區，從新年展到農曆年——山海戀 2021 水彩創作展，先給我一幅觀賞其心血之作，題名——情海深深岩似火。岩之音與俺相似。我深為歡喜，祝展出成功圓滿！（民國 110-12-14）

之十五 張乃東——曾兼任金門縣團委會主委、國防部藝工總隊總隊長，多才多藝

乃東兄是我軍方的朋友，我常藉臉書連繫，109-4-1 我把當年一起在金門阿郎家捏陶，乃東兄幫繪蘭花相贈，記得嗎？我把照片 po 上。

乃東兄說，當年學藝不精，卻胆子忒大，居然如此獻醜，包涵！包涵！

我說，我一直小心典藏，陶器色調已變，我知道你退休了，由將軍變成畫家，一定過得怡然自得，幸福美滿！

　　乃東兄說，當年戲作實欠成
熟，承您老不棄保存至今，盛情可
感，釉色可褪，情誼久久！

　　我說，雖是戲作也是情誼，我
帶回家裡仔細擺好，保留至今，軍
方朋友與我有聯絡的有好幾位，如
郭湯生，李沃源，張松山……都是
知名畫家。

　　108-9-7 乃東兄有感──世事紛擾，日昨興起畫雞自娛，雖風雨
如晦但雞鳴不已，盼雄雞一鳴天下白！

　　110-5-31 乃東兄一則，我深感戚戚焉，特貼出讓友好閱覽，乃
東兄說：守了一年多的新冠肺炎，終於在「抄錢部署」的不作為下，
摧枯拉朽的全面爆發！看到了台北市宛如空城的景象，和每日確診
和死亡的數字，不知大家的心裡是否和我一樣感到「恐懼」？

　　　　　　　　　可是想想從小到大，曾經走過八
二三砲戰、台海危機、SARS 疫情等
國安危機，為何從未有過一絲害怕？
我想不是因為戎馬生涯的歷練或年輕
氣盛的血氣！而是當年信任政府是我
們安全的臂彎，相信在我們周遭的人
們都有著相同的信念，讓我們不懼！

　　曾幾何時，一切都開始變得陌生了！當政壇開始充斥搶錢、搶
權、奴顏狼心之輩，當媒體不再秉持春秋之筆，當道德義理已成社
會笑柄，當民生疾苦成為閒話一句，當顏色決定了是非！疫癘猖獗
只是顯象，缺水、缺電、缺疫苗只是必然，我們還能指望誰是安全
的倚靠？怎能不害怕？

疫情方興未艾，蝸居家中益覺頹廢，忿懣難平，又不敢擅自移動，只得將口罩戴好戴滿，試探山林海邊可行否？果然人煙杳然，欣喜攬勝，更盼早日還我白日青天！

30 過往眞實故事，點滴在記憶中

一、引自臉書──中大服之紀錄

❖張銀富 po 文──曾任新竹團委會總幹事，後轉任彰師大教授

民國 107 年 1 月 20 日前往日月潭青年活動中心參加中大服（中區大專社團服務中心）貓頭鷹家族五十周年慶。因爲他們都穿紅色夾克，所以也被叫「紅衣幫」。

民國 63 年到台中市團委會服務，五年間約有四年半承辦這項業務。接觸約一百多位大專服務員，上山下海，個個都充滿服務熱忱，協助舉辦週末假日各項自強活動，在這過程中也磨練了爲人處事的各種能力。

這些大專服務員畢業後到社會都有卓越的表現，這是救國團爲國家社會培養青年人才的最好證明。

❖中大服一位夥伴的 po 文，讓我們更了解中大服：

救國團「中區大專學生社團服務中心」（簡稱中大服）成立於民國 51 年，是個跨校際的組織。並於民國 57 年開始甄選服務員，以服務青年、美化社會、促進青年學習成長爲目標，參與假期全國自強活動的服務。

中大服服務員一年僅招收一期，從中部地區各大專院校推薦，並進行爲期一年的培訓與考核，遴選出的學生，在獲頒聘書及授與紅夾克，正式成爲服務員。

每一位中大服服務員的紅衣身上會帶有一隻象徵：智慧、思

考、沉著、冷靜的「貓頭鷹」，所以常被外界團體稱爲「貓頭鷹或紅衣幫」。

左起陳敬堯、蘇淇森、陳守復、陳益昌、吳亞聖、沐桂新、楊清林、張銀富、任曙，其中左一至左三及右起第三位爲貓頭鷹，與本團大哥共歡

秉持著：

我們爲青年服務，青年爲國家服務的理念。

實踐著：

哪裡有青年，哪裡就有我們的汗水的服務員精神。

在寒暑假：

我們服務過全國性的活動：

登山／健行／采風／野營等自強活動……

在學期中籌辦區域性的：

大專社團研習營/高中職社團成長營等跨校性的營隊。

熱血的參與：

全國最大站的台中服務站

霧社先鋒營

中橫／南橫／東海岸／蘭嶼健行隊

武陵／七卡／三六九／雪山登山隊

日月潭／溪頭／阿里山／

合歡山活動隊

澎湖戰鬥營……

　　等等不計其數的營隊，都有中大服服務員燃燒青春，揮灑熱情的痕跡。

在山之巔高歌
（陳敬堯提供）

　　在救國團的營隊中，我們一直喜歡用歌曲來串起活動；從撥水歌、第一支舞、霧社情歌……到偶然、露莎蘭、小祕密。在當年掀起自己的歌，自己寫，自己唱的校園歌曲風潮中，起了帶頭的作用。吳統雄輔導員寫於中橫的「偶然」，與一首也是傳唱到今天的「萍聚」，正是帶領貓頭鷹的輔導員李正元大哥，在民國60年於現在溪頭的大學池寫下了歌詞，更是經典……讓我們一起再次回味，那一年上山下海的聲音……

在水之湄歡唱
（陳敬堯提供）

二、感佩嚕家人發揚社會服務的明燈
《那些年，當我們嚕在一起》終於大作完成

嚕協會為紀念嚕啦啦成立五十周年，決議出一本書紀錄嚕啦啦的曾經。做一位嚕啦啦在學習、成長的過程，歷經許多身心毅力的磨練、考驗，打造許多酸甜苦辣的回憶，累積人生不可多得的焠鍊，成為社會上有用的棟樑人才，也因此深獲青年們的嚮往。嚕啦啦們每人都有許多動人的故事，好在有許多夥伴不畏麻煩，有心有力蒐集相關圖片，串聯訪問文稿，成為極可看，富情感、真實性，感人的書《那些年，當我們嚕在一起》終於大作完成，可喜可賀！

❖ 嚕啦啦們延續服務的熱情，成立社團組織的過程

本團所屬「中國青年服務社」的假期服務員——嚕啦啦們為凝聚終身服務的理念，步出校園走入社會後，繼續發揚在活動服務團隊中的熱情，民國 78 年成立了「嚕啦啦聯誼會」滿足這些熱心人繼續服務的動力，有個合法的社團，幹部們也積極將會務規劃，動了起來，嚕啦啦成員日益增多，服務的熱情溫度不因時光流逝而減少，「一日嚕啦啦，終身嚕啦啦」的理念頗為濃厚。

根據嚕協會記載，民國 86 年「嚕啦啦聯誼會」轉型為台北市法人團體，民國 104 年取得社團法人資格，正式更名為「社團法人中華民國嚕啦啦社會服務協會」（簡稱「嚕協會」）隸屬內政部管轄。

❖ 嚕啦啦的使命

誠如「嚕協會」稱，「嚕啦啦代表的已不只是一個團體，一種人群的集合，嚕啦啦更代表了一種精神，一種態度，一種文化與一種

生活的方式，回顧從前，立足現在、放眼未來，山林之子依舊熱情，從現在直到永遠。」感佩這些曾是服務社的假服員——嚕啦啦們，將救國團服務的情操，繼續帶到廣大社會，世界各個角落中，發光發熱！

引自黎俊明民國 108-06-21po 文與嚕啦啦的淵源深厚

黎俊明同仁，在救國團工作數十載，與嚕啦啦的淵源深厚，自嚕 6 期開始一直到嚕 21 期（62 年至 78 年），一年年看著一批新血輪誕生，開始了他們無與倫比的服務生涯，綻放各自美麗的青春年華，當時想著……這群孩子真的是好樣兒的，一年艱辛的訓練沒讓他們退縮，能文能畫、飛躍山林，未來若畢業了，投入社會也必能領一方風騷！

然而看著他們一期一期畢業，心中卻顧慮著，他們隨著步入社會後的前程、忙碌、成家立業……各期好不容易培養起的深厚情感，就此斷層豈不可惜，但慶幸的是，這樣的擔憂並沒有成真，嚕啦啦不但依然凝聚，將這份嚕緣跨期別地，愈嚕愈深，人人以參加嚕啦啦為榮。

左起：黎俊明、王群元、沈秀蘭

這個大家庭跨越 50 年之際，在嚕啦啦社會服務協會理事長嚕 20 期徐榮崇的號召下，決定將嚕啦啦的故事集結成冊，於是總協調嚕 7 期林玟妗（娃娃）奮力奔走，總編輯嚕 23 期王俊涵鼎力相挺，以及眾編輯群，翩翩文采中，《那些年，當我們嚕在一起》誕生了！

隨著一頁頁書扉的傳遞，嚕啦啦再次發光發熱。這是值得開心的一刻，也是歡呼收割之際，六月廿三日（週日）晚上七點在信義誠品，嚕啦啦將舉辦新書發表會，在此預祝順利成功，書籍大賣！

三、「中國青年服務社」假期服務員──嚕啦啦的成立沿革

「中國青年服務社」（簡稱服務社）民國 41 年 3 月 29 日成立在昆明街，「中國青年反共救國團」（簡稱救國團）則於 41 年 10 月 31 日成立。42 年「服務社」搬到在國父史蹟館內，雖場地簡陋，但進出台北火車站都要經過服務社，因應過往民眾之需要及地利之便，籌辦許多各類型服務活動，極受歡迎，樹立了口碑，奠定服務社持續舉辦平日及假日休閒活動，另外社團班隊語文技藝五花八門，樣樣新穎，尤其日文──劉元孝老師、英文──趙麗蓮教授所開的班二、三百人擠得滿滿的，可說盛況一時。

我曾訪問過許多位服務社歷任總幹事前輩，也在服務社成立四十周年紀念時，出《春風雨露四十年》特刊，先進們特別撰稿述說當年在任時的盛況，也邀請專任組長、班隊資深老師、嚕啦啦包含陳光榮、陳從哲、簡進賓、王群元⋯⋯等撰文對「服務社」的感言。

追述「嚕啦啦」的成立，要感謝第八任總幹事王伯音總幹事，他

說：爲確保每一次山野活動的安全與服務品質，掌握工作人員的素質是不二法門，因而他與當年的活動組長劉增善先生，於民國 58 年毅然組成「嚕啦啦」培訓隊，藉以培養人才、發掘人才和晉用人才，「嚕啦啦」的培訓至今未中斷，迄今。「嚕啦啦」要成爲其中一員，必須要有恆久的熱誠及學習的意願，等到授證、授服、授帽時，已是脫胎換骨，足以作爲領導服務者，是在人生歷程上重大里程碑。我是救國團活動服務終身專任工作者來言，我們在全國各地假服員同步在做許多服務員訓練，爲活動培育人才，服務社「嚕啦啦」是成功的案例。

　　我以「嚕啦啦」第七期陳光榮先生所說的話，做結論，他說「嚕啦啦只是服務社的工作中的一部分，但卻曾經是服務員生命的全部！」嚕家人已有共同認知與開闊的體會，將理想、熱情的火炬燃燒每一角落。謹祝 嚕家人的「嚕協會」會務昌隆，服務成功，成爲社會服務的明燈！

附註：本文作者，曾任「中國青年服務社」第十四任總幹事，曾辦理服務社成立四十周年諸項紀念慶祝活動。之前在總團部任社會處、活動處副處長，曾統籌青年自強活動二十餘年，爲服務社「嚕啦啦」及其他全國各單位假服員的犧牲奉獻精神，公諸社會是必要、應該的。

四、「偶然」歌曲的故事

　　簡文伙伴，我看到你 Po 的分享藍清水「偶然」歌曲的故事，不知你們的看法如何？另外請問你是總團部假服員，還是服務社假服員。

簡文伙伴說，藍清水是內人的姑丈，他是民國 61 年服務社的嚕啦啦，我是總團部的服務員。我是金山假服五期，當年帶我們的學長有：張少熙大哥，吳念慈大姐，總團部大哥是錢圓昆大哥，朱崇謙大哥，廖文銘大哥，同期的伙伴有：陳明宏大哥，林玉卿大姐，當年在中橫天祥站照顧我們的是崔昭明副總，陳榮隆大哥，王邦正大哥等。

分享 1：藍清水 2021-09-07 說一段往事

　　最近看到一段胡德夫唱「偶然」的視頻，並說了一段他聽來的故事，說是一位女孩為紀念母親的一段戀情所寫的。這與吳統雄教授的說法完全不同，吳教授說這首歌是他與一群救國團的朋友共同創作的，並說在營隊中傳唱：但是，我自民國 61 年開始擔任救國團營隊服務員卻直到 65 年才首次聽到。

　　話說民國 65 年寒假的霧社先鋒營，現在是知名骨董暨藝術品蒐藏家的徐政夫擔任營主任，現在台中友仁醫院院長陳守復擔任活動長，已成富商的邱黎光是器材長，桃園青溪國中退休的登山、攝影專家謝榮銘老師擔任山訓教官，我則擔任輔導長。

　　某晚，副活動長應福民（台北市議員應采薇令兄，義大利旅遊知名領隊）拿著吉他，彈唱了一首簡單易學動聽的歌讓我欣賞。我問他從哪裡學的，他說傍晚跟幾位中興大學爬能高越嶺登山隊中一位女生學的。我問：歌名呢？福民回說：他們沒說。福民說就叫〈偶然〉吧！我說明天可以教學員唱。福民說：這麼美的歌，教學員唱，一下子就唱爛了。還是我們自己私下唱吧！那晚幾位服務員就陶醉在〈偶然〉的旋律中。

　　當時寒暑假自強活動，每週都會有鳳凰山健行隊 100 人，合歡山健行南、北隊各 100 人加上霧社先鋒營 150 人，四個營隊在霧社

大會師。由霧社先鋒營負責營火架設及帶動節目。

　　每次都是由邱黎光從霧社農校三樓用「天降神火」方式點燃營火，晚會便在一片驚呼中開始。說好不把〈偶然〉教唱給學員的福民，最終還是忍不住在營火的餘燼中，感性地把〈偶然〉傳唱出去了！

　　我認為這首歌是民國 65 年以後，才真正在各類青年活動中風行起來。那是因為霧社先鋒營每五天就有一次大會師，光學員就好幾百人，鳳凰山健行隊及合歡山健行隊，會在其他中途站與其他隊會師，免不了會拿出來唱，服務員則更是在不同的營隊中轉來轉去，當然也會教唱這首歌。一個暑假或寒假光在日月潭、霧社、合歡山、橫貫公路活動的營隊就有幾百隊，總有上萬人聽過、唱過這首歌，而擔任嚕啦啦服務員的更是全年無休地帶青年服務社的旅遊團，所以不唱遍大街小巷也難！

　　至於原曲作者到底是吳統雄教授或是那位原住民女孩，還有我們當時唱的〈偶然〉到「…我們的小秘密」就結束了；甚麼人加了一段「為甚麼，忘不了你，……」變成現在的版本，就非我所知了！

分享 2：沐桂新臉書 2018-01-22 Po 文給徐政夫老師

　　敬愛的徐老師，您好，好久不見！我一直住在台中。您創建的中大服貓頭鷹，已經枝繁葉茂，每一位都是翱翔在社會的菁英。大家都期待與您再聚，感謝您留傳下來的精神與傳承，與您的照顧與教誨。每當回憶起，那些青春時光，總有滿滿的溫馨，貓頭鷹彼此

徐政夫及兩個女兒

間，有著比家人還親的革命情感，期待，茶喔！

驚聞：111-04-02 作者接到訊息，立傳各群組，深感哀悼與不捨！

我們敬愛的中大服貓頭鷹的創始人——徐政夫大哥於四月一日晚上 10：19 在所有子女陪伴下，於北醫安詳辭世了，享壽 78 歲。

作者：本文說的是早期嚕啦啦及中大服的軼事，謹向當年熱心推動、參與青年自強活動假服員們致敬，在活動中展現才華，傳唱許多雋詠、帶動唱歌曲，讓青年朋友留下永恆的青春回憶，真好！

中橫觀雲站 111 年大海報更新，由資深服務員徐宜君製作

31 憶老同事黃慶瑞公的生平往事

　　又屆年末，天氣漸冷，辦喜事的人特別多，本團同仁好幾位同仁娶媳婦、嫁女兒，再加上總統、副總統、立法委員選舉日期已在倒數，整個社會熱鬧滾滾……，頃接老同事施國豪兄於民國 108 年 12 月 17 日給我 Line 稱：「黃慶瑞先進已於今天清晨二時半往生。」，知道民國 103 年春節期間黃慶瑞先進在家浴室因中風跌倒，經急救仍無法恢復知覺，臥病六年之久，今聞噩耗雖解脫了病痛，仍為其難過。三、四十年的同事相處，熟悉的臉龐及身影，彷彿在眼前，揮之不去，真是人生無常。本月 18 日是他七十六歲生日，距離歸天僅隔天而已，不覺唏噓！

　　慶瑞先進與我同是客家鄉親，他世居苗栗。民國 64 年初我從台南縣調台北市團委會社工組長，暫時居住在總團部員工宿舍，才認識他，知道他因家境關係，初中畢業即離開苗栗家鄉到台北找工作，而進入救國團的大門，他民國 55 年 9 月進團，擔任總團部基層員工──工友，這是他奮鬥人生的開始。

　　慶瑞先進，帶有濃厚的客家子弟的本色及習慣，每飯必帶花生配餐，他很純樸，有上進心，晚間到總團部附近稻江家職就讀有關照相、攝影相關類科，多年苦讀，高職畢業獲得獎勵，在民國 64 年 7 月晉升總團部秘書室管理員。同時開始和同學莊桂姍小姐──未來的夫人交往，因志趣相同，終結為連理，家庭美滿，育有一子偉輔君，曾就讀師大附中，非常聰穎優秀，具媒體資訊專長，已成年就業。

　　慶瑞先進在總團部秘書室工作，協助本團攝影大師尹新國先進辦理重要典禮、活動或外賓接待之攝影工作，保存重要照片資料，

為團留下寶貴歷史素材。尹新國先進當年為聞名攝影界的大師，慶瑞先進得以學習、協助，加入其新的知能，長達十二年之久獲益良多，我想他在團擔任攝影工作已可出師，現在很多本團的歷史照片幾乎出自他們的手。期間也上空中行政專校進修畢業。

慶瑞先進在民國 76 年 3 月調總團部行政室工作，管理員一職做了十五年之久，直至民國 79 年總團部安排資深管理員晉升制度，他考上專任人員，分發至台東縣團委會擔任輔導員。他曾說「到台東服務，是他畢生的光榮」，認識了許多好朋友，人際關係經營得很好，讓他體會到本團的青年服務志業是多麼崇高偉大，他非常興奮、認真快樂的工作了兩年，民國 80 年 10 月調回總團部行政處，工作了七年，再調升總團部秘書處助理專員。尹新國先進之攝影工作，退休後由慶瑞先進接手，駕輕就熟，深得長官同仁們的讚許。民國 89 年 10 月晉升專員職，相當不易，民國 92 年 12 月 18 日屆齡退休，年資卅七年。團部考量他的專業回聘原職，至民國 103 年因病臥床，無法上班為止，在團服務長達四十八年，功在本團。

慶瑞先進生平往事，簡要事蹟敘述如下：

其一、慶瑞先進是苗栗鄉下的客家小子，隻身來到陌生的台北謀生，知道救國團必能幫助他解決困難，如願讓他進入救國團的大門，為團打拼一生，多麼令人感動，更要感謝老主任　經國先生創立的救國團，救了一位鄉下來的清貧客家小子，成就他的一生。

其二、慶瑞先進學有攝影專長，懂得檢討創新，公家攝影器材老舊，他自購昂貴器材使用，主動了解攝影對象、場景，把握時機，迅速入鏡，每每獲得佳作，整理存檔。

其三、慶瑞先進為人熱忱，雖然他有個性，了解他的同事，會喜歡他的直率與坦誠。他樂於助人，認真公事外，同仁婚喪喜慶如需要他攝影者，盡可能支援，大家十分感謝。

其四、慶瑞先進刻苦自勵，粗茶淡飯也能飽食，過著清淡的生活，家無恆產，結婚二、三十年均過著租房的日子，同事陳家秀小姐見狀熱心告訴他租房不如買房，正巧板橋壽德新村改建有機會讓他購得一戶，安居落戶，巧與現今高雄韓國瑜市長老家同社區。

總之，慶瑞先進一生的努力與奮鬥，值得年輕人學習，他的物質生活雖貧乏，但其精神生活豐富，享壽七十六歲，一生公私均已盡了力。家人、親朋好友、同事等今天（12 月 20 日）都來參加慶瑞菩薩追思佛事典禮，恭送慶瑞菩薩人間最後一程，大家雖然難過不捨，祝福慶瑞菩薩在天上，永享福樂。

同事們前往追悼故黃慶瑞先進──左起：駱玉樹、朱添發、
傅森熾、作者、郜健生、陳光蔚、洪啓洲等同事

32 民國一零九年鼠年我的祝禱詞

　　我們的社會在一次次的民主選舉過程中受到不少的傷害，尤其一般普羅同胞心理上的傷害更爲嚴重，產生相當多的困惑與憂慮，上醫院治療者頗多。政黨藍、綠、白……等遏阻亂源責無旁貸。

　　再之，近日大陸爲切斷武漢肺炎病毒的傳染途徑，公告：公車、渡輪和長途客運均暫時營運，無特殊原因武漢市民不要離開武漢；機場和火車站離開武漢的通道，元月廿三日起正式封閉，恢復時間另行通告。封城防疫可以說是非常嚴峻的事，不但是大陸，我們政府對武漢疫情發展同樣重視，採取嚴厲的防疫完善的措施因應。目前疫情已 571 例、重症 95 例、死亡 17 例，已拉響全球防疫警報，初步了解武漢市場賣野味，未能重視自然生態，帶來病菌釀禍。個人防疫預防顯然非常重要，戴口罩，少去公共場所，常洗手等。

　　再其次，我們救國團人秉持「我們爲青年服務，青年爲國家服務』崇高的服務宗旨，成立六十七年來，從未逾越創團　蔣經國老主任的訓示。雖然本次大選，少部分人以個人名義參與選舉之活動，這是民主社會之常態，並未代表救國團失去成立宗旨的立場，可受公評。救國團一向不參與政治，一群工作者默默耕耘青年服務的園地，至今長達六十七年之久，培育人才無數，爲國家社會所用，謹請不當黨產處理委員會鑒察，不能輕易認定，毀了故主任經國先生創立服務青年的志業。

　　這次大選已告一段落，我們仍有國家認同與文化認同的問題，產生解不開的結，亟需睿智者打開隔閡、化解，才是我們台灣人的福氣。農曆年末閱看「天主教周報」，看到歐晉德主筆的一篇安定人

心的論述—〈愛的眞諦，引領台灣邁向和平安定的未來〉，令人感動。他說：在台灣再一次開啟新頁之際，但願我們一起用〈愛的眞諦〉祈禱文，深刻了解「愛是含忍的，愛是慈祥的，愛不嫉妒，不誇張，不自大，不做無禮之事，不求己益，不動怒，不圖謀惡事，不以不義爲樂，卻與眞理同樂，凡事包容，凡事相信，凡事盼望，凡事忍耐。」盼望這樣的精神與台灣意識融合，帶給台灣邁向和平安定的未來。

農曆春節已至，迎接鼠年的來臨，春回大地，溫暖人間，喜氣洋洋，台灣的未來是光明的、有希望的！

祈願民國 109 年鼠年——帶來數不盡的尊重、愛與包容，讓我們的國家、社會一片祥和、欣欣向榮，老百姓過著無憂無慮、安康的日子。

祝禱主恩常在數不盡—是祂賞賜你一生幸福滿盈，是祂使你的青春更新如鷹。（詠 103：5）

寫於民國 109-01-24 農曆除夕夜

特錄：救國團葛主任給大家的一封公開信

各位親愛的救國團同仁、老師、義工好朋友，大家好！
農曆春節將至，在此先預祝大家新春愉快，闔府安康！

過去一年，團務工作遭逢來自外部的重大衝擊，但我們並未退縮，在各位同心齊力，堅持不懈下，本團仍然一步一腳印，不忘初衷與堅持理想，持續為青年、為社會擴大服務，帶給社會莫大溫暖與能量。

67 年來，救國團的服務一向不分黨派與族群，遺憾的是我們不涉入政治，政治卻不放過我們。相信大家都已經清楚感受到，民進黨打壓本團的動機出自政治和選舉的考量，完全不考慮當時本團成立的時空背景，及本團對國家曾有的貢獻。所以兩次聽證會，黨產會用粗糙的手段對待本團，不給時間閱卷，不按行政程序，而其所作成的行政處分書更是荒腔走板，以偏概全，有利本團的，絕口不提，不利本團的，刻意曲解、擴大。不但藉此凍結本團財產，審核預算亦極盡刁難之能事，讓本團窮於應付，無語問天。訴訟期間，黨產會又不斷利用自由時報報導似是而非的新聞，詆毀本團，企圖影響社會視聽及法官心證，干擾司法。未來，黨產會將再舉辦屬過場性質的財產聽證會，俾據以沒收本團財產。種種作為已明顯過度侵害本團及員工的財產權、名譽權、結社與營業自由等憲法上的權利，救國團一甲子的努力將被抹煞。我們從未見過世界上有那一個民主國家在轉型到民主 20 多年後，執政黨仍利用轉型正義鬥爭在野黨和相關的公民團體。

教宗若望保祿二世在《2002 年世界和平日文告》說：「沒有寬恕就沒有正義，沒有正義就沒有和平。」這句話提醒當權者在實現轉

型正義時，應避免窄化訴求，避免只瞄準歷史的一個點一個事件，成為對特定人物的追訴；或者是故意轉移目標，找一個替罪羔羊，如此將使轉型正義原本對正義的追求，異化或墮化為另一不正義的實現。復仇式的正義讓人痛快，卻也會引起新一波的社會動盪，應予謹慎處理。民進黨的轉型正義就是教宗說的復仇式轉型正義，必然導致台灣社會的動盪不安。正義的履行應該佐以寬恕，這樣才能徹底治癒創傷並重建紊亂的人類關係。因此，我們可以很肯定地說，民國 109 年 1 月 11 日的選舉，不但關係到中華民國的存亡，更攸關本團全體同仁的工作權與財產權存續與否。這是團生存發展的關鍵一搏，殷盼大家體認、重視此問題的嚴重性，積極以電話或其他方式鼓勵親朋好友、義工踴躍投票，支持友我的國民黨與候選人，令公義得以彰顯，更讓公益得以永續。

　　再次向各位同仁、老師、義工好朋友表達由衷謝忱與祝福！各位不但是台灣社會公益的重要能量，更是中華民國公義的關鍵力量！希望在我們團結努力下，能翻轉中華民國國運及救國團團運，讓中華民國再度起飛，讓救國團再造輝煌。

　　敬祝

　　新年快樂　萬事如意

主任　葛永光敬上
民國 108.12.31

作者說：

　　救國團人行事從未逾越創團　蔣經國老主任的訓示，也從未失去救國團成立宗旨的立場，葛主任深思熟慮，睿智地期盼大家同心齊力，不忘初衷與堅持理想，持續為青年、為社會擴大服務，帶給社會莫大溫暖與能量。

　　同時也期盼用〈愛的真諦〉祈禱文，引領台灣邁向和平、安定的未來，實乃締造人類的幸福源泉。

33 與蔡剛霖兄重逢記

前言

　　最近常看到敬愛的曾校長、唐勃公，傳遞一些好的文章，讓退休同仁長知識，尤其在新冠狀肺炎疫情非常時期，的確需要有晨鐘暮鼓的警示，讓大家在心靈上沉澱下來，得到慰藉，體認大自然的奧妙，我們必須要順天而行，才能獲得庇佑。

　　救國團老長官、老同事、老朋友由於長久的互動、考驗，醞釀超乎一般情感的融合，看不見、摸不著，我們叫「革命情感」——表面風平浪靜，內心充滿激盪；平時似是冷漠，內心卻是心急如焚，如此這般感覺，它是我們這個團體的特性，大家要珍惜呀！

與蔡剛霖兄重逢

　　我說：不是你出現在 Fb 臉書中尋友，我真找不到你，只有在救國團裡交往的朋友，我永不忘懷。我退休已十七年了，今年七十九歲，已近黃昏，努力健康活著，今早（2月 26 日）六點就去運動打球，老當益壯，我也要祝你健康快樂。

　　剛霖兄說：建業兄，好久不見，最珍惜的還是救國團革命情感的老兄弟，多聯絡。我們全家移居美國二十多年，歡迎來 Las Vegas 旅遊，祝平安喜樂。

　　我們倆終於聯繫上，我說：「你現在在美國家裡嗎？」他說：「在 Vegas 家裡。」於是

知道他有三個孩子，二女一男都住在 Vegas 附近，均已成家立業，有四個孫子。我說：您「下一代變成美國人了。」「孫子會中文嗎？」他說：「三個孩子的另一半也都是台灣來美國的，大人小孩在家裡都講中文。」我說：「這樣很好，不忘本，多一種語文，可以提升競爭力。」

我與剛霖兄談了一番話，內心實感溫暖，也得到友情的安慰，我也把剛霖兄的願望告訴大家，他的臉書原用英文名字，近日已申請中文帳號，希望能找回一些老朋友。

附記：蔡剛霖，台南市人，曾任本團高雄縣、台南市、台北市團委會總幹事；高雄國立餐旅學校籌辦時，李福登校長邀他共同籌辦而離團。

寫於民國 109-02-28

特錄：相關書信供參閱
引曾騰光給唐勃的 Po 文──

君勃賢伉儷，由衷感謝你來訊互勉互勵，其實我常在網路閱讀文章，提供淺見或轉介有品質的資訊，對我的視力是一種耗損與大傷害，因為我的青光眼已到非常嚴重的程度，視神經的病情已萎縮到只會更壞不會更好，可能距失明已不太遠，我很擔心進棺材前就要過黑暗的人生，內人一直要我少看手機，我確有妥協、減少大半閱讀的時間，但我很難放棄對好友們分享我認為有價值作品的服務機會，也算是我推廣社會教育與休閒活動吧！

年紀大了，心境也在調整，像政治與教育改革的事務，我們老人家已是局外人，不要說是參與，就是要叫一叫，政治的現實都不會有我們的位置的，就如狗吠火車一樣的無聊，今天已不是我們出頭的年代，何不多鼓勵年輕人上陣參與？舉例來說，像不久前團部定位的事，團部裡裡外外多少有識之士向那個機構據理力爭，民進

黨根本不理什麼歷史因素及情理法，他們根本先射箭再畫靶，你又能怎麼樣？

值此黑暗又沒有公平正義的時代，除非到了最後犧牲關頭，否則我們在今天所剩無幾的日子裡，我們要保健好身體是第一要務，要保養好自己，盡量延後坐輪椅或躺在床上的悲慘日子，過去我們理所當然地照顧過我們的父母，今天我們可能成為被遺棄的第一代，將來誰來照顧我們？多少晚景淒涼的經驗談和故事，真是催人眼淚！今天夫妻感情的融洽無價，相處要相濡以沫才會有幸福的晚年，我們都要加油！祝你們晚安。

（民國 109-02-27 傍晚）

引唐勃 Po 文之 1

騰光兄，平安喜樂！每次拜讀你賴的資訊，真是滿滿的中國情懷。我想這可能是我們與現在年輕人最大的不同，可能是教育改革的後果，加上環境變遷的影響，更是民主政治的必然產出。當前世界各國政黨與意見領袖競相爭利，徒乎奈何！恐怕只有勤練身體，保持健康，再等幾年，看看如何落幕了。

引唐勃 Po 文之 2

騰光兄，我們都是八十老翁了，身體各種機能多少都有些狀況，願彼此多保養珍攝，盡力延長看戲的時程。對於你這種教育家的風範，社會工作者的情懷真是令人感動。真的夫妻感情融洽無價，我們要共同努力啊！

（民國 109-02-28）

引崔昭明 Po 文之 1

93 年團慶退休，卽受邀出任聯統日報總主筆，並於 94 年 2 月

23 日主持「漁樵閒話」及「冷眼旁觀」兩個 600 字的方塊專欄的撰寫工作。

我不必上班，只要每天將文稿傳送到報社即可。

如今已過 15 年，發表過的專欄累計已將近 5300 篇，算是退休生活沒白過。

每天上午寫稿，下午去接孫子放學（長孫花中二年、小孫國中三年），生活有規律，自是滿足，也感謝老天疼惜及好友祝福。

寫方塊專欄很具挑戰性，自己找題材，自訂標題，可以盡情揮灑，而且天天動腦，可以延緩老人癡呆，哈哈哈！

（民國 109-02-27）

引崔昭明 Po 文之 2

團裡流傳一則笑話：

有一個人打電話到曾文中心，說要找一位「蔡組長」，總機問他是哪位蔡組長？我們中心有兩位蔡組長。

對方回答：戴眼鏡的。

總機客氣的說：抱歉！他們兩位都戴眼鏡。

對方再補充：個子壯壯，長得很黑的那位。

總機很無奈回答：可是他們都長得差不多啊！

原來，對方是要找蔡北淇，另一位組長正是蔡剛霖。

（民國 109-02-27）

附記：崔昭明兄，民國 57 年 6 月進團，從管理員做起，輔導員、社工組長（65-67 台東 70-73 花蓮）、學工組長（67-70），73 年天祥中心副總幹事，80 年調總團部活動組專門委員，81 年台南學苑總幹事，81 年花蓮縣團委會總幹事，90 年天祥中心總幹事，93 年 11 月退休，在花蓮地區奉獻長達三十多年之久，僅兩年餘在外縣市服務，

右二爲崔昭明、右三林桂樟；左二爲楊宣勤等先進合影

退休後，寫寫方塊文章，工作輕鬆愉快，家庭生活美滿。

引蔡剛霖 Po 文

感謝建業兄的介紹，前幾天我們在 Fb 聊了很久，感觸良多，妨彿時光倒流，訴說在救國團輝煌又豪邁的午輕歲月！

也感謝昭明兄的笑話分享，我和蔡北淇在曾文中心鬧了很多笑話，後來對外統一稱呼，北淇叫活蔡（活動組），我叫管蔡（管理組）！總幹事是大家很懷念的周成元先進！

其實我和北淇還蠻有緣，一起在嘉義團委會當輔導員，也鬧了很多笑話！北淇在學工組，組長是吳樹勳；我在社工組，組長是謝金池；總幹事是大家很懷念的甯經綸！

（民國 109-02-28）

引任曙文

看到余建業長官 po 的蔡剛霖，我在 72 年至台南市服務，他是社工組長，薛全麟是他社工組的輔導員，總幹事是甯經綸，周福田是學工組長。他很優秀、學歷也很好，當時甯總就一直推薦他外放，後來好像榮升至高雄縣總幹事。最後他在台北市總幹事任內離團至國立高雄餐旅學校任職。聽到故人訊息倍覺溫馨，感謝余長官！
（民國 109-02-28）

迴響：

唐勃——Po 文

建業兄，你的熱心公益與助人情懷令人感動。救國團的革命情感真是看見卻永遠存在，特別是勤於筆耕使我欽佩。願你與嫂夫人平安喜樂。

（民國 109-02-28）

曾騰光——Po 文

建業兄在退休人員群組中，經常不辭辛勞地筆耕帶給人尊重，溫暖和慰藉，的確十分難能可貴，可佩！每一個人對社會與人群的貢獻有千百種，正好你的用心和專長可活用在我們的團體中，使我們的內聚力得以強化，我們的情誼得以提升，亦可重溫舊夢，最近蔡剛霖兄隱藏多年後突然出現，讓許多人得以重拾友情，充滿往日情懷，這些美事也歸功於你的牽線與筆耕，祝福你安康！

（民國 109 -02-28）

作者——Po 文

（一）感謝與祝福

感謝曾校長、唐勃公的讚許與祝福，平時我就喜歡把許多內心的事，有如武俠小說，天馬行空的事，寄託在文筆中，是否實現、感動人家，也沒想得很多，只把心中塊壘吐盡，坦然舒暢。

過去職場，有自己的想法、抱負，常藉《團務通訊》中發表，獲得先進、同事們的喜歡，也鼓勵我，鞭策我，讓我持續至今，不曾停筆，只不過往昔與現今，用意不同而已。現今則是自我預防失智症，過去的事記得點滴不漏，現今之事，轉身就忘，哀哉，危矣！

疫情期間，隨意塗鴉，與大家分享，未來之路攜手邁進，抑是結伴而行，或是踽踽而行，祈願上天疼惜我們，過著健康快樂的暮年生活。

（二）蔡剛霖 Po 文——退休第二春的安排，供參考

（民國 110-9-7）

感謝眾多帥哥美女的祝福！（*蔡兄生日，眾多好友祝賀）

我一向自我期許永遠的 18 歲，祈願你我不管年紀多大，永保一顆年輕優雅善良的心。

去年和今年新冠疫情全球肆虐，打亂了所有人的生活步調。平安就是福，簡單就是美，祈願大家苦中作樂，否極泰來，身心靈康健。

這幾年因有點年紀，錢也夠用，以養生保健和休閒旅遊為主，偶而少量經營投資理財。

大富由天，小富由人，不求大富，只求小康。終身學習，投資

自己，量力而爲，穩健自保。

沒錢先學理財，有錢要學投資。理財要先理債，賺錢、花錢、存錢、理債是理財四大支柱，缺一不可，相輔相成。任何投資都有風險，投資前要先了解自我投資屬性和風險承受能力，投資要知己知彼，知所進退，做最好準備，做最壞打算。

坦誠面對自己，找出適合自己的資產配置，投資組合，投資標的和投資策略，並邊走邊調整。建議大家將淨資產（Net Asset）列爲自我生涯規劃和財務管理的重要參考指標。

投資理財看似簡單容易，其實真的很難，否則爲何有錢人永遠只是極少數。

祈願大家都能找回初衷，找回感動，認真工作，認真生活，活出真我，廣結善緣，逐夢踏實，樂活慢遊，開心用心的經營每一天。

Gary Tsay（蔡剛霖）　　9/7/2021

112 年 4 月 13 日疫情解封後，退休同仁在天廚聯誼，左起：張義華、李國新、馬鎭歐、作者、施國豪、李耀群、佘觀濤、于家敏、趙長權、凌偉中、朱添發

34 團慶，每年我都有祝福感言

民國 109 年 10 月 31 日是救國團 68 周年團慶，

祝福本團團慶　生日快樂！團運昌隆！

大家都平安喜樂，天祐救國團！

　　今年應該是歷年國人最煎熬的一年，冠狀病毒疫情持續不減反增，美國大選挑起反中、國際間諸多紛擾問題，我與大陸兩岸關係更加劇烈，國內政局，種族間紛擾問題……等，世界末日的景象已微露，讓人心浮動顯得不安，我們長期處在安逸的社會中，最不能接受丁點打擊。

　　自從政府不當黨產委員會宣稱：救國團是中國國民黨的附隨組織，在其未釐清處置前，就凍結救國團的財產──所有經費開支，都需經過不當黨產委員會的核定，斷了救國團的生機至甚！讓團窮於應付不當黨產會的諸等要求，而失去救國團以往辦理青年服務活動靈活的機制。

　　在這時勢、環境不利的時空下，救國團深受許多的衝擊，除了救國團自身提出許多事證、人證等來辯解，均未獲得青睞認同，諸多社會上熱心人士、義工、學者、教授挺身為團說公道話，也未能打動這些不當黨產會委員諸公對團不利的成見，近日看到立委葉毓蘭女士質詢不當黨產會主委林峯正的言論，聽了甚為感慨，她說──

　　『當我談到我們這一代許多人都參加過救國團的活動，順口說

相信主委也有，沒想到林峯正主委斬釘截鐵的說：「從來沒有！」，在主持會議的召委已經起身示意我結束詢答時，我講了一句：「那太不幸了，否則你的人格會更完整！」

葉委員結束時更說：我還是不會改變我前天獲悉林峯正主委從沒有機會參加救國團活動的慨歎：太不幸了！如果能有機會參加過救國團活動，就不會只帶著政治立場，帶著仇恨的眼光來看救國團多年來的公益活動。

葉委員還是重申：感謝救國團，讓我的人格發展更完整！』

在這時勢、環境不利的時空中，救國團仍能改弦更張，多元化經營，在社會中屹立，獲得許多愛護救國團的人支持的力量，再加上同仁努力面對之下，終能突破難關，繼續穩健前行，爭取到許多年輕人的認同與參與，實在不容易。

面對詭譎、多變，危機重重的時局中，在暗黑的社會不被打倒，如何堅持理念，實是念茲在茲的大事，稍不謹慎，動搖根本，救援恐不及。

慶祝本團六十八周年團慶，我們緬懷過去對國家、社會的貢獻外，在這裡要呼籲朋友、夥伴們，我們堅定的團結起來支持救國團，大家信念要武裝起來，本身信念的自強、健全，要比外界支援的力量來得重要，我們未來的康莊大道就是靠自己的自立、自強來因應。

寫於民國 109-10-30

特錄 1：救國團 68 周年團慶大會葛永光主任致詞

首先感謝馬前總統百忙當中撥冗蒞臨，給我們勉勵和打氣。我也要特別感謝召集人吳清基博士，吳召集人在教育部長卸任後，仍然身兼好幾個社團的負責人，在這麼忙碌的情況之下，當救國團面臨最困難的時候，仍然毫不猶豫一肩扛起領航救國團的重責大任，他經常給同仁打氣鼓勵，使我們的工作同仁在這麼大的壓力之下不畏艱難，一直向前行。

今天是我們救國團 68 歲的生日，同時也是屬於救國團的感恩節，因為救國團 68 年來，之所以能夠一路走來始終屹立不搖，都來自於太多太多人的支持和奉獻，我們的公益服務才得以持續順暢推動。

今天的團慶大會當中，我們要表揚社會團務與學校團務資深績優的義務工作伙伴、終身學習中心的績優教師、資深績優義務「張老師」、優秀大專服務員，以及三個榮獲今年義工微電影比賽的單位，這些獲獎者和獲獎單位，平日無私無我任勞任怨，遍布社會各個角落，協助救國團推動各種公益服務工作，令人相當感動和感佩。

同時，今年我們也設立了第一屆「幼獅特殊貢獻獎」，今年的 9 位獲獎者，都是在救國團長年付出，出錢出力，當我們面臨很多困難的時候，不管是在縣市，不管是在中央，他們都伸出援手，幫助救國團解決這些困難，我也特別在此對這 9 位獲獎者，表達由衷的感謝和敬佩。

救國團是義工自我實現的家

本團在台灣最早推動義工運動，68 年來，義工始終與救國團同

在，相互扶持，相互成長。「一日救國團，終生救國團」「一人救國團、全家救國團」，「義工是一群快樂的傻瓜」是大家常聽到對救國團義工的形容詞。救國團的義工不僅是服務、奉獻，同時在救國團裡學習、成長。救國團是社會愛心的源泉，義工則是傳播愛心的天使。因爲有救國團和義工，讓社會充滿了愛、關懷與溫暖。

救國團是一個「以公益爲主的服務型社會企業」

近年來，我把救國團定位成「以公益爲主的服務型社會企業」，這是救國團的定海神針，指引著現階段救國團轉型發展的方向與努力奮鬥的目標。救國團是一個社會企業，必須以企業經營管理來發展事業體，但目的不是營利，而是以經營事業所得來支持我們的公益事業。近年來我們大力推展公益事業和運動，每年十月團慶前的周末，我們結合其他公益及弱勢團體，推動「全國公益日」運動，發揚「人人做公益、時時做公益、處處做公益」的理念，希望台灣成爲一個公益的寶島，透過人人相親相愛、互助扶持的方式，讓台灣成爲一個多一點愛心，少一點仇恨；多一點合作扶持，少一點鬥爭對立的希望土地。

救國團是一個圓夢工廠

救國團在這幾年推動「愛 分享 聚光計畫」活動，幫助偏鄉弱勢的孩童們圓夢，協助他們完成想要購買的禮品。我們也幫視障及肢障的朋友們圓夢，安排他們到中橫去健行。我們協助「混障綜藝團」到全國各地學校、社區甚至監獄演出，許多人受他們堅強的生命意志及永不放棄的精神所感動。我們推動「青年圓夢計畫」活動，鼓勵年輕人參加「中橫健行、單車環島、攀登玉山」活動，讓年輕生命不要留白。近年來我們也創辦了許多營隊，如網紅直播研習營、無人機及 AI 機器人研習營，讓年輕人能圓作網紅和駕馭無人機和機器人的夢。我們的學習中心開了許多課程，提供各界人士學習音樂、舞蹈、書法、藝術，並爲他們辦成果展覽及競賽，讓他們圓一個能

在公衆前表演成爲明星的夢。總之，救國團是一個圓夢的平台，提供給社會各界人士來圓夢，讓台灣變成一個有夢最美、築夢踏實的寶島。

救國團養成青年完整的人格

前幾天葉毓蘭委員在立法院質詢黨產會林峯正主委，葉委員說他參加過許多救國團的活動，從中學到許多知識與技能，更使她人格成長成熟。他問主委有無參加過救國團活動，林主委說沒有。葉委員說：「太不幸了！如果你參加過，人格就會更完整了。」參加過救國團活動人格會更完整，因爲救國活動不只是學習知識和技能，也不只是休閒娛樂，它提供一個機會和平台，讓年輕人在團體中學習如何處理人際互動關係，學習如何領導與被領導，學習如何互動與關愛，救國團活動重視生活教育與品格教育，讓年輕人學習禮儀、紀律，確實如果參加過救國團活動的人，人格會更完整些。參加過救國團活動的人，會成爲國家、社會一股正向的力量。

無畏無懼，一直向前行

救國團 68 歲生日，緬懷經國先生創團之不易。民國 51 年底，經國先生在「專任工作人員研習班始業式」，他以「一直向前走」爲題發表演說，鼓勵大家爲國家、爲人民，堅持奮鬥不懈，一直向前行。今天救國團受黨產會和政治打壓，給我們的工作帶來許多困擾，但我一直鼓勵救國團幹部，不要懷憂喪志，也不要裹足不前，反之，我們更要奮勇向前行，更加擴大我們服務的能量，服務更多需要我們服務的青年及社會大衆。救國團是爲國家而生，不管誰執政，只要政府需要我們，我們都會義無反顧，全力協助，就如同疫情期間，中央和地方政府甚至大學，需要我們協助，我們都不畏艱難，全力協助。

最近，美國史丹佛大學胡佛研究院研究員郭岱君教授在一次演講中提到，她看完 經國先生的日記後，覺得只有用一個「苦」字，來形容 經國先生的一生。救國團目前雖然也可用一個「苦」字來形容，但我們更需要學習 經國先生不怕苦、不畏難的精神，在所有義工和廣大社會群眾的支持下，「一直向前走」，爲國家和人民做出更大的貢獻。

祝救國團 68 歲生日快樂！祝大家平安快樂！天佑台灣！天佑中華民國！

（致詞全文）

特錄 2：吳清基召集人的話──引自民國 111 年 2 月 12 日團員大會致詞

吳召集人說：「葛永光主任是非常有膽識及學養的領導人，曾當過監察委員及大學教授，也擔任過三民主義統一中國大同盟理事長，所以他的視野相當廣，我們深慶得人，救國團在最艱困的時候有他領導，必能突破困難，我們爲國家、爲社會、爲青年、爲人民所作所爲，大家心裡都很坦蕩、光明正大。」

吳清基召集人主持團員
大會（107 年 10 月 4 日）

特錄 3：第一屆救國團「幼獅特殊貢獻獎」得獎名單──

沈達吉先生	南榮科技大學董事 清華廣告公司董事長	
1.本團指導委員 2.本團曾文青年活動中心主任委員		
沈達吉指導委員年輕就加入救國團服務行列，至今超過 50 年。台南縣主任委員任內積極協助團務，推廣救國團服務精神，對本團工作非常認同且支持。		
林新欽先生	宏盛建設董事長	
1.本團指導委員 2.本團新北市團委會顧問		
林新欽指導委員為善最樂，深耕團務，政通人和，斐聲卓著，從台北縣到新北市一路走來，愛護團、支持團的發展，從不間斷，始終如一。		
許恒慈女士	佳聯有線電視董事長	
本團雲林縣團委會顧問		
許恆慈顧問長期支持雲林縣團務工作及活動，同時結合有線電視及地方新聞網，增加團務能見度，居功厥偉，造福鄉梓。		
陳田圃先生	田圃企業公司董事長 財團法人陳啟川先生文教基金會董事長	
本團高雄市團委會顧問		

陳田圃顧問任高雄市團委會主任委員期間，對團務工作多予指導與支持，不遺餘力，並大力推薦多位企業界人士擔任指導委員，出錢出力，對團務貢獻卓著。

黃正鵠先生	國立高雄師範大學校長退休

1.本團評議委員召集人
2.本團前任召集人
3.高雄張老師中心顧問

黃正鵠召集人長年耕耘「張老師」中心，運用專業諮商所長經驗，提升義務「張老師」服務能力。擔任本團召集人 6 年，每次會議往返高雄台北從不缺席，是救國團的表率。

黃清山先生	南六企業股份有限公司董事長

1.本團高雄市團委會顧問
2.高雄張老師中心顧問

黃清山主任委員樂善好施，83 年至 84 年間受邀擔任高雄縣橋頭鄉團委會會長，從此與團結下不解之緣，更長期支持團與張老師公益活動不遺餘力，備受敬重。

楊頭雄先生	味丹企業董事長 豐樂資產管理集團董事長

1.本團副召集人
2.本團台中市團委會顧問

楊頭雄副召集人任台中縣救國團主委期間，大力支持台中縣團委會公益活動。台中縣團友會會長時期積極結合資源，辦理各項公益活動，凝聚義工向心力，貢獻卓越。

劉招明先生	立明企業集團董事長	
1.本團副召集人 2.台南張老師中心主任委員 3.台南市團委會顧問 4.救國團之友聯誼會總會會長		

劉副召集人自民國 63 年起加入本團義工，歷任鄉鎮團委會委員、會長，工青隊召集人，縣市團委會指導委員、市團委會主任委員、顧問，張老師分事務所主任委員、團友會總會會長等職，犧牲奉獻、力行實踐，足為楷模。

鄭福本先生	樂聯公司、東福公司董事長	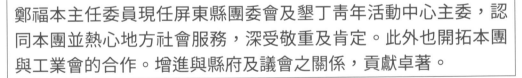
1.本團屏東縣團委會主任委員 2.本團墾丁青年活動中心主任委員		

鄭福本主任委員現任屏東縣團委會及墾丁青年活動中心主委，認同本團並熱心地方社會服務，深受敬重及肯定。此外也開拓本團與工業會的合作。增進與縣府及議會之關係，貢獻卓著。

人物特寫系列之一

35 林煇校長

──學生稱呼他爲「煇哥」感到特別貼心

我與林煇校長的緣分

林煇校長是我熟悉、尊敬的
大哥,雖不常見面,也未嘗邀約
吃飯,打從心裡我們就是這麼親
近!他讀省立台北師範學校時與
我二哥──錫業兄長同班,之後
他又讀國立政治大學教育系與我
大哥──鎭業兄長同班,也一起
進了救國團。當年我都不知道,直至民國六十四年我調升台北市團
委會專門委員級之社工組長,才知道林煇校長。那時他已是資深的
龍頭校長,加上他的學弟─我在台南縣的長官史濟鍠總幹事也調升
院轄市台北市團委會總幹事,再當我的長官。史長官來台北主要任
務是擴大團務工作,無論學校、社會服務都需加強,人脈關係很重
要,就要有許多教育界與社會各界相當名望者的支持,其中他獲得
他的學長──林煇校長全力協助,提供資訊、創造機會,讓學校團
務漸有起色,與學生相關的《北市青年》創議復刊,得以成功,還是
藉重林煇校長策略,訂閱數最後幾達十八萬本,空前紀錄。之後,
團委會辦理許多大型活動,幫助台北市辦理區運──選手村服務工
作,以及教師福利等工作,救國團協助政府單位的各項服務獲得口
碑,建立了品牌,當時團務工作無論社會、學校工作開展頗爲順
利。說到林煇校長幫助團的事蹟,除台北市外,總團部當年負責全
國國慶晚會演出工作,林煇校長義不容辭協助籌劃不遺餘力,至今
經過歲月的摧殘,人物景象不斷變換,現在只有一些當事人記憶猶

新，這是一段難得的佳話。

我們在臉書上重逢

今民國 109 年冠狀疫毒期間，我想起了大哥——林煇校長，在臉書上說：大哥久未見面，念甚！弟於 94 年 1 月 1 日在救國團工作崗位上退休已十五年了。平常運動保命，塗寫而已，掐指一算已近八十歲了，慨歎歲月如梭，感謝林校長大哥過去的支持與指導，祝福您健康快樂！

林煇校長回我說，建業老弟：我不太會用手機，經常出錯。我已米壽，退休後也是運動養生。政大同學會，過去幾年你嫂都有參加，三年了因生病均未聚會，不知情況如何？

我回答林煇校長說——第一次貼文本想告訴你，我大嫂（吳錦妹，也是校長同班同學）的近況，但不忍心，既然你問了，我就說了，兩年前我們回龍潭掃墓後一起聚餐，家族照相，歡樂聊天話家常，然而我大嫂回中壢後昏迷送醫，治療醫生稱：細菌侵入腦部，至今沒有清醒，變成植物人，真是天有不測風雲，可悲啊！留下照片，原想貼出來讓你看看，但一時找不到，只好作罷，謝謝您的關心，你與別人不一樣，你與我大哥——鎮業兄、大嫂，二哥——錫業兄同學、知己。

林煇校長回我說，這是沒有辦法的事。上天保佑她早日結束，不要再受折磨之苦。

在另一則臉書上，我說：林校長謝謝你當年民國 65 年內人參加北市國文老師甄試，數百人參加，只錄取數名，在你們考量下加額錄取，得以如願，內人終身感謝您。

林煇校長回我說：幾十年前的事，我早忘了，謝謝你！

我說：林校長，當年甄試真不簡單，只錄取區區幾名，都是精

英，老師調動實不容易，再次感謝您！

　　林煇校長回我說：建業，我們非常有緣，先和你二哥在北師同班同學後，又和你大哥在政大同班同學。早年我在救國團服務，然後你也在救國團服務直到退休。恭賀你是一位志業的可敬者，我們有緣在此相會。眞是夠了！

林煇校長的教育志業

　　某一天我看到《三立新聞網 109 年 9 月 30 日記者簡若羽／台北報導》的訊息，特別感到興趣，因爲是報導我熟悉的人——林煇校長。我仔細的看了報導，林煇校長更令大家由衷尊敬，自有他執著的地方多年，還是讓許多人懷念。今年教師節，臺北市政府爲感謝師長的用心與付出，教育局局長曾燦金親訪中山女高退休校長林煇校長，透過媒體傳播至普羅大衆，社教效果應具意義，且是親身眞實資訊呈現。

　　林煇校長畢業於省立台北師範學校及國立政治大學教育系，歷任小學教師、初中教師及主任，於民國 57 年起初任北政國中創校校長，累積弘道國中及介壽國中等 18 年國中校長資歷後，調任內湖高中校長；後又受到前台北市長陳水扁、前局長吳英璋的賞識，成爲中山女高首任男校長，奉獻教育界數十載。

　　林煇校長於民國 88 年於中山女高任內退休，擁有長達三十一年校長資歷，是當年全台最資深的高中校長。林煇校長回憶任職期間，每天除有要事外，都會站在校門口迎接學生和教師，每一張教師聘書都由他親自以雙手送至老師手上，以表尊師重道，對於學生稱呼他爲「煇哥」，也感到特別貼心。

林煇校長，他是很執著的人，「教育是我的志業，學生是我的最愛，老師是我的敬愛，家長是我的關愛。」雖然三十年前有記者在《教育月刊》上登載，林煇是教育界最有風骨的一位校長，他說「我是不敢承擔，我只是做我該做的事！」

總結

林煇校長年已屆米壽之齡，身體健康，家庭幸福美滿，他的風範足為後輩學習的榜樣，愛國愛團，教育學子為己任，更令大家尊敬。

寫於民國 109-12-04

說明一

前救國團台北市團委會總幹事——蔡剛霖兄目前住在美國內華達州，在他給我的 Line 說：「美國疫情幾乎看不到盡頭，已自主居家隔離九個多月，身心俱疲！」這真是無奈的事情，舉世皆然，上下班、上課、交通、集會、旅遊、……等，大家都要戰戰兢兢，如臨大敵的過生活。我們是退休人員，按政府要求作息，時間拖久了，也是感覺苦悶難捱，我的年歲雖已臨暮年，生命誠可貴，面對未來，無論如何都要振作起來，現實擺在眼前，活在當下非常重要。看到大伙們適應各種環境及狀況的能力都十分良好，可敬可佩！

最近團的前輩——林煇先進，已是米壽之齡，接受教育界表揚、訪問，媒體披露。知道他任職行事是大家敬佩的楷模，他不諱言，自己是救國團出身，曾與前考選部長吳挽瀾，馬英九父親馬鶴凌都是在救國團的同事，我特別整理記敍，讓大家分享他的成就。

說明二 前救國團總團部社會組專門委員──李耀群兄有感

林煇校長是本團先進，轉任教育界仍對團的工作協助良多，回憶中我任職總團部社會組承辦慶典活動，林煇校長時任北市介壽國中校長，邀請他擔任國慶晚會節目甄選人，走遍全省各地，大家都曾留下美好回憶，轉眼也是四十多年前的事了；聞聽他仍康健如昔，甚感欣慰，並遙祝他健康快樂。

林煇校長照片留影

人物特寫系列之二
36 熊自慶老弟、同仁、文友的珍貴行事風格

前言

　　自慶老弟是我的同事、請教文辭最佳諮詢者，在職時同在總團部可以就近聯繫、交談。自慶老弟人長得斯文、性情溫和，平易近人，喜歡助人，文采豐富，具文膽專才。自慶老弟民國42年10月 9 日出生，教育家庭，自幼知書達禮，輔仁大學歷史研究所——西方軍事史畢業，論文指導教授蔣緯國將軍。主要經歷是總團部秘書處專門委員，綜理本團社團重要會議、文獻的辦理事項，最後在本團金山青年活動中心副總幹事任內因中風，結束團職退休。

　　自慶老弟是個精研歷史及西方軍事的專才者，博學多聞，可惜在團無法發揮專才，能在蔣緯國將軍門下修習畢業，已夠分量，他在團謹守本分，與人友善，受大家敬重，他一向愛家、愛團、愛國之舉動，溢於言表，他著軍服的那張照片，一直是他的最愛，軍服上繡有跳傘的徽章，他更感榮譽，還有捐血公益，直至中風爲止，赤子之心，從未間斷，實感敬佩！他對軍中跳傘頗有心得，此文中另有介紹。

下面都是熊自慶老弟親述，我擇錄相關重點，讓大家容易閱讀。

　　現在我熊自慶因爲中風造成左側偏癱，因家中無法照護，只好棲身於長照機構——康寧老人養護所中，努力做復健，期盼有朝一日能夠恢復正常。現在閒暇時，最喜歡做的就是看書，中文、英文都有，只要聽到廣播節目主持人介紹的我覺得應該是本值得一看的

好書，就上網查詢；看到的有關軍事、戰史（這是我的興趣，也是我在研究所撰寫碩士論文的主題），我都會上網繼續查詢清楚，包括作者、書評……等等。

我這輩子做過的最勇敢的三件事情

我仔細想過，我這輩子做過的最勇敢的三件事情，第一件是：進救國團工作，我是民國 70 年 6 月 1 日進團服務，直到 102 年 9 月 11 日清晨六點半，在金山青年活動中心副總幹事任內因中風倒下為止，在團服務共卅二年。事實上按照團的人事法規，我原本是在當年的 10 月 9 日屆齡退休的。就我所知救國團的工作是許多在團服務的同仁的第一份工作，也是終其一生唯一的一份工作，我所知同仁離團的原因——只有屆齡退休、因病或因意外而身故、奉調公職，或因迫於家庭因素，如父母年事已長、子女年幼需要照顧、或教育問題了，有經濟上的壓力，不得已另覓待遇較高的工作，方始會離團，中風讓我成了救國團的「逃兵」這不僅是遺憾，我覺得更是我這輩子的「奇恥大辱」！

我做的第二件最勇敢的事情就是：還沒有體會身為父母的重責大任就結婚了！

我做的第三件最勇敢的事情就是：我後來從苗栗縣團委會調回總團部秘書處服務時，業務職掌是社會團體會務（救國團創立時是隸屬於國防部總政戰部，民國 58 年解除與國防部的隸屬關係改變了業務由行政院督導的單位，直到民國 78 年政府公佈施行「人民團體組織法」），救國團依法先、後向內政部及台北地方法院完成「社團法人的」的立案、登記程序蛻變成公益社會團體，順便在此邀個功，完成這一切的人是我熊自慶！

我在民國 78 年元旦一早就遵照救國團傳統的工作責任制的組

織文化，為老婆和女兒們準備好早餐，就趕赴辦公室去剪報並簽注意見上呈供主任參閱，簡報分析、瞭解社會現況及輿情絕非基於政治考量，而是為創新及修正、調整青年服務工作的方式與內涵！所以當天我一進辦公室就先瀏覽所有的中英文報紙，看到有關人團法的新聞，我立刻開始草擬簽呈並附上青年日報所刊登的人團法全文，俟李鍾桂主任核定後立刻交辦，是以救國團成了國內第一個依法完成立案、登記的社會團體。記得「婦聯會」還曾經幾次來團部詢問相關辦理程序呢！我當然是把全套的資料毫無保留的提供參考。所以，這項業務就由我一直負責直到民國 100 年底跨年前夕，奉調擔任金山青年活動中心副總幹事為止，前後長達廿三年。我在知悉職務異動當天就連夜撰寫業務交接的工作說明，清楚交待各項工作的辦理細節，含時間、程序，所有卷宗、檔案、程序等連電腦檔案檔名、存放位置，會議資料、開會通知，資料裝訂方式、工具、會議紀錄錄音工具、彙整方法……等還有待辦事項（按其輕重緩急）均逐一交待得清清楚楚，我記得全文逾三萬餘字，至完成回家時已是隔日凌晨四點多，街上均是看完東區一零一大樓煙火返家的人。

李棟樑理事長已成為本團的指導委員

國軍軍人之友社李棟樑理事長已成為本團的指導委員（一般稱為理事），後來又擔任本團的副召集人（本團的召集人即為一般的理事長），看到電視螢幕莒光園區上的老面孔真是令人感到萬分高興啊！只是當年一頭的黑髮已不復見，猶記得當年赴李棟樑指導委員在光復北路的辦公室遞交公文時，李董事長親切的招呼我坐下，臨走時還餽贈我一瓶他自己珍藏的馬總統就任時的紀念酒，要我不可推辭一定要帶回去，長者愛護晚輩的風範可見一斑！這應該也可佐證救國團絕非所謂的「政黨附隨組織」吧！

陳前總統說：當年沒報上名參加「金門戰鬥營」是他終生的遺憾！

還記得當年您參加過救國團青年自強活動的樂趣嗎？記得鼓勵您的子女別忘了去報名喔！今年的冬令可能來不及了，今年暑假應該是還來得及，莫要像陳水扁前總統一樣在本團團慶大會上致辭時說──當年始終沒有報上名參加「金門戰鬥營」是他終生的遺憾！

我在中區駕駛訓練營學會開車

我學會開車是高一暑假參加在台中清泉崗裝甲部隊代辦的中區駕駛訓練營學會並取得「學習駕照」的。當時開的還是二次世界大戰的 1/4 指揮車（也就是俗稱「吉普車」！）現在都是手自排和電動車了！當年的吉普車每換一次檔還要先踩一次「油門」，也就是要輕踩一下油門，現在聽起來好像「天方夜譚」了吧？

若我所言不正確，我可沒膽敢「逆時中」！

這幾天看電視，不時都會播出防疫宣導短片，好像是從昨日開始新增一部某位醫生示範洗手的影片，強調要請民眾牢記並遵守七個字的要訣「內外夾角大立腕」也就是從手心、手背、十指交叉搓洗，十指尖在掌心洗乾淨，再洗雙手大姆指，最後的畫面是該名醫生用水沖洗擦乾雙手，這就是「完」了！可是我從民國一○二年九月中風迄今，住過了長庚、榮總、仁愛等醫院，現在棲身於「康寧長期老人照護中心」，這八年來所接受到的衛教資訊，正確的洗手程序應該是，內、外、夾、弓（即十指彎曲在掌心洗淨指尖、大、立、手腕），亦即是最後連手腕處也要洗乾淨！若我所言不正確，我可沒膽敢「逆時中」！

當年我抽到了空降部隊，我很認真，努力的完成了傘訓！

今天看新聞，又有兩個傘兵出意外，從 60 公尺的高度摔落地面，顯然這兩人都沒有專心聽教官們的講解，我們以前一出機門，

除了數秒之外，數到四秒時，一定要檢查傘，看傘有沒有開，然後就是注意四周，左側有傘，立刻向右滑行，右側有傘就向左滑行，降落傘絕對不能上下重疊，今天這兩位就是傘開後未注意與其他人的相對位置，結果一個在卜，一個在他的正下方，造成在上面的傘的空氣被下面的傘吃掉了！所以無法正常完整張開，沒了空氣的支撐，上面的傘就像漏了氣似的，當然只有一直往下掉到地面，算他們命大，還是保住了性命！我現在雖然中風左半側癱瘓，但我有把握如果今天換是我，我保證絕不會發生這種意外的！幾年前我在松江路口被一輛計程車撞上，因他未禮讓行人，我被撞擊後彈飛到引擎蓋上，又滾落到馬路上，居然還是用五點著陸的方式，一個翻滾就站起來了，隨後，駕駛帶我去馬偕醫院急診，竟然是毫髮無傷，真幸運！想當年我抽簽是抽到了空降部隊，而我也很認真，努力的完成了傘訓！否則那個晚上我連晚飯都沒吃就死在馬路上！豈不是「痛失英才」？

期盼有朝一日能夠恢復正常

　　自慶老弟自我期許——雖然中風左半側癱瘓，仍努力做復健，期盼有朝一日能夠恢復正常，現在閒暇時，做自己喜歡做的事情，因此近一、二年多來，筆耕甚勤，思路已開，深藏內心之知能、心靈……衡之現今寰宇、社會的現象，均是他探索的空間，常在 Fb 中發表，每有精闢之處，令人折服，待有一天身心靈正常健康後，能將發表過的文稿整理成冊，藉以增進人們認識周遭世界，成為愛的禮物。

完稿於民國 110-03-01

附記1：

　　陳慶浩離團同仁 Po 文稱：向熊自慶先進同志致敬！我在民國70 年 10 月 1 日進團，同期的有活動處薛全麟處長，財務處顏瑞堂前處長，台東縣蔣萱輝前總幹事，服務時間雖然只有短短的三年，但卻影響了我一輩子。

　　因爲有團的工作經歷和彰化縣施明發前總幹事的協助，我才能轉換跑道到學校服務，擔任訓導工作的那段時間，我都是自己辦學生公民訓練，而且都到曾文活動中心舉行，當時是郭金龍總幹事，畢業旅行也都是住在我們的青年活動中心。

　　我和熊先進一樣服役時是，空降特戰部隊，跳出機門的口訣是1 秒鐘、2 秒鐘、3 秒鐘、檢查傘、注意四周、準備著路。記得進團面試的時候，向總團部陳長助組長說，我的專長是上山下海跳飛機，在谷關山訓、竹南海訓、屏東傘訓等。

　　感恩團的栽培，感謝老長官施明發前總幹事、謝金池前總幹事、柯眞一前總幹事，沒有他們當年的引領和指導，就沒有今天的我。

陳慶浩 Po 文（民國 110-05-21）

附記2：
熊自慶的軼事

　　我身旁的這位小美女，你可相信我曾經把她緊緊地摟在懷裡過嗎？當然，我姓熊，不姓王，我抱著她時，她還在吃奶呢，而站在我身旁的這時，她已經是台北榮民總醫院風濕關節炎科的專任護理師了！

當時我正在該院復健科的病房進行復健治療和練習，有天她就突然的出現了並且問我說：熊叔叔，你還認得我嗎？當然是不認得了，她告訴我說你以前在苗栗縣團委會時，就住在我們家的樓上的房間內呢，你還抱過我呢！我媽媽要我來看你，要我有空時多照顧你呢！

　　我這才想起她媽媽是誰了！原來是我擔任學工組的同事鄧大姐的姪女，桂菊的女兒啊！那時她才剛出生呢！桂菊當時是聘僱人員，但工作積極認真，並努力的力爭上游，後來通過了升等考試成為了專職人員，甚至還因工作成效與表現備受肯定而晉升為苗栗縣團委會的總幹事，更進而成為了苗栗縣政府的副縣長！真是破了救國團的紀錄啊！有為者當如是啊！值得時下年輕人好好效法學習的啊！連我都自嘆不如啊！

熊自慶　110-12-28 po 文給作者

人物特寫系列之三
37 懷念的義工好友──李詩綱伙伴的言行

已近清明時節，倍思念過去的故友

　　李詩綱伙伴離開我們六年多了，他也是我思念的人之一，我與李詩綱伙伴，認識三十幾年，團裡許多大小事他都參一咖，義務參與，工作繁重毫無怨言，眞是熱心啊！我常跟詩綱兄說，「你比救國團的人，更救國！」本團李鍾桂主任及許多長官、同仁也都讚譽這位比「專任幹部還專任」的團痴義工伙伴。

　　他的攝影技術很好，重要場合攝影都是義務協助，當年我有許多重要紀念照片，都是他幫我照的，慨然相贈，非常感謝他。詩綱兄及夫人莫艷華女士均爲義工伙伴，在我心目中他們倆有如是團的幹部，兄弟般，記得李鍾桂主任原是太平洋基金會執行長時，曾在該會成立「國際友誼團」，招選接待家庭，推展國民外交，後來李博士到了救國團擔任主任，把此業務也帶來，成爲本團海外處的一項重點業務，展開活動，當時承辦人是黃榮護教授。詩綱兄與夫人參與了此項工作，非常熱衷，曾擔任「國際友誼團台北俱樂部會長」，認眞、熱心推展國民外交的活動，做得有聲有色，令人敬佩！以上只不過舉一事例，其他更多。

在義工群中，猶如一盞明燈

　　記得民國 90 年本團四十九周年團慶，那時詩綱兄─義工生涯已有廿七年，出錢出力，不計名利，熱心奉獻，在義工群中，猶如

一盞明燈——義工的標竿，獲頒「幼獅榮譽獎章」表揚，榮耀之至，並接受當時任台北市團委會洪啟洲組長的訪問，刊登在「團務通訊」643 期中。詩綱兄回憶說：「民國 63 年暑期某一天走進台北市中亭區團委會因好奇，瞧熱鬧的心情，參加了土風舞社活動，這一踏入就和救國團結上不解之緣」，當時中亭區團委會由陳永福管理員駐區輔導，而我民國 64 年元月從台南縣調升到台北市團委會，任社工組長，可見我跟詩綱兄認識很早。

詩綱兄說：「因為加入了團的義工行列，自己感覺年輕了許多，但學到的與得到的回饋更多，它使我生活變得更豐富，更多采多姿。」，他又說，參與的時間愈久，愈能體會青年服務的真諦。義工是兼職工作，無法與專任者相比擬，團務工作可說是挑戰性極高，必須「做中學，學中做」，詩綱兄不斷參與，付出了心與血，辛勤播種、默默耕耘，終有所獲，工作知能、領導能力、經驗累積……等均屬優質。他說，「由於時代的變遷，環境的改變，推展團務工作，需要更大的毅力與恆心，有如在撰寫一篇上乘作品，深意常在欲言未言中」。我說，詩綱兄的工作境界提升另一層級了。

突聞噩耗，詩綱兄往生了！

其後，大家在各自的工作崗位上忙碌、努力著，……日子就在不知不覺中過了十三年，民國 103 年 9 月 17 日突聞噩耗，詩綱兄往生了！他的兒子書安說，「9 月 15 日與母親出遊內蒙古，出發前留在網路社群裡，快樂的說再見的笑容，都還歷歷在目，三天後竟是永別」，真是天有不測風雲，人有旦夕禍福啊！那時，我已從救國團工作崗位上退休十年了，遽聞噩耗、難過震驚，出席參加 10 月 18 日下午在「劍潭青年海外中心——群英堂」的追思會。

獲頒幼獅榮譽獎章，為社會服務公益，為國家貢獻國民外交

誠如詩綱兄的兒子——書安說：「父親一生服務教育界四十二載，投身救國團義工行列四十餘年，於民國 90 年團慶時，獲頒幼獅榮譽獎章。二十年前加入國際友誼團，協助國家推展國民外交，十五年前加入國際獅子會、擎天協會，使其人生服務層面更加廣闊，發揮了大愛精神。」

「在他旅世的六十七載中，一生在教育界作育英才，為社會服務公益，為國家貢獻國民外交。在家裡，他是最佳老公，模範爸爸；在社團，他是熱心義工，團隊楷模。他的人生雖然不夠長，內容卻是精彩豐富。」

我參加了追思會記憶猶新

我參加了詩綱兄的追思會記憶猶新，民國 103 年 10 月 18 日下午在「劍潭青年海外中心」——群英堂舉行，會場擺滿了友好送別的鮮花，友好早已座無虛席，氣氛本應莊嚴肅穆，詩綱兄的好伙伴們，卻是以辦喜事的心情，送別詩綱兄人間最後一程。詩綱兄內蒙歡樂遊，突傳噩耗竟成永遠，相信最悲痛的人是他的夫人莫艷華女士及其家人。詩綱兄的追思會——溫馨、素雅、簡樸、環保，應是莫女士主導，對她先生，顯示最大的愛敬之意，伉儷情深！詩綱兄悄然遠行，卻留下歡樂的風采與典範，拋棄哀戚悲傷心情，留給後人無比的勇氣與啟發！

向莫艷華伙伴致意

詩綱兄，二十年前曾說：「我到目前，從沒有後悔的選擇有兩件事，一是選擇了一位美麗賢淑，聰慧的好太太；一是選擇成為救國團義工的一份子。」他都做到了。詩綱兄與莫艷華女士結縭，相知相愛，志趣相同，夫妻相伴，同為救國團的義工，其後擴大服務領域，參加了國際獅子會、擎天協會等，熱心公益，服務人群，發揮大愛精神。夫妻，民國 103 年 9 月 17 日一別七年多，在臉書上偶而會看到莫女士身影，特別要向她致意，希望她走出心愛的老公離別的陰霾，勇敢的走出，創造璀璨的未來。祝福莫艷華伙伴，健康快樂！

寫於民國 110-03-10

附記：
作者致莫艷華女士訊息說：

要寫詩綱兄的事已經很多年了，資料存在書櫃中，因為我是社會服務工作者，從基層到總團部，理論與實際我都有研究，救國團社會團務的發展，均有我見證的痕跡，其次我對青少年活動各個階段的發展同樣有想法，親身參與三、四十年，救國團是我一輩子的最愛，寫了四本專書，與莫女士與詩綱兄你們一樣，愛救國團。

現在我正寫第五本─野鶴隨筆，暮年之作，我已邁入八十之齡，希望有生之年，把好朋友們之貢獻事蹟，能讓我輩溫故知新。現在是三月杜鵑花盛開，清明時節已近，懷念故人思潮已縈繞，我寫了一篇〈我懷念的義工好友──李詩綱伙伴〉一文，特別送給詩綱兄夫人以示慰問、懷念之意。

余建業啟 民國 110-3-14

莫艷華女士致作者 po 文：

　　謝謝處長的溫暖和好記性，也只有救國團老一輩的長官和老友才如此有心有情有義，謝謝您對先夫的稱讚和懷念，時光荏苒詩綱已經離開近七周年，每逢佳節倍思親，也只有在這時才能真的體會到斯人已遠離。

　　從詩綱走後，我也漸漸淡出救國團的義工行列，這些年大部分時間都是探望兩個在國外的兒女，享受親情陪伴小孫女，隨著年齡增長，長途飛行體力不如以往，但換來精神上心情上是滿足而愉快的。

　　和救國團裡一些老朋友不論是專任或義務職好朋友，雖少見面但大家彼此都能在臉書及 Line 上也都會互相關心及問候鼓勵，也得知您老常運動打球，也和夫人上教堂身體健康並含貽弄孫，感謝上天的賜福大家身邊的朋友們都健康快樂，如此已足矣！恭祝您及夫人身體健康家庭美滿。

　　　　　　　　　　　　　　　莫艷華敬筆　民國 110-03-14

人物特寫系列之四
38 小學同學黃文相是鄉土作家的故事

　　黃文相——60 年代台灣鄉土作家，代表作《笑容》短篇小說精選，客家大老——鍾（肇政）老眼中「真正的作家」

　　我的小學、初中同班同學，他小我一歲，民國 32 年生於桃園縣龍潭鄉銅鑼圈台地——泥橋子，特殊的茶山風土景觀，由於他遠祖在此開基立業，後代子孫承傳，矢志沈潛土地的宿命，認分，與生俱來般樂此不疲。台地缺水，從小喝橫崗嶺的泥漿水，住老茶山的泥土角厝，行大高原的泥巴路，沾得渾身的土味，一切就定了客家人的形，那就是客家人刻苦耐勞，不屈不辱的硬頸精神！

　　文相同學在讀書或是年輕時代，都是健健康康的，他省立台北師範學校畢業後回龍潭母校——高原國民小學教書，學校任教老師變化不大，日據即任教的老校長謝鳳欽都還在任，謝校長還是教過黃父的恩師。記得當時的學校老師，數代同事的情形不勝枚舉。當老師往往是鄉下人最好的出路，文相同學後來到台北進修、發展，我也在台北就學、就業，他住在劍潭承德路附近，偶有聯絡，知道他喜歡寫作，寫了百萬字，刊登在許多刊物中，也得過救國團大專青年徵文賽首獎，可惜我都沒看過，有愧我是他的最好的朋友、同學，甚感遺憾。

　　文相同學自述，卅七歲突然罹患心肌梗塞症，開啟他寫作與病魔對抗的日子，五十八歲開始洗腎，病魔並未對他鬆懈，眼底呈現嚴重出血，開刀失敗，結果左盲右弱，只剩一絲微光，堅定的自

勉，必須儉省使用，挺立在病魔摧殘中，反而創作得尤其勤快，寫了四十年。六十三歲時毅然決定出版《笑容》精選小說集，請當時八十一歲的資政鍾肇政爲他寫序，鍾老在序文中說，「本書是他生平文學創作的第一本結集，寫了四十年，作品不下數百萬言，怎麼會尚無一本著作集問世呢！？想這就是文相這個作家特異之處。」稱許他是一位「眞正的作家」，這種寫作精神實在令人感佩！

文相同學，他的《笑容》精選小說集，萬能科技大學陳昭利助理教授，以《笑容》包裝死亡的鄉土小說家──黃文相研究，在民國 106 年海峽兩岸華語文學術研討會中發表，剖析很清楚詳細，寫作的背景含意等，在在體現客家人的風格、地域與族群特色。陳教授說，拜讀黃文相的《笑容》

說：令人心情鬱悶，腦海中浮現黃文相必是健康不佳，生命垂暮的老人，掙扎著一口氣，悲情的道盡人生最後的《笑容》。他的題材源自於家族中的長輩烙下的陰影，「死亡」貫穿全書中，作者熱衷探討死亡的價值及生命的意義，《笑容》中探討，「死亡是什麼？死前可容有笑容？儘管那笑容是多麼的無奈。死亡是什麼？別人死了，認爲勢所必然，自己將死，就是刀子架在脖子上也不以爲。」文相同學探索人類最原始與最終極的關懷數十年，生與死如何切割，死亡帶給生命的省思又是什麼！……

文相同學在現實生活中與我們相處，非常樂觀、自信、熱情，鄉下小學同學會定期召開聚會，持續至今，還是他的功勞，他時常滔滔不絕說出他的寫作計畫如何如何……我們都不以爲意，也未知隱藏他內心的大事。然而他大半生與病魔對抗的人與他生活的背景，憂慮死亡將對現實中摯愛的人產生衝擊，却是不容懷疑的事

實，他把自己的不安與對死亡的認知寄託在文學中，亦是情之當然。他把對鄉土的眷念與原鄉情懷帶給讀者，堅持客家硬頸精神，令人敬佩！他用探索死亡作為題材，貫穿全書，讓讀者、同學說不出的訝異、無解，閱讀時有不安、恐慌的感覺，有同學跟我說，他讀不下去。

文相同學逝世十多年了，適逢清明時節，懷念故同學、好友，油然而生，尤其想起有一天我專程從台北到他龍潭鄉下泥橋子住家，看望他的病情，結果那天他心情特好，與我敘談很久，忘了過了晌午，我台北有事要趕回去，他說不忙，讓我帶一隻自養的大土雞回去，黃夫人─張老師立下廚房，令我感動不已，那天我可以說，噙著眼淚開車回台北！

本文特別感謝素未謀面的陳昭利教授對黃文相《笑容》一書的研究，讓我們體會黃文相這位對鄉土文學的貢獻。

完稿於民國 110-03-28

附記：

這是真實的故事，黃文相是我小學，初中同學，我的同學們至今還有人不知他是台灣鄉土文學家，買的或作者贈送《笑容》一書早束諸高閣，也可能塵封已久，清明時節已到，特別懷念。花了許多的精神考究，卻粗糙、勉強完成。Po 在同學 Line 的群組上，只有一個卡讚的圖示，其餘均已讀未回，有點灰心，之後想想這些同學在黃泥巴家鄉沉潛一輩子，已是八十之齡，也就釋懷了。其次送給我的作家好友林仙龍，讀後稱：「風範。拜讀大文，油然肅敬。依

稀記得當年黃文相得過 54 年全省中上學校學生文藝賽小說大獎。
謝謝余先生分享。」也給《團務通訊》黃振凱主編，看後稱「躍然紙
上，宛在目前，謝謝您的分享！」

小學就讀桃園市龍潭區高原國小，於民國 84 年 2 月 2 日春節聚會
時合影，當時畢業離開母校已有五十年，創校八十年。

前排左起第三位蕭秀蘭老師、許緞妹老師、邱琳標老師、曾雲福老
師、邱春明老師，特邀蒞會參加。

第二排右二爲黃文相，右四爲作者。

人物特寫系列之五
39 許水德先進《我的水車哲學》勵志的故事

許水德——黨國大老，著作《我的水車哲學——許水德六十自
述》、《感恩的故事——許水德八十八歲憶往》

　　許水德先生，曾是救國團的一員，
民國 52 年六月畢業於國立政治大學教育
研究所，經該所主任吳兆棠博士之推
薦，進入救國團高雄市團委會擔任文教
組長，一年後受聘鳳山陸軍軍官學校擔
任講師，但仍兼任高雄市團委會之視
導，直至 55 年考取公費留學日本，才依
依不捨地離開救國團。我聽先輩們說當
時高雄市團委會有吳挽瀾、唐勃等先進
同事。（註：引自《團務工作實錄》，許水德文）

　　許水德先進一直是我尊敬的大哥，他是民國 20 年生，比家兄
余鎮業長二歲，都曾在救國團服務，在前主任潘振球任教育廳廳長
時，被網羅進入教育界協助推展九年國民教育工作。在團很多場合
與許水德先進見面，他都很親切地與我交談，我出的幾本書給他參
閱，都曾打電話給我許多勉勵，並說他在團服務時的喜悅。前主任
潘振球在團服務時，常聽到他對許水德先進的傑出表現，誇讚有
加，十分得意！

　　許先進生於高雄，高雄中學畢，師範大學教育系學士，政治大
學教育研究所碩士，曾公費留日，亦獲普考、高考、十一職等及
格。曾任屏東縣教育科長，高雄市教育局長，高雄市政府主任秘
書，台灣省政府社會處長，國民黨社會工作會主任，高雄市長，台
北市長，內政部長，駐日代表……。據了解前李煥主任籌備國立中

山大學時，許先進大力協助，功在教育，他這段路程我有機會親自目睹，見證一位被國人敬重的大老，也是年輕人效法的最佳對象，至爲榮幸。

許先進在生長的過程中，經歷一段生活最艱難的豆花年華，培養了他強韌的耐力，溫潤渾厚、自然圓融的個性，「從 0 歲到六十」他認爲自己有六十分的成績，十分謙虛，他認爲還有更多的工作要努力，並全力以赴。

許先進倡導「水車哲學」最主要的是：理想與現實的選擇，他家境困窘，讀大學時第一志願就讀師範大學，因爲師範學院是公費的，如果爲了理想選擇台大，就會爲學雜費等籌措煩惱，就學過程就沒有那麼容易了。他常說：水車有一半在空中，是理想；有一半在水裏，是現實，現實與理想均顧及，水車才能發揮功能。如果只有理想，不顧及現實，水車只能在空中轉動；若只顧現實，沒有理想，水車即無法轉動，功能也無從發揮。「水車哲學」造就了許先進一輩子傑出成就，給年輕人最佳學習的榜樣。

我寫許水德先進是他六十歲的時候，如今已是民國 110 年九十一歲了，於是我找 Google 網路查，找資料補充寫出下文，後來曾任國民黨秘書長、考試院院長等退休已有八年，民國 108 年秉持「水車哲學」走五

十年政壇路，發表新書《感恩的故事——許水德八十八歲憶往》分爲親友、師長、長官三個篇章，收錄許水德先進二十篇感恩故事。許水德先進表示，他人生一直秉持「水車哲學」，樂觀面對未來、正面思考，一生以誠待人、處事爲公，人生至今沒有不好的風評。他也分享早年悟出的「水車哲學」，水車有一半在空中，是理想；有一半

在水裏，是現實，能夠兼顧兩者，努力不斷的踩、腳踏實地，事情終能順利進行，才會感到快樂、喜悅，希望他的書能夠激勵年輕人。

許水德先進是先總統蔣經國先生在政治上啟用的第一批台灣本省籍優秀青年，踏上政壇之路為民服務、始終如一，傑出成功，不辜負經國先生早年提拔。許水德先進對他人生第一步在救國團服務，始終感念，百忙中出席歷次「救國團團員大會」，每次均提早出席，互相寒暄，翻閱資料，了解團務，看沒有重大事情要發言或協助的地方，他就提早離去，非常平易近人是值得大家尊敬的大老，祝他身體健康快樂！

寫於民國 110-03-30

附記：

今（110 年 3 月 31 日）晚，看到快訊——

前考試院長許水德先生 110 年 3 月 31 日下午傳出病逝的消息，享耆壽 91 歲。據了解，許水德因肺炎住院，在加護病房三個月，因反覆感染，3 月 31 日下午不幸離世消息。

前考試院長許水德大老是大家尊敬的大老。3 月 29 日青年節，為慶祝青年節，救國團三月份積極在辦理系列活動，作者也以青年的楷模──許水德做為主題撰文，以激勵年輕人，3 月 30 日剛完稿。文章變成懷念大老的行誼，特披露，深致哀悼之意！

人物特寫系列之六
40 張植珊先進〈情牽救國團〉的故事

張植珊——教育輔導、文化界資深大老，曾任救國團副主任。
著作《人文化育、甘露春風》、《碩山文集》系列叢書五冊等

張植珊先進的簡歷

張植珊先進，字碩山，民國
18 年 11 月 18 日生於福建福州，學
經歷豐富精彩，我把它分成三個階
段，第一階段：臺灣師範大學教育
系畢業，菲律賓聖約瑟大學教育碩
士，考試院甲等特考優錄。曾任教
菲律賓東方學院、中正學院講師、台北師範學院、台灣省立教育學
院教授、校長，民國 69 年 7 月改隸中央，爲國立台灣教育學院校
長，後改制國立彰化師範大學，72 年 3 月任期滿，調行政院文化建
設委員會任副主委，82 年調僑務委員會政務副委員長，85 年公職
退休，以上爲其第二階段。退休後受聘救國團指導委員兼副主任、
評議委員。92 年起也爲中華民國孔孟學會理事、秘書長兼《孔孟月
刊》社長、國際儒學聯合會顧問等職。第一階段榮譽獲台師大第四
屆傑出校友，75 年獲頒師鐸獎。第二階段，出任文建會副主委十
年，襄贊國家文化建設之規劃與推動工作，貢獻良多，獲行政院乙
等獎章。僑務委員會副委員長時期，主管海外文教組織與僑教設施
之督導，厥功至偉，獲行政院績優獎章、實踐獎章。張植珊先進在
教育輔導及文化界的著作、論述等身，獲獎無數，個人能力不及，
謹簡述第三階段，張植珊先進任職救國團時期較爲清楚，茲略述
一、二供參考。

張植珊先進與團情牽半世紀

　　據張植珊先進在其精彩的經歷稱：「自學生時代擔任班代、系代、校代，並為救國團創始團員，那時他是大二的學生，活躍於各項活動、集會之間，榮任前線軍中服務大隊長，往返金、馬、台之間，又被全國青年代表選為首屆青年戰鬥訓練總隊總隊長，率領十四大隊，兩百多中隊，三萬多人的大隊伍。分布高山、鄉野、城市、外島、海洋，編列軍中服務、農村服務、遠征、越野、滑翔、跳傘、海洋、騎射、探險、野營等大隊，可謂精彩極致，活力四射，結訓後發起成立中國青年航空、航海、登山、騎射及中國青年寫作協會、並連任理事。可見張先進年輕時代是意氣風發，鋒芒四射的學生領袖。他參加救國團的團員證書、標誌等曾在松江路團史室展列二十餘年，作者也在救國團服務三十六年餘，從許多資料中回顧，知道張先進當年見證救國團成立並領導參與許多重大集會及活動。據史料發現，早期救國團創團時期也是篳路藍縷，憑著先總統　蔣公的號召，老主任蔣經國先生領導一批熱血青年在北投復興崗成立了救國團，吃大鍋飯的時候常和馬場的沙攪和一起，沒有交通車，聽說先輩胡軌先進，每天一大早騎著破腳踏車從台北到北投復興崗上班，大家月薪百餘元，過著極其清苦的日子，這就是先輩草創時期的艱辛！他們秉持創團宗旨「團結愛國青年，完成中興大業」來辦理青年集會與活動，這個宗旨由黨國元老于右任先生書寫成對聯，于老的墨寶一直掛在總團部禮堂，為團的傳家之寶。

　　張先進 56 年菲律賓聖約瑟大學學成歸國，適逢教育界耆宿蔣建白教授號召成立中國輔導學會，協助教育部推動「九年國教」首創輔導工作於各級學校。張先進應宗亮東、張慶凱教授之邀，參加學校輔導工作、課程設計、師資培訓；也從此參與救國團「張老師」輔導工作，辛勤耕耘、從不缺席。張先進協助救國團，創辦「張老師輔導中心」，期間安排輔導系學生實習充當義務「張老師」，也擔任中區「張老師」主任委員長達十年之久，獲頒績優貢獻獎座。

　　張先進 72 年起轉任行政院文建會副主委，協助救國團加強藝術、文化、人文的營隊活動，台北學苑的青康戲院整修爲「青少年藝文活動中心」，提供各項民俗及藝文活動團體演出使用，82 年起在僑委會擔任副委員長任內，大力支持救國團辦理美加營、觀摩團及華語文班等活動，大受海外僑社的歡迎，參加人數年年創新高。

我與張先進結緣

　　我與張先進結緣很早，救國團爲爭取資源，擴大舉辦假期青年自強活動營隊，成立假期活動諮詢小組，邀政府單位副首長、熱心的大學教授擔任諮詢委員，謝又華副主任擔任召集人，記得有張植珊、趙榮耀、張志銘、張鼎昌、簡又新、施金池、陳玉開、趙玲玲……。假期活動諮詢小組爲讓諮詢委員了解假期活動實際活動情形，都會安排訪問營隊，次數很多，其中兩次，本人親自擔任接待服務：

　　第一次 76 年暑期 7 月底訪問台東地區營隊，我時任救國團台東縣團委會總幹事，我在台東已有一年半了，團務工作推展得很順利，總團部長官時常關懷，故潘振球前主任、謝又華副主任兩位更專程到台東視察、慰問，頗爲滿意。台東、花蓮地區可以說是自強活動的櫥窗，台東營隊有：蘭嶼活動隊、知本野營隊、東海岸健行隊南隊、北隊，南橫健行隊等，全國最大的服務站就是台東農工服務站，假期活動期間每天都有營隊會師的活動，歡樂氣氛、熱鬧滾滾。每個寒暑各有一萬五千青年出入，工作人員及服務員士氣高昂，總團部假服員均搶著登記到台東服務。話說這次諮詢委員訪問台東地區營隊，謝副主任率張植珊、趙榮耀、陳玉開、施金池等委員參與，訪問團直接從松山機場出發到台東，下機後直接轉永興航空飛蘭嶼，首訪蘭嶼國中，拜訪余添義校長，察看學員活動營區，環島一遊，看活動學員健行情形，觀看當地人民住居特色，沿途風光，參觀核廢料儲存場……等，接著回台東，縣長鄭烈、主委霍玉

振（台東林管處處長）親自接待，在團委會慰問同仁，本人活動簡報，獲得諮詢委員的讚許，晚上到服務站訪問活動學員，參與台東各營隊會師──委員致詞勉勵，山青之夜，委員們受青年奔放的熱力、才藝表現感動，印象極為深刻，第二天上午結束回台北。

左起：張植珊、合歡山莊老廚師、謝又華、台大張志銘教授

第二次 78 年冬令 1 月 27 日起，安排三天行程，謝副主任率張植珊、趙榮耀、張志銘、張鼎昌等委員參與，第一天專程南下經台中，訪大甲林管處支援單位，借了登山車，配備最熟悉路況的李駕駛，夜宿輔導會清境賓館，第二天一大早出發，首先遇到服務社主辦的合歡山寒地活動

隊第一梯次學員，適逢大雪紛飛，積雪盈尺，學員們非常興奮，委員們下車與學員們共融，照相留念，到了合歡山參觀滑雪訓練隊、合歡山寒地活動隊營區慰問、拜年送紅包、與八十三歲老廚師合影，慰問特戰中心代辦大專運動幹部冰雪地研習營由黃營長接受，慰問松雪樓代辦滑雪訓練隊由劉經理接受，一行轉至大禹嶺山莊，訪視大專運動幹部冰雪地研習營行前訓練情形、慰問山莊服務站工作人員，又到觀雲山莊訪視中橫公路健行隊第六梯次，受到熱烈歡迎，趙榮耀副校長代表向學員講話，並看學員活動情形。接著往梨山、谷關方向繼續沿途訪問谷關野營隊，到德基山莊視察彰化縣假服員訓練、慰問工作人員，夜宿山莊。晚餐後，謝又華副主任興緻很高，與出席諮詢委員們聊敍，我們是後輩聽了他們豐富經歷，聞所未聞，至感榮幸，直至深夜意猶未盡！另感謝服務社陳錦明總幹事全程接待支援、天祥中心總幹事林桂樟、台中縣團委會總幹事曾廣櫻、彰化縣團委會總幹事錢師霖等參與、陪同。兩次張先進都參與，相信他們更加關心青年活動，咸認救國團已在青年朋友心中烙

下一生中不可磨滅的美好記憶。

受聘救國團副主任——〈責在吾肩救國團〉，內文以張副主任稱呼

　　85 年公職退休，7 月張先進受聘救國團副主任，實際參與並見證救國團的轉型與服務新面向。張先進成爲救國團的領導副長官，可惜他沒有直接輔導我們活動處業務，張副主任說，「自學生時代，乃至後來服務的學界及政界，都與救國團有不解之緣。這次來到救國團服務，又負責督導文教處、海外處、諮輔處的業務，並兼任劍潭海外青年活動中心主委，可以說駕輕就熟，適得其所，游刃有餘」，張副主任非常滿意。

　　他在《碩山文集》系列叢書的第五冊〈抒懷與評論〉中有專論——〈責在吾肩救國團〉九篇文章，關注救國團的發展。張副主任縱有雄心大志，惜是客卿的地位，雖滿腹經綸，盡言責而己，話雖如此，他是熱心者，努力參與，督導業務，積極運用關係協助同仁推展業務，舉例，他找資源：一、田文炳基金會支援經費給「張老師」基金會，二、世華基金會支援經費給「文教處」印製假期活動勵志文集《方向》口袋書給學員閱讀，還有許多不再枚舉。張副主任一向和顏悅色待人，勤奮認眞爲團工作，他誠誠懇懇，竭盡心思爲團奉獻，一般人是不會察覺出來的。

　　張副主任〈責在吾肩救國團〉九篇專論，讓救國團爲青年所做的各項服務活動或事項能夠理論與實際相結合，即所謂的學術化、教育化，寓教於樂中。茲簡述他的立論，很多頗值採用，分述如下：

一、今日學校教育大多是死知識，填鴨式的教學，忽視「生活教育」與「倫理道德教育」，救國團透過活動，讓青年獲得書本上所不及的經驗，增進青年知識智慧，培養其群性活動和自治能力，發揮互助合作的精神，因此張副主任認爲：救國團所舉辦的活

動，不僅具備教育意義，亦具有實務經驗。（民國43年6月，《中國一周》發表）

二、救國團具有戰鬥性的本質，因應當時環境的需要，大規模舉辦戰鬥訓練，軍中服務大隊、農村服務隊在台灣各地展開，跳傘、滑翔、海洋大隊，隊伍進了軍中，處處留下蓬勃的朝氣，唱出雄壯嘹亮的歌聲，把革命的種子散播社會，發揚戰鬥精神，堅定革命信念，發揮戰鬥的力量，爭取革命的成功。（民國43年7月，《台灣教育》發表）

三、張副主任剖析，當前青年問題的現象，應「宏觀」與「微觀」並重，「宏觀」透視，以見社會文化結構之改變，教育內涵的變化、大眾傳播之汙染等整體面向；「微觀」分析，則是個別青年行為個案之研究與診斷；猶如廣大的森林是由個別的樹木所構成一樣，二者互為因果，不可偏失其一。總之，當前青年的問題，實與教育、社會、經濟、政治各層面均有密切的關係，需從更寬廣的觀點來觀察青年問題，以了解青年問題的全貌，而且要兼顧個別的需要，來了解青年的需要，來為青年服務，這是我們從事教育工作者所應有的認識。（民國70年6月，「中小學教師自強愛國座談會」發表）

四、面對危機，爭取轉機，創造契機，競奪先機，這是現代社會最夯的一句話，也是拯救企業或團體的良藥，這就是考驗做為一個領導者的智慧，如何由輸變贏，由虧轉盈，扭轉形象，至為重要。張副主任說：我們要創新、突破，則要透過不斷的嘗試錯誤，從挫折中獲得經驗。我們要超越精進，就得不斷研發推廣，從經驗中展現新猷。（民國81年，「救國團幹部研習實錄」發表）

五、救國團的愛國教育堅定了國家的發展的堅持與認同，社會安定，經濟繁榮，民主思潮更加蓬勃。救國團在老主任經國先生

領導下，歷任主任均能秉持其堅持與理念，樹立了「救國團精神」，在學校青年與社會青年活動中普遍施行，蔚爲風氣，救國團經歷四十多年的努力，成爲青年在變遷社會之下安定社會的典範。

六、張副主任認爲，救國團陪伴青年邁向新世紀，在國家、社會不同的發展階段裡，都能非常契合地陪伴青年朋友走過年輕成長歲月。他認爲在觀念與新知的傳遞方面，因電子媒體的發達而有嶄新的面貌，運用網路資訊，可獲得大量新知識。其次，自我成長的表現方面，救國團把青年自強活動的主體意識還諸青年朋友，給他們更大的創造空間，讓青年樂於學習、體驗生命、追求成長。另在青少年輔導方面，救國團應更積極協助青少年生涯規劃與輔導，「張老師」成立於民國 58 年，也是因應社會需要的產物，現在青少年已經不再侷限於治療性的行爲輔導而已，團的目標應著重提供心理輔導層面，協助解決心理的適應問題，陪伴青少年一起成長。（民國 86 年，《幼獅文藝》發表）

七、現今已邁入新的廿一世紀，也過了二十餘年，張副主任認爲，救國團隨著時代大環境的變化，而有了大幅度的調整，首先在主體性上，脫胎換骨，成爲合法的民間社團組織，解除意識形態的羈絆，超越黨派色彩的窠臼，並在政治民主、經濟自由、社會開放的大環境裡，抱持「我們爲青年服務，青年爲國家服務」的宗旨，辦理各項教育性、公益性、服務性的活動。救國團面臨新世紀的蛻變，我們除了「服務青年」的宗旨不能變外，所有的策略、方法，均可依時、地、物，彈性改變，以符合青年實際需要。（民國 87 年，「救國團幹部研習實錄」發表）

張副主任情牽救國團，可說是：終身不渝

從張副主任生平行誼來看，他是眞正救國團的先進，我對團早

期的歷史，不了解的甚多，團的搬家、裝修、改建……珍貴檔案丟失甚多，無法考據，實在可惜，張副主任在學生時期，就參與、見證救國團的創立時期的各項活動，且是青年領袖，想當年他雖是穿著卡其布的學生服，人卻長得英挺，風度翩翩，口才無礙，出類拔萃，是位熱血青年，直至現今，張副主任一路關心團的發展、關心青年的未來，這是他心中之最大塊，他民國 92 年 9 月卸任副主任一職，歸隱都市叢林，除孜孜埋首書城中做個老園丁，仍在團兼著團務委員會評議委員，繼續貢獻智慧與經驗。

張副主任是我尊敬的長者，為人親切和氣，從無疾言厲色，傾聽意見，而我追隨長官只有尊敬，不論他事，這次撰寫本文，是有感其畢生掛念著、濃濃情牽救國團的精神與毅力，我誠摯地向張副主任致最高敬意！

另一方面，我 97 年 2 月 17 日獲得張副主任的著作《人文化育、甘露春風》，據他來函稱：前獲贈《我的救國團生涯》，近復翻閱，甚佩服賢勞與貢獻，謹亦回贈拙作《人文化育、甘露春風》以示「以文會友」，一零四年底再獲贈《碩山文集》系列叢書五冊，實在感激張副主任的抬愛，認為我是閱書人，不會將書束諸高閣。因此，我以這篇拙作，回贈敬愛的先進也是原因之一。

祈祝張副主任，健健康康活一輩子

四月上旬我打電話給張副主任說，我想寫一篇有關他在救國團的故事，他叮嚀要給他評論，不要客氣喔！張副主任就是團史的身影，心坎中烙印當年創團時，三軍球場，故主任 蔣經國先生主持

團員授證之場景氣氛，身為青年領袖的他，能忘記嗎？張副主任匯集一輩子，個人勤勉，走對了教育、政府之路，再回歸救國團服務，一生圓滿，如今到九十三歲高齡，夫復何求？

張副主任，溫文儒雅，平易近人，絕不作逾矩的事，規規矩矩，樂於助人，多方協助為退休人員利息、補貼案奔走請命，讓退休同仁晚年得以有尊嚴養老，功德感天，值得傳頌。尊敬的長官，祝福您「健健康康活一輩子」這是我的衷心之言。

完稿於民國 110-04-23

附註：

1.本文業經張副主任植珊先生斧正，不勝感激。昨天張副主任電傳說：己收到本文電子檔並閱讀一遍，內容詳實、敘事周延，文如流水、一瀉千里，是難得的一篇力作！甚佩！

於民國 110-04-26

2.王福生前副主任來電稱，余公早安！大作細細拜讀翻閱，對你資料收集之豐沛，文筆流暢至為感佩，內文中藉由描述張副主任，而提及諸多本團篳路藍縷以啟山林的艱苦歷程，以及廣結各方資源豐沛本團永續經營的基礎，這些珍貴的資訊應該在《團務通訊》分篇披露，也讓後進能夠飲水思源，了解本團如今之廣廈從何而來，以上拙見請參考。

於民國 110-05-10

3.作者，謝謝王福公能翻閱拙文，如能刊登《團務通訊》是最好，現在我為前輩或往事，寫一些讓後輩知道，沒有新鮮事或野史，而是真實的故事，無法淹沒。謝謝您。最近我寫了先進李發強，侯光宇之故事，甚感滿意，想看告訴我，但要評論。

人物特寫系列之七

41 李發強先進《尋夢人生》在救國團的故事

李發強——救國團資深先進，曾參加抗日青年軍，來台後任職軍中、救國團、銀行。任教大、中學校軍訓教官、湖北同鄉會理事長兩任八年。著作《尋夢人生》近百萬字，分上下兩大巨冊，兩岸發行，名聞家鄉。

李發強先進，困苦中克服逆境，睿智的歷程，走愛國報國之路

李發強先進，老家，湖北省棗陽縣吳店皇村竹園莊人，民國13年正月 22 日出生。童年時代，當地人民貧窮落後，治安特壞，爲避土匪，夜晚不敢在家睡覺。沒有學校，只有私塾，抗戰前夕才有現代學堂，插班五年級畢業後升縣中。童年喪母，少年喪父，曾患肺炎，死裡逃生，一次逃匪，兩次溺水，幸運未死。抗戰末期，響應知識青年從軍，抵達四川萬縣，編入青年遠征軍二零四師工兵營任班長，接受兩年青年軍的教育，34 年八月八日準備開赴前線，與日本展開殊死戰。孰知美國兩顆原子彈，日本於 8 月 14 日宣布無條件投降，失去殺敵的大好機會。

青年軍復原時，發強先進升學武昌的湖北省立農學院農藝系就讀，豈料民國 38 年國共徐蚌會戰國軍失敗，乃決定放棄學業，隨青年軍共二零四人來到台灣鳳山，接受新軍訓練，希望成爲反攻的先鋒隊。其後，他以湖北農學院三年級生寄讀省立中興大學農學院畢業，40 年 7 月蔣經國先生主持「國防部總政治部」，創辦北投政工幹部學校，第一次招生一千餘人，發強先進報考研究班錄取，老師都是望重士林的名師如：鄒文海、喬一凡、黃季陸、薩孟武等，李

先進感謝幹校的栽培、教誨，除軍事教育外，接受到最有價值的學術教育，對其一生受用無窮。最讓其感念的是，全程受教過程，都是享受國家公費待遇，這是李先進一心愛國報國的原因。

　　民國 41 年李先進幹校畢業時，適逢救國團成立，被派到屏東高中、台中農學院、台北工專、國立台灣大學法學院等學校做了八年軍訓教官，51 年花蓮高農成天驥校長商得救國團同意，外職停役擔任訓導主任近二年，52 年二月蒙 蔣經國主任召見，派其擔任台南縣團委會秘書（現稱總幹事），後又轉任澎湖、南投等縣團委會秘書。57 年調回總團部，擔任專門委員，承辦輔導青年從軍及青年愛國教育之設計與執行。特別是為大專青年及中、小學教師舉辦「三民主義」、「國學」及「台灣史蹟源流」等研究會，長達十餘年，成就卓越，救國團辦理這三項學術研習，為當時最受青年朋友及教師歡迎的學術營隊。李先進又因輔導青年從軍工作，曾建議國防部，對從軍青年，除施行軍事教育外，並應教授其就業專長，以解決其爾後退役時的就業問題，國防部認為此建議甚為重要，特頒贈李先進「光華甲種獎章」一座，以茲表揚。

　　民國 68 年李先進五十五歲時，轉業彰化銀行，至 80 年以十三職等限齡退休，旋受湖北旅台同鄉們推舉為「湖北旅台同鄉會」的理事長。由於他服務熱心，連選連任八年。每年都陪同返鄉探親，多次接待湖北同鄉來台旅遊，成立獎助學金，幫助兩岸同鄉子弟。且花三十年時間，親手主編《棗陽文獻》，將故鄉歷史文物，風土文化，逐期刊載，貢獻厥偉。

　　李先進，學識淵博，任事認真，經歷豐富，克服任何困境，見解睿智，都以國家、天下事，念茲在茲，常針對事實，振筆疾書，

文筆流暢，勇爲時代歷史做見證，一生與其是爲自我生存而必須奮鬥，不如說是在隨國家的需要而「愛國以命」。民國 104 年六月以《尋夢人生》爲書名，彙集歷年鴻文近百萬字，印兩大巨冊，兩岸發行，名聞家鄉，分享閱讀者。李先進的鴻文，都是他親身經歷，以尋找「中華文化」的夢爲重心，深信「中華文化」是安定世界的力量，「人生有夢，希望最美」。李先進，立意繼至聖孔子、國父孫中山理想，做一個「爲歷史見證，向憂患挑戰」和建設未來的雕刻師，迎接世界和平「地球村」的來臨，希望他美夢能成眞。

李先進，在團的重要行誼事蹟（擇列）

一、李先進有三件事，認爲是團給他的榮耀。一是，民國 41 年救國團成立時，他以幹校學生代表，參加總統 蔣公在台北三軍球場主持的青年節慶祝大會，因此，識得本團的時代意義。二是，進團時，曾蒙蔣主任經國先生單獨召見，勗勉之忱，使他立定爲團奉獻的心願。三是，在團服務，最後十年間，他主管青年思想教育業務，頗合他的所長，曾付出相當心血。

二、連十年主辦「三民主義」、「國學」及「台灣史蹟源流」等三個研究會。李先進曾盡心發揮各研究會的團隊精神，集中人力、物力、財力，細心規劃課程內容，對青年和國家都有深遠的影響，李先進說：三個研究會，由他主辦，教育了青年，更是教育了自己。就以「三民主義研究會」爲例，將課程內容分爲民族、民權、民生三個單元，邀請一流教授主講及駐會輔導，工作人員均爲學校三民主義社團績優幹部，受訓學員都是在職及接棒幹部，故能帶動大專社團三研會活動，形成一股研究風氣，與安定力量。尤其值得稱道的是，三個研究會之主持人，如國學——陳資政立夫先生，三民——吳副秘書長俊才先生，史蹟——林主委衡道先生，他們的道德風範和學問專精，極受青年尊敬。前學校服務處史濟鍠處長及作者均可見證，作者當

年統籌全團寒暑期各項活動事項，了解全盤情況。

三、民國 88 年發表，〈從歷史使命、國家責任看──救國團的變與不變〉，文中，老主任曾說：「時代在變，環境在變，如果我們守成不變，勢將為大時代所淹沒」。又說「保守就是落伍，落伍就是滅亡」。說明變就是好事，但不該變而變，便是迷失，李先進，提出幾項救國團勢不可變的：一、老主任的精神不可變，即救國團精神不能變。二、三民主義的信仰不可變，三民主義是憲法明定建國指標。三、為青年服務的的原則永遠不變，「我們為青年服務，青年為國家服務」為救國團成立宗旨。四、青年愛國教育不可變，本團的思想教育，其實是愛國教育，是幫助青年認識國家憲法所賦予的三民主義思想，愛我中華文化。五、照顧工作同仁的心不變。救國團是服務青年、報效國家的社團組織，救國團同仁年輕進團工作，淡泊名利，薪資雖微薄，懂得約束自己，充分表現革命的團體，但如今年歲漸長，部分同仁已屆退休年齡，作為救國團的領導人，應想到團早期同仁待遇很差，同仁退休後衣食錢財不豐，亟應籌措資金，訂定制度，給予在職及退休人員照顧。

四、李先進，畢生為追求人類幸福而尋夢，寫了百萬字，在闡述其理念，其情至真、至性，令人欽佩！他認為：民族精神教育是立國的根本，我們要生存發展，就必需重視我們的精神與文化，而「中華文化」更是人類所必需，我們一定要加強民族精神教育。英國史學家湯恩比曾說「未來能帶領世界走向和平的，不是西方國家，而是中國」，又說「廿一世紀是中國人的世紀」，因此我們不要妄自菲薄，維護「中華文化」為當前最大課題。

娶得南投埔里美女陳玲美老師爲妻，傳爲佳話

　　我與李先進及夫人素昧平生，民國57年8月考試進團，錄取後，經新進人員講習後分發，到台南縣團委會擔任學校工作組輔導員，縣團委會在新營中山公園內，白色大廈，稱之「白宮」，是當年胡龍寶縣長兼團委會主委，發起各界捐款及中學生每人捐十元，所蓋的現代化，需用空調才能使用的建築。落成後，建築物雖美，維護使用費卻苦了團委會，我當年住在裡面，稱之「熱宮」常揮汗如雨，久了就習慣了。服務多年與會裡老同仁熟悉，聽他們說故事，第一次聽到李先進的名字，曾擔任台南縣團委會秘書，在舊的會址──日據時官舍上班，也聽說他在民國56年在南投服務時，娶得埔里美女老師爲妻，傳爲佳話。他夫人陳玲美女士，雖從未謀面，但深知她的成就，《尋夢人生》書中，李先進寫得更情意濃濃，相愛成婚，恩愛一生，她又是本團傑出義工，因此我要特別介紹其夫人陳玲美女士，讓愛她的人更加懷念。

　　陳玲美女士，生於埔里望族世家，就讀省立台中師專、師院，畢業在南投縣僑建國小任教，民國 57 年再申調至台北市文山區興德國小服務，期間曾至國立師大教育研究所，專修輔導，終身從事教育三十五年，在興德國小服務二十六年是任期最久的輔導主任，期間經歷七任校長，她雖不是校長，但對學校「校風」的影響，卻是有目共睹。

　　玲美女士喜歡參加團體活動，未婚前是救國團的義工，擔任唱和跳、土風舞的輔導員，擁有木章持有人的幼童軍團長，台北市文山區興德國小訓導主任，後受聘擔任台北市國教輔導活動科輔導員，足跡行遍各校，以愛心滋潤學生。

　　玲美女士，天資聰穎，多才多藝，熱愛書畫，擅長音樂舞蹈，

曾當選全國優良教師、救國團全國優秀青年，蒙 蔣經國前主任親自頒獎，引爲無上光榮。她也是模範母親，育有一女二男個個有成就，是位賢妻良母。

玲美女士，於學校退休後，更以「熱誠服務社會」擔任志工爲樂，其繪畫曾在故鄉湖北棗陽榮獲首獎，其書法曾勒石故鄉「白水碑廊」，更在排舞協會擔任幹部，曾指揮千人會師，爲馬英九競選台北市長造勢，並擔任萬人齊跳排舞教練，打破金氏世界紀錄，也曾爲兩岸的「和平發展」及湖北同鄉會貢獻心力……。然而天道無常，人生多變，玲美女士民國 98 年罹患肺癌，經名醫治療，藥石罔效，與病魔纏鬥四年，竟於民國 101 年 12 月 11 日逝世，撒手人寰。其先生──李發強先進痛不欲生，感嘆爲何不能吉人天相？人生何其匆忙！

李先進一生精彩，著作百萬字，晚輩只取一瓢敍說，已盡全力！

李先進，二十出頭隻身來台，如今已九十八歲耆齡，耳聰目明，身體健康，想當年經歷了很多，年少時遭土匪、抗日、國共內戰，僥倖未死，成家立業，從軍、任教、軍訓教官、救國團、銀行等，退休後，爲社會服務，人生過著十分愜意精彩。又能回湖北故鄉，尋根溯源修族譜，兩岸交流，爲同鄉服務，更能著書立說，做了許多爲實現民族復興與人類和平而尋夢的事，至感欽佩！李先進《尋夢人生》近百萬字，分上下兩大巨冊，民國 104 年 6 月發行時，卽贈送晚輩閱讀珍藏，感謝之餘，特寫以李先進在救國團服務爲中心，完成本文回饋，李先進懷抱之憂國憂民之心，慨嘆今人少有矣！

李先進爲何要寫《尋夢人生》，令人好奇

李先進爲何要寫《尋夢人生》令人好奇，夢人人可做，可大可

小，夢無邊際，想也是夢，歐洲烏托邦的思想也是說這個，我們勉勵年輕人要有理想，長大要開飛機、開火車、做工程師、當老師、總統……，李先進也是一樣，但他的夢與別人不一樣，他是歷經許多苦難、戰亂、艱辛求學向上，在逆境中掙扎，孑然奮鬥，充實自己的人生，在腦海中想著、盤唸著的是，家鄉、國家、世界、宇宙。他的視野大了，心胸境界高了，他做的夢是成熟的、絕不是胡思亂想，希望成爲一位淑世救人，爲追求人類幸福的尋夢者。

李先進的說明，我簡要舉出，以圓閱讀者的好奇之心：

一、爲救世贖罪而尋夢：李先進一生顛沛，與國家憂患相共，於今民族奮起，不幸仍在爭峙之中。尤其人類又逢疫情生存危機，我應敬告世人，「中西文化的特質與功過、中華民族的憂患與使命、人類世界之危機與轉機」。他以七十年之時間，就所見、所聞、所思，寫成《尋夢人生》一書，以救世贖罪之心情，來拯救人類、救地球。

二、爲「文化大同」而尋夢：國人應難忘因鴉片戰爭及甲午割台之敗，曾使中華民族淪爲次殖民地及失去民族自信心之痛，繼後建立民國、對日抗戰、國共內戰、統獨之爭，中共的崛起，是大變局的連續劇。中國與世界將何去何從，正在考驗中國人之智慧。他認爲應『以中華中道文化統一中國、以同理心迎接「中國世紀」、化中華文化爲世界文化，建立有「禮運大同」文化特色的地球社會』，方是人類世界最佳之路。

三、爲兩岸和平而尋夢：孫中山先生爲自強救國，主張「對西方文化迎頭趕上，對中華文化從根救起」，要融合中西文化建立一個「倫理、民主、科學」的現代國家，並遺言要「和平、奮鬥、救中國」。諷刺的是他所建立的國家，一直都在風雨中飄搖。

國民黨元老胡漢民曾說：「共產主義是民生主義的理想，民生主義是共產的實行」，而中共因鄧小平主張建立「有中國特色的社會主義國家」，要爲馬克思穿上孔子外衣，改革開放後，已非完全共產主義，試問國共若爲復興中華民族，拯救世界人類，還有什麼好爭。

四、爲統獨息爭而尋夢：當前台灣與大陸都是傳統中國的一部分，中華民族是由大小五十六個民族組合，台灣是一個移民社會，中華文化是屬於河洛文化，今天台灣的居民多來自中原河洛地帶，而自稱「河洛郎」，是創造中華文化的原始中國人，如何能說「台灣人不是中國人，台灣文化不是中華文化，台灣地位未定論」的不實說法，而數典忘祖，還罵「中國賤豬滾回大陸去」，等於罵自己的祖先！實應收起統獨之爭，給後代子孫創造希望。

五、爲人類生存而尋夢：中華文化人倫並重，是安定世界的健康文化，也是世界上唯一未曾中斷的文化。有七十五位諾貝爾獎獲獎人，於 1988 年一月聚會在巴黎時，曾對外宣稱：「面對二十一世紀，人類要生存下去，就必須回到二十五個世紀之前，去汲取孔子的智慧」。另有美國學者杭亭頓在其《文明衝突與世界秩序重建》一書中說：「未來世界秩序的重建，若不是中西兩大文明思想在高峰會合，融合調適，就是西方文明萎縮，沒有其他的選擇」。因此要化解人類的生存危機，建立禮運大同社會，已是世界人類生存惟一的出路，也是中國人應有的文化使命！

有人認爲，李先進的這些夢想陳義太高，恐難實行，他說，爲了中華民族和人類世界的未來幸福，我們豈能視而不見、知而不行，不去「尋夢」？是以只要我們有信心，就必能「行者常至，爲者常成」。要生存就要求新求變！李先進是爲了文化使命與救國責

任，而寫出《尋夢人生》，彙集成冊。這是他個人動亂的記錄，也是
億萬人共同的時代心聲，我預祝李先進偉大宏願，能夠引起億萬人
的共鳴，共同為人類幸福的未來，齊心奮鬥！共享「世界大同」之福
夢，這是李先進，寫「尋夢人生」最大的動力。

自己喜歡的日子，就是最好的日子

最後，摘錄我的好友給我的〈漸漸老去的我們〉智慧之文，其中
一小段話：

每個人都有自己的活法，沒有必要去複製別人的生活。有的人
表面風光，暗地裡卻不知流了多少眼淚；有的人看似生活窘迫，實
際上卻過得瀟灑快活。幸福沒有標準答案，快樂也不止一條道路；
收回羨慕別人的目光，反觀自己的內心。自己喜歡的日子，就是最
好的日子；自己喜歡的活法，就是最好的活法，不知不覺中，我們
漸漸老了。

李先進，你是我尊敬的前輩，為國、為團、為鄉，奮鬥了一輩
子，做了許多愛國報國的事，又刻苦向上、博學多聞，我輩以你為
榮。先進一生喜愛讀書寫作，未來，事事多變化，創發突破之夢，
需先進絞盡腦汁之處必多，衷心祝福你身體健康，美夢成真！快快
樂樂活一輩子！

寫於民國 110-04-30　修正 110-05-20

前排：李發強、劉治平、孫明德

後排：史濟鍠、楊台英、作者

人物特寫系列之八
42 侯光宇先進《宇宙之我》在救國團的故事

侯光宇——救國團先進，民國 38 年來台，進入行政專校就讀，後法商學院成立，繼續進修畢業，民國 42 年經政府高等特考，派救國團工作，歷任台北縣團委會組長，苗栗縣團委會秘書，再春游泳池總幹事，總團部活動組專門委員，台北市團委會總幹事，總團部活動組副組長；其後轉中國國民黨台北市黨部考紀常委、秘書主管，最後黨職十一職等退休。著作《宇宙之我》分一、二兩集。

仰慕宇宙無限大，萬物皆於宇宙中

侯光宇先進說，他的父親，仰慕宇宙無限大，萬物皆於宇宙中，生下兒子，思以宇宙取名——光宇，字宙祺。深感其父親望子成龍，希望侯先進在宇宙之中，做個抬頭挺胸的真好漢，慈悲為懷的正直人，與宇宙同在，與乾坤同榮，多做非凡事，永遠是平凡人。

侯先進，當年就讀上海「私立震旦大學」，因戰亂堪虞，民國 38 年春由上海來台，進入「行政專校」就讀，後法商學院成立，繼續進修，絃歌不輟至畢業，同學錄序文，被同學推舉撰文說，「荒蕪了幾年的求學者，我們終於在復興的台灣展現復學的曙光，感謝教育部於民國 41 年辦理大陸來台失業大專學生，復學考試，於是行政專校增科，使我們重獲復學的機會。我們知道必須努力充實自己，敦品勵學，勤學不倦，吃點苦又算些什麼！」驪歌高唱，不勝依

依，難忘國家培育之恩，更感國家賦予之重。

侯先進說：「心靜隨緣隱，神定菜根香，留一點痕跡，有如一盞明燈，可照引人離開黑暗，人心雖不古，仍有明善惡。」吾人放眼宇宙，靜探古今，雖然人有境遇不同，稟賦有別，選擇各異，只要決心努力，吃苦耐勞，力爭上游，皆足以發展其潛力的本能，應知至理之根，是千古不移之理。

侯先進有感，民主社會言論自由，許多著作流行，因其是一介平凡，只問行益多少事，不論權職高低，雖是一枝勁草，不思得與失，只要心安理得。自稱成長奉獻在台灣，問心無愧。

在團工作歷程，勇於創新的優秀幹部

侯先進說，我們這一群約六十多人，民國 40 年經政府高等特考錄取，派救國團工作，然人各有志早已離職他就。他歷任台北縣團委會擔任輔導組長，成立永和市青年俱樂部及勁旅籃球隊，輔導青少年有正當的活動，後調升苗栗縣團委會秘書，適逢主任蔣經國先生出任國防部部長次日，偕同李煥副主任蒞臨團委會視察，侯先進認為是他畢生最感光榮之事。

其次，主任蔣經國先生曾為李再春小朋友救人事蹟，指示，創辦「再春游泳池」，以資紀念義行。他由苗栗奉調台北，籌建泳池，在有限時間內趕工民國 55 年落成，蔣主任因有要公，請謝副主任東閔主持開幕典禮。「再春游泳池」可供青少年游泳和溜輪鞋，有娃娃池一，兒童池三，中學生池一，標準池一，另有溜輪鞋池一，自開放以來，擠滿了青少年及娃娃們，戲水的喊叫聲。他擔任「再春游泳池」，首任總幹事，服務期間整天忙碌，少有休息，一天李煥副主任皆同幼女入園，關心其辛勞，不料他已累趴在辦公桌上睡著了。他不負總團部對他的厚望，讓長官十分欣慰。

後調總團部專門委員，於民國 59 年 4 月調升台北市團委會總

幹事。服務六載有餘，對團務勇於創新，愛國心切，擁護領袖、對蔣主任之崇敬，常躍動在他腦海、心坎中，他適時配合重要紀念慶典、寒暑假期，時局變化等，因台北市是戰時首都，動見觀瞻，海內外都知道，侯先進深知是他大展身手的機會，策辦許多大型活動，未顧及團部的立場，困擾了長官，還好順利舉行。下文我將述說，其如何舉辦大型活動之概況。

侯先進，因工作的關係，廣植人脈，進而獲得提名為「國民黨台北市黨部」委員，連任三屆，自感得意。在台北市團委會服務期間，曾獲團務績優獎，前主任蔣經國先生在金山青年活動中心舉辦全團幹部講習時，親自頒獎勉勵，也是侯先進，感覺自己被長官重視，自滿快慰的主因。

他雖工作不懈，但性格高傲、陳議過高，待人處事不夠圓融，未能掌握救國團要求的精神與做法，大型活動噪音特大，動員次數過多，影響交通，風險很高，低估社會及教育界的負面評論，長官特親自禮貌性拜訪，還讓他參加訪韓活動榮譽，始終未得到其謙虛之結果，於是民國 65 年奉調總團部活動組副組長，由台南市團委會總幹事史濟鎤接任，結束他在台北市的任期。

前後兩位侯、史總幹事，我都曾追隨，侯總之團務由盛轉衰，史總則由衰轉盛，救援成功，作者是見證人。民國 67 年作者奉調劍潭青年活動中心副總幹事，總幹事是周克駿前輩，一天突見到老長官侯先進來拜訪，原來他已轉職「國民黨台北市黨部」考紀委員，在中心舉辦考紀座談會，他已沒有過去意氣風發的模樣，好像歷盡滄桑般，我熱誠接待老長官，滿足他的活動需求。見面不勝唏噓。時光飛馳，民國 69 年底，我應進團啟蒙老長官江新鵬先進，時任總團部活動組組長提拔，調為總團部活動組專門委員，至此統籌全團假期青年自強活動事項，而侯長官早已離團久矣！

創辦大型活動，引起國內外人士關注

　　侯先進在團歷練已多年，當年台北市已是繁華熱鬧之都，但民風保守、純樸，在育樂活動上，可開發之處很多，對激起社會人心士氣的行動很少見到，侯先進認機不可失，是他大展長才的時候到了，在首都台北舉辦龐大活動多次，動員達萬人，甚至十多萬人以上，到處人山人海，自然引起國內外記者訪問報導，不禁大爲驚奇。這是侯先進實踐其深藏內心，愛國熱血的行動，勞動了教育界又傷財，炫耀其個人，團部長官已予高度關注，團委會財務已見底，團務萎縮

前考選部長劉先雲與侯
光宇合影

大有關係。僅簡介當年大型活動之情況如下：

　　其一，創辦了十萬青年登山祝壽活動，分四區在市郊攀山越嶺，舉行登山，爲領袖 蔣公祝壽，歡呼聲、歌唱聲遍山野。就以十月三十一日蔣公誕辰，在進入圓山飯店牌坊前，清晨七時，聚集萬人登圓山祝壽，場面之壯大，氣氛熱烈，可謂空前。

　　其二，新公園「萬紫千紅」燈展大會，分五區並設舞台精彩節目表演，全園各類燈展，齊放光彩，約十幾萬觀衆入園觀賞，人潮中見到故前宋主任時選，問怎麼這麼多人，鼓號樂隊之聲震天，宋公說，有心臟病的人怎辦，吵過頭了！後來辦活動就很少安排此項活動。

　　其三，「北市青年民俗藝術大表演」，配合假期營隊訓練，預作演出準備，在假期結束前在總統府前廣場舉行，由十位青年撐表演標幟，揭開序幕，第一幕，大鼓左右兩座進場，接著九條龍入場，

呈現九龍獻瑞，第二幕，六十頭幼獅及鑼鼓百餘套入場，表演幼獅獻瑞。第三幕，一百二十個蚌、玉女二人，由國樂團配奏，舞動金蚌呈祥，變化多形。第四幕，青年踩高蹺，每組十二人，共一百二十人，各組分別化妝，並有京劇一組，各組表演不同內容。第五幕，由各校高中女生組成大舞蹈團隊，分成三組，三色舞服，入場有如蝴蝶般，全場轟動，隨著國樂起舞，忽變「壽」字樣，「梅花」盛開之變化等。最後各項節目循序遊行表演，在歡呼聲中，順利結束。

其四，台北市的環境清潔，靠清潔的朋友，辛苦流汗、出力最多，然而市民對他們的尊嚴和社會地位，都被疏忽了，於是在榮星花園創辦一次盛大的園遊會，讓市民別忘了他們，要慰問他們，於是邀請了三千餘人參加。設攤位數十個，茶點豐富，服務親切，為他們尋找快樂，許多記者親訪他們的心聲，次日大版新聞，最受他們感動的是，我們舉辦的主題「沒有您的辛勞，那有清潔的北市」歡迎這些清潔的朋友參加園遊會，是一個成功示範的聚會。

其五，台北市舉辦有意義的大型活動很多，酌列：

1. 青年節在總統府前廣場辦理「北市五千青年營隊會師大會」，表演青年各項健康體能，展現蓬勃堅強意志。

2. 為喚醒社會，常被遺忘的孤兒，在指南山上舉辦孤兒園遊會，一千五百多人參加，連台北縣也來參加，個個歡天喜地，充滿了慈愛的光輝。

3. 響應總團部的號召，寒暑假期，台北市國中學生團體，以學校為單位，南下參加澄清湖野營隊，並協調專列火車去回，深受各學校老師及學生的歡迎，每年寒暑數千人參加。

4. 北市自辦北海岸活動隊、南海岸活動隊、溪頭阿里山縱走登山隊、澎湖活動隊、小琉球活動隊、及創辦虎風戰鬥營等、

深受歡迎，每年寒暑自印「假期自強活動手冊」厚厚一本。

5.每年八月中應總團部海外組之請，爲各國青年參加的「國際青年育樂營」結束前，在中華體育館，辦理「海內外青年團結自強晚會」，晚會精選年內最佳舞蹈、音樂或創新表演節目串聯，以觀衆卽是表演者之精神策畫，辦理者平時就要留意藝文界之動態與比賽，在資源缺乏下，必須勉力而行，達成任務。

以上都是侯先進，服務台北市六年的成績單，洋洋灑灑，轟轟烈烈，展現在首善之區——台北市，影響之層面深且廣，侯先進的魄力，也不禁讓人捏一把冷汗，沒出任何安全的問題，這是其成功之處。

當年爲他終日擔心的前主任李煥先生，尤其前主任宋時選先生，時常在主管會報，勸勉主管、同仁們遵守「本團工作不可自負、自大、自命不凡、故步自封，更不可有高人一等的觀念。」、「本團是一個平凡的團體，從事最平凡、最平實的工作，切盼全體同志牢牢記住。」，不能以「愛國」就什麼都可做，總算鬆一口氣，天佑救國團。

本人追隨他近二年，學習、觀察、檢討、研究，可說是在職訓練，吃得苦中苦，獲益良多，奠定我後來在總團部，統籌全團假期青年自強活動二十餘年深厚的基石啊！想我也成爲辦活動的專家，願意協助團的朋友、學者專家日多，影響層面更廣。感謝天主恩賜我「忍、愛」功，「青年自強活動」日益青春活躍，成就了全國青年朋友、社會國家！

我對台北市了解已深刻，協助繼任史濟鍠總幹事，推展北市團務，希望恢復教育界對團的信心，辦許多活動及服務，獲得林洋港市長、施金池局長、中小學校長，市府人員等肯定，資源逐漸打

開，團務推展順利，……這些是題外話，不再贅述。

　　侯光宇先進自喻，「最經得起時代的考驗，最經得起奉獻的勁漢。」他在團服務共有二十年七個月，其夫人及小孩，一直稱他為一等公務人員，重團輕家，一心為國，置家少有照顧，自認兩袖清風，問心無愧。

　　侯光宇先進，民國 93 年、96 年各出版一冊《宇宙之我》，書中自評：「風雨飄搖，不墜青雲之志；持正不阿，不隨波逐流。一路艱辛，不言可喻，苦難中創造了我」。其後轉職「國民黨台北市黨部」考紀委員，秘書室主管，漸失聯繫，81 年許退休，後去美國依親，在華埠常發表黨政、時局言論，刊在當地華文報端上，因非本文主題，不談。

　　侯光宇先進，其後轉職黨部，它是臥龍藏虎的單位，我想他睿智聰明，必能突破困境、迎刃而解，祝福他，他的老長官前行政院長李煥先生已看過他寫的書《宇宙之我》，侯先進於民國 93 年 11 月 3 日收到回覆，前李院長說，「對於一生的工作經歷和對人對事的觀感，都有詳盡的記述，尤其執著的愛國情操，是值得傳留後世的。」，老長官給予肯定。

　　侯先進，民國 96 年從美返國，看看老朋友，也到團部來拜訪，已無熟悉面孔，帶了一些費心寫的書，無法送出之窘事，同仁知道他是我的老長官，因為我是個不忘本、不忘長官、不忘同仁、朋友的人，暮年見書如見人，至感唏噓！過後侯先進回美安居，沒幾年聽說，他已往生了，嘆人生無常啊！

　　祈願他在天上無需勞苦，不必絞盡腦汁，輕輕鬆鬆、快快樂樂地享永福。
　　　　　　　　　　　　　　　　　　　完稿於民國 110-05-09

台北市團委會從台北學苑搬到大直街，幼獅書庫改建成台北市團委會與台北「張老師」辦公室，大直眷舍鄰居特前往祝賀合影留念。

前排右二爲張緘三、後排右三起爲黃漢維、黎振華、馮次文、斐文風、作者

人物特寫系列之九
43 李文瑞先進──「大風」猛士在救國團的故事

　　李文瑞先進──留學美國明尼蘇達大
學 1975 年獲職業教育博士，主要經歷：高
雄文藻外語大學校長九年、講座教授五
年、終身榮譽教授七年，台灣大學農業推
廣系系主任三年、台灣大學訓導長二年，
救國團總團部海外組組長三年，台灣大學
農業推廣系教授二十五年。

遽聞離開塵世　回到天主懷抱

　　救國團總團部前海外組組長李文瑞
（聖名，鮑思高）弟兄，民國 110 年 4 月 7 日四點二十分離開塵
世，安詳地回到天主的懷抱，享人間壽七十八歲。於民國 110 年 4
月 24 日上午十時在，天主教「古亭耶穌聖心堂」舉行殯葬彌撒，由
狄剛前總主教主禮，非常肅穆，闡揚李弟兄信仰堅定，愛天主，追
隨天主，服侍天主的歷程，會場滿座、氛圍感人。本團參加彌撒的
有，曾騰光前處長夫婦、葛維新前處長、沈榮峰，賴昭志、李嘉
新、郭金龍、藍涂育、蔡秀蘭、于超屏、王昭申、余建業、……等
參加，可以感受其是受天主聖神的感動，做人處事都是以愛為出發
點的教育家，深受學生、老師、同事、親朋好友的敬重與歡迎。

李文瑞組長在團擔任海外組組長

　　故李文瑞先進，民國 72 年至 75 年間在本團總團部擔任海外組
組長，海外組與我服務的活動組一牆之隔，時有業務往來、交談。
李組長的為人，有如曾騰光前處長所言，「為人和善，友愛，坦誠
而親切，處事認真，負責，守信而愛國」，在團工作期間，有許多

重要工作都能順利進行。

前海外組沈榮鋒說，他有幸追隨李文瑞組長圓滿完成兩項有意義，很重要，讓人記憶深刻的活動。如下：

一是，李文瑞組長 1982 年中華民國青年友好訪問團（簡稱青訪團）擔任領隊，沈兄爲副領隊，青訪團在美國兩個月，巡迴二十州，在很多大學院校演出，與難以計數的美國友人、華僑、留學生等情感交流，經驗交換，成效斐然。

二是，李文瑞組長 1986 年組團出席在牙買加舉行的「國際青年大會」，由美來台邀請，並代爲簽證赴牙買加，牙買加與我無邦交，故特地安排全團參訪白宮，再轉機牙買加。「國際青年大會」出席的有上百個國家，李組長是領隊，會中發言爲青年講話。

這兩個團，從團員挑選、訓練、行程安排、演出，有太多且複雜的工作內容和細節，李組長沒日沒夜，全力以赴。在其精神感召下，全體成員緊密團結，凝聚好深的感情，故能順利完成任務。

參與大專社團輔導教授，受潘振球主任賞識進團

據陳奇兄說，李文瑞組長民國 70 年 7 月，受邀擔任救國團「大專社團負責人研習會」輔導教授。陳奇兄是承辦人，由於彼此理念相通，成爲一段歷經四十餘年亦師亦友的好情緣。

李組長精於視聽教育，平日除教學外，更熱心各種公益服務，逐漸爲當時救國團主任潘振球的注意，特向台大情商借調三年，擔任救國團總團部海外組組長，後又被推選爲團務指導委員，雖爲義務職，卻

左起：葛維新、李文瑞及作者

是救國團最高決策單位。「團務指導委員」一職，一直擔任至文藻外語學院退休後，中風無法開會為止。

李文瑞組長借調期滿，後為空中大學教務長，台灣大學訓導長，美國佛羅里達州立大學客座教授，文藻外語學院董事，台灣大學農業推廣系系主任，文藻外語學院校長、講座教授、終身榮譽教授（2014-2021）等歷程，是位勤奮、不懈的教育家。

古偉瀛與李文瑞都是信天主的弟兄，青春作伴

我認識古偉瀛教授是他民國 78 年 7 月 28 日至 8 月 13 日擔任救國團海外營隊，新創營隊——「希臘、埃及、羅馬古文明探索隊」十七天的領隊，我是隨隊秘書，因此有緣認識。古偉瀛兄當時是台大歷史系副教授，溫文儒雅，頗有學者風範，出發前他已做好沿途功課，發給團員參考資料，至今我還留著，這個古文明探索隊是，故前總統李登輝先生擔任總統 78 年 3 月 13 日首次訪問救國團時，親口答應舉辦的，以滿足青年朋友熱切的盼望。因此領隊的選擇，很重要，尤其當地會華語專業解說的人缺乏，好在古教授適時補充，雖過了三十餘年，景點、古文物記憶猶新，不虛此行，感謝古教授參訪期間，我們同住一室十七天，古教授晚睡早起，都看到他在準備第二天行程，是本營隊成功圓滿的主因，我也學習很多。

古偉瀛與李文瑞都是信天主的弟兄，古弟兄為天主教中華基督神修小會會員，李弟兄為基督服務團團員，古弟兄說：兩個團體雖然側重的工作不同，但為教會服務的心，則絕無二致。他們在美、加留學時，在國外透過聚會及活動，緊密團結為教會奉獻服務而熟悉的，神修小會有黑幼龍、楊敦和、黎建球、古偉瀛……等，基督服務團有歐晉德、李文瑞、姚四川……等。這些學有專長的博士，是天主教眾教徒的菁英，李文瑞兄最早回國，其他後來陸續回國，為國、為教會獻身。

古偉瀛弟兄說：「文瑞兄參加的團體個個菁英，出類拔萃，曾在救國團擔任過海外組組長及團務指導委員，他也很快就當上了台大的訓導長。由於我和他是台大同事，他有一天還很認真地找了我談話，主題是要找出什麼是台大學生的特質，要加強培養，可見他做事的認真負責。在救國團他常參與幹部的培訓，我們在許多場合中看到他充滿生命力以及歡樂氣息的活動。他也提拔後學在各方面的工作。我特別感謝文瑞弟兄於民國 78 年推薦我擔任救國團舉辦的「希臘、埃及、羅馬古文明探索隊」的領隊，讓我有機會貢獻所學」。

「在狄總主教在位時，我們神修小會及基督服務團的歐晉德都是主教團教友委員會成員，我們舉辦了一次亞洲主教團大會，晚上還特別請文瑞兄召集了他曾帶領的青訪團來會場表演具有地方特色的歌舞，成功地讓客人留下美好印象。文瑞的行政能力早就盛名在外，而他一生最大的成就是把教會的文藻大學變成了一所南部口碑極佳的大學，整整十年，他以校為家，創立了許多制度及傳統，帶學生各地進行語言的學術交流活動，拓展同學視野，強化外語的運用，使得畢業生個個都具備能開創生涯的學力。總之，在他從事的各種工作，不論是專業或是行政，不論是在教會或是在學校，都是成果輝煌。彼此垂暮之年，回顧一生，青春作伴，相知相惜，可以用一個「精彩」的辭來形容，我們過得更精彩！」

「大風」猛士李文瑞（鮑思高）受大家敬重

我也是天主教教友，看到這些學成歸國的菁英，在教會內是主教團教友委員會成員，核心教友，為我們的模範，受大家敬重。參加李文瑞弟兄令人感動的殯葬彌撒，又獲得「大風」猛士李文瑞（鮑思高）紀念文集，返家後一再翻讀，看到曾騰光，沈榮鋒，陳奇及古偉瀛弟兄等有追念文章，興起為李文瑞弟兄以救國團的角度，整合成一篇紀念文章，供大家追念。

何謂「大風」猛士，在文集首頁中有提及，「大風」是指鄭爵銘神父於 1964 年去世前，在靜山以「大風起兮」的精神來號召青年，跟隨耶穌基督，改造世界，實行愛的主義的一系列演講主題，基督服務團以「大風」精神稱之。「猛士」指「大風歌」中第二句「安得猛士兮守四方」守護家邦的猛士，意謂興教建國的猛士。

這信仰，李文瑞弟兄保持了

我們從文集中，李文瑞弟兄從年輕意氣風發，身材魁梧，讀書、留學、成家、返國立業，為自己的理想努力，可說十分順遂，但過度的勞心勞力，中風復健，漫長的日子，終回天主懷抱。聖經弟後 4：7 說：「這場好仗，我已打完；這場賽跑，我已跑到終點；這信仰，我保持了。」你的言行和風範將永遠留在我們每一個人心中。

於民國 110-06-10 完稿

七十周年團慶文選之一
44 趙守博先進〈親炙救國團早期尊長〉的風範

趙守博先進——彰化鹿港人，現任財團法人博觀致遠文教基金會董事長及國立彰化師大工教系博士班兼任教授。曾任台灣省政府新聞處處長及社會處處長、行政院勞委會主任委員、行政院秘書長、行政院政務委員、台灣省政府主席、總統府資政。

前言

趙守博先進於民國 110 年 3 月出版《趙守博八十感恩親師尊長錄》，我很冒昧的用訊息給他稱，恭喜長官出新書，可否送我一本，謝謝您！他回覆說，可以。很快 4 月 7 日中午就收到了，我立即回電說，十分感謝，讓我有分享的機會。收到後迫不及待翻閱，了解書中的梗概，所寫人物都是熟悉的尊長，重溫他們的事蹟，倍感親切！這次新冠病毒疫情嚴峻，依政府規定，在家防疫，閒閒無事，拜讀守博先進的書，十分療癒。

現在因篇幅讓我極其簡短地擇述，守博先進書中幾位救國團早期尊長的「典範與激勵」。從書中我看了最大的感覺是：守博先進何其幸運得到尊長們的賞識、栽培、參與、不次提攜，得以近身親炙尊長們的風範，學習、成長、立功、立業。我大膽地說：「守博先進是天賦聰穎過人的福將，救國團是他一生成功立業的敲門磚。」守博先進書中說他年滿八十歲，身心健康，沒有一般長者，有三高、攝護腺等病症，依然教書、寫作，關心國家社會問題，熱心參與各種社團活動，對人生充滿感激，正如我所說的有福之人。

一、懷念蔣經國先生

　　守博先進說：「民國 50 年 12 月底參加救國團在陽明山革命實踐研究院，召開了第一屆全國青年代表會議，那時我是中央警官學校大三學生，在會議期間，經國先生天天到會場與青年代表打成一片。」守博先進在會議期間與經國先生合照，並蒙召見單獨談話，可謂第一類接觸。民國 51 年青年節慶祝大會第二次見面，聆聽救國團蔣主任的講話。民國 54 年考取中山獎學金公費留美，離台前經國先生在松江路救國團總團部召見、勉勵。經國先生最想知道的是他當年考取台灣大學，卻放棄，改上中央警官學校的事。守博先進簡要向他報告，這件佳話，當年傳遍社會為「刻苦勤勉的故事」。

　　守博先進說：經國先生在當救國團主任時，常參與青年活動，重視青年問題，也經常與青年在一起，被尊稱為「青年導師」，後來從政親民、愛民，走入群眾的風格，早已經在救國團時期表露無遺。後來守博先進任台灣省政府新聞處處長期間，特別為經國先生製作紀錄片，匯集過去所有經國先生和民眾、青年在一起的鏡頭與資料，製作完成紀錄片，定名「當我們同在一起」，這部紀錄片拍得很溫馨，很受各界喜愛、歡迎。

守博先進所體會蔣經國先生的「救國團精神」

　　守博先進在救國團服務的時間雖然不長，但常常聽到大家談論蔣經國主任所樹立的「救國團精神」，根據守博先進實際的體會與觀察，蔣經國先生所創始的「救國團精神」，指的是救國團的幹部要踏實做事、不爭功不諉過、做人要謙虛、對人要和氣，要力行平凡、平淡、平實，要任勞、任怨、任謗，不計一切地為青年服務，為國

家奉獻，並特別強調不可出風頭、搞特權，凡事要不招搖、不張揚。同時要默默耕耘，要落實「我們為青年服務、青年為國家服務」的信條……。

守博先進曾任救國團總團部學校青年服務組組長，當年蔣經國先生已離開二年，擔任行政院長三年，但依然很關心團的事情。守博先進擔任學校組組長，李煥主任一定事前向經國先生報告過。守博先進說，後來在一次召見的場合中，經國先生對他說：「我們都是救國團的人，要發揮救國團的精神，好好表現，好好努力。」對曾在救國團服務的同仁頗有期許。他舉個例，宋時選是第四任救國團主任，離團任國民黨台灣省黨部主任委員，有一次，經國先生召見，特別告訴我說：「宋主委是救國團的人，要好好幫助他。」

守博先進與經國先生互動充滿感激與懷念

守博先進對經國先生領導風格與評價，寫得絲絲入扣，他與經國先生互動中，知道他能苦民所苦，喜歡聽真話、探民隱，注意反映民眾的需求，所以守博先進敢屢次提建言，也深得讚賞、採納。諸如推動設立行政院勞委會、老兵返鄉回大陸探親、戰士授田證、政治本土化，及經國先生關心的四件大事：榮民、勞工、農民及社會運動等問題，守博先進都著墨很多。因此在他年滿八十歲時，想起經國先生為國家、為台灣所奉獻的種種，以及他個人和經國先生互動的一切，實在有無限的感激與懷念。

二、帶守博先進進入政治之門的──救國團第二任主任李煥先生

帶守博先進進救國團服務

守博先進自美學成返國後，經中央警官學校前後任校長梅可望先生、李興唐先生介紹與李煥先生認識，李煥先生也曾念過中央警

官學校，與梅、李兩位校長是長期好
友。先進與李煥先生第一次見面，就
談得很多、特別久，之後李煥先生向
許多人「推銷」年輕的趙守博學者，很
優秀，認識、認識。

　　守博先進曾三度追隨過李煥先
生，任救國團主任時，他任救國團總團部學校青年服務組組長；任
國民黨中央黨部祕書長時，他是中央社工會主任；擔任行政院院長
時，他是行政院勞工委員會主任委員。

找守博先進到救國團工作

　　民國 63 年秋，李煥主任找守博先進到救國團工作，先擔任海
外組副組長，第二年初，改派學校青年服務組組長──是救國團的
一級主管。守博先進負責的是比較重要的業務，負責各大專青年及
各地學校青年的聯繫服務；也要與學校的軍訓業務相互密切配合，
常常必須與大學訓導長、課外活動組、軍訓總教官，以及高中職學
校聯繫來往，李煥主任要守博先進放手去做、認真去做。這些經驗
對守博先進後來的從政助益很大。

第二度追隨李煥先生

　　守博先進在台灣省新聞處服務期間，李煥先生常到中部巡視，
可以近距離地觀察他如何指導地方黨務，如何與地方人士打交道，
又如何協調地方上的派系和人事的爭執糾葛。那時李煥先生身兼國
民黨組工會主任、救國團主任、和革命實踐研究院主任等三要職，
很多人無不想盡辦法要接近他，守博先進看到他周旋於這些人間，
一副氣定神閒，成竹在胸的樣子，講話不多，耐心傾聽，時而會記
下要點。給守博先進印象最深刻的是：他隨機探詢地方政情和民眾
對黨的反應，也就是他十分努力地不偏聽一方之言。守博先進也注

意到李煥先生很獨特的「握手政治學」。在一群迎送的人士中,他第一個握手的,或握手時他表現特別親熱者,或握手時交談較久的,並不一定是官位最高的人,往往是他所要重用、提拔、栽培或特別要加以關切、重視的對象,他似乎要藉握手來向大家暗示或傳達他要表達的信息。

李煥先生任國民黨中央黨部秘書長

民國 76 年 7 月 2 日李煥先生從教育部長轉任國民黨中央黨部祕書長,那時守博先進已在中央社工會擔任主任五個多月,至 78 年 5 月為止,這段時間,蔣經國先生宣布解嚴,社會運動興起,蔣經國先生逝世、李登輝接班、國民黨重組,李煥先生身為秘書長,很多重大事件,他都首當其衝,必須處理,可說處於風雨之中,然他都平穩度過。守博先進協助李煥先生處理了:老兵到中央黨部抗議請願及工農問題,見證了蔣經國先生去世後,國民黨代理主席推選的風波……等。

加強與工商業者的聯繫結合,是守博先進擔任中央社工會主任後的一大工作重點,多次與工商團體的負責人和工商界領袖座談、請教,他得到重要的結論:要在陽明山革命實踐研究院辦理「青年工商負責人研討會」,將這構想,報告李煥先生,馬上認同了,要他好好規劃具體的辦法,簽報李煥秘書長轉呈黨主席李登輝先生同意。李煥秘書長也力挺他,非黨員也列入招訓,秉持蔣經國先生「開大門,走大路」的主張。研討會受工商青年所嚮往,至民國 109 年已經舉辦到三十七期,結業學員組成「中華民國青年工商建設研究會」,會務蒸蒸日上,對國家經濟建設的改革創新和投入,頗有績效與貢獻,現在已成為國內頗有影響力廣受各界所重視的工商團體。

李煥先生出任行政院院長,第三度追隨

民國 78 年 5 月行政院改組，李煥先生出任行政院院長，守博先進 2 月先離開中央黨部任行政院勞委會主委，改組後留任勞委會主委，開始了第三度追隨。李煥先生任行政院長不滿一年，發生「二月政爭」，李煥先生站在李登輝的對立面，兩人關係陷入低潮，政務推動自然受到影響，不過他還是很認眞地想有一番作爲，對守博先進的勞工行政措施，是相當支持的，從未干預。

李煥先生晚年領導社團活動

公元二千年國民黨失去政權後，李煥先生主要放在領導太平洋文教基金會和中華民國孔孟學會的業務推動上，在他過世前近十年的時間，積極參與孔孟學會的工作，守博先進這時也是孔孟學會理事，時有機會和他碰面，請教。李煥先生曾率團訪問北京、曲阜、武漢、上海和廣州等地，這是他隨政府來台之後，首次返回大陸，返國後向守博先進暢談他此次參訪的經過與感想。

結語
推崇李煥先生是本土化政策的執行者

守博先進推崇李煥先生執行經國先生用人本土化政策的貢獻。認爲經國先生的本土化政策，有兩個層面：一爲施政措施以建設台灣爲優先的本地化，十大建設的推動就是一個指標；另一爲重要黨政人員進用的本土化。李煥先生認爲本土化政策，經國先生或國民黨確實從來沒有正式明文規定。經國先生從掌政開始，卽大量引進大批台灣本地人進入黨政機構，黨政方面也透過選舉使本地人更加廣泛地參與，這就是用人的本土化。可以說經國先生和李煥先生推動一個「有實無名」的本土化政策。他們這樣做，讓中華民國與國民黨，受本地人接受、認同和支持，有很大的貢獻，也使中華民國能在台灣生根。

李煥先生去世遺言「三不」長留去思

　　民國 98 年 12 月 2 日李煥先生與世長辭，生前的遺言：往生不發訃告、不設靈堂、不辦公祭，只要大家在心中記得他就好。此種灑脫，不願麻煩親友、不重形式、排場的作法，令人欽佩，也讓守博先進想起初次見到他時，他所展現的救國團平實作風。守博先進說，李煥先生帶引他進入政治之路，三度追隨，對這位對國家、社會很有影響，很有貢獻的老長官，非常懷念，非常感激。

三、宋時選先生把「救國團作風」帶到民間

宋時選先生，我們習慣稱「宋公」

　　守博先進說，「宋公是我公職生涯中的生命貴人，不但有機會直接追隨過他，受他的指導、影響，他不時為我美言、鼓勵和提攜，直到他過世，一直和他有相當密切的來往，他是我感謝感恩的尊長。」守博先進在總團部學校組工作，對於組裡所策劃的的重大營隊，宋公極為重視，幾乎開訓、結訓或座談會，他都會親自參加，守博先進與宋公有相當密切的接觸，對宋公有進一步了解和認識。

宋公推廣「救國團作風」到民間

　　蔣經國先生自民國 41 年 10 月創辦救國團，到民國 62 年 5 月，有二十多年時間，都是負責領導救國團，培養出一種「救國團作風」或稱「救國團精神」。

　　所謂「救國團作風」、「救國團精神」就是救國團的幹部要踏實做事，不爭功不諉過，做人要謙虛，對人要和氣，要力行平凡、平實、平淡，要任勞、任怨、任謗，不計一切地為青年服務、為國家

奉獻，並特別強調不可出風頭、搞特權。蔣經國先生離開救國團之後，救國團的負責人，也都會一再叮嚀救國團的幹部不要忘掉「老主任」（當時救國團對蔣經國先生最喜歡用的稱呼）的教誨，要勿忘「老主任」創始的「救國團作風」。守博先進記得到救國團之後，好幾次就聽到當時的李煥主任和宋時選執行長叮嚀救國團的幹部要發揚光大「老主任」的「救國團作風」。

　　李煥主任因忙於黨務，所以救國團日常的工作，大多由宋時選執行長實際負責，我也因在救國團服務期間，有非常多的機會陪同宋先生參與各種有關的救國團活動，也跟他幾乎北、中、南、東跑遍了所有救國團活動中心、山莊和縣市團委會。因此，有幸近距離觀察和體會宋先生如何去身體力行和推廣「救國團作風」。

　　宋時選先生與蔣中正和蔣經國有很親密的親戚關係，宋先生的祖母毛英梅女士是蔣中正的元配，蔣經國先生之母毛福梅女士的親姊姊，蔣中正是宋先生的姨公（姨祖父）；宋時選的母親毛意鳳又是曾為蔣中正之師的毛思誠的女兒；蔣經國高宋時選一輩，是宋先生的親表叔。到台灣之後，宋先生曾長時間在蔣經國身邊工作，對蔣經國先生的想法和做法，當然頗有領會。

　　也因為這個緣故，宋先生在力行和推動經國先生所倡導的「救國團作風」就顯得非常自然而認真。宋先生在救國團不喜歡人家稱他為長官，他對所有幹部和工作同仁，總是和和氣氣的，他每次到營地或各地救國團的單位所在或其附近，如看到菸蒂或一些小垃圾，他總會自己彎下腰去撿拾清理，在救國團中心、山莊，如碰到用餐時間同仁忙不過來的時候，他也會放下身段幫忙端菜送飯。對於以義工身分投入救國團工作的各界人士，他都用十分謙恭的態度以禮相待。我曾陪他到地方拜訪過幾位受聘擔任縣市救國團團委會主委的地方仕紳或學術界、產業界的傑出人士，如澎湖縣團委會主委謝公仁醫師是國大代表，花蓮縣團委會主委林千種醫師，宜蘭縣

團委會主委彭令豐是行政院輔導會榮民森林管理處處長…。宋先生對這些義務爲救國團服務，並且熱心協助推動救國團爲青年服務的先生們，見面時一再表達謝意，並請其對團務工作多多指導、指教。

宋公的行事風格

宋先生行事非常低調，生活簡樸，每次到縣市救國團或中心、山莊訪問，他都要求不能有太講究的接待。他喜歡在不起眼的小館子用餐。我也因此追隨他在不少頗具地方（包括大陸及台灣）特色的小餐館吃了不少牛肉麵和菜餚。宋先生到地方很少去拜訪縣市或鄉鎮首長，但他卻喜歡結交地方上救國團的義工，如時間允許，他總會到這些熱心而屬於基層的地方各界人士（很多是中小學教員或相關社團的熱心人士）的家裡去拜訪，以表示關懷並表達謝意。

宋公與台東義工賴健一老師合影

他的這種「救國團作風」，以後他也帶到黨務工作上。不問是在救國團或在國民黨省黨部和中央組工會，他的那種風格以及平易近人、不擺架子、不好排場的作風，都很受歡迎，因而終其一生，絕大多數的人，都喜歡稱他「宋公」。也就是因他與蔣經國的特殊關係，他的此種「救國團作風」、「救國團精神」的實踐和推廣、

為兩蔣時代的國民黨和政府，贏得很多基層民眾的向心和肯定，對於鞏固那個時代的國民黨和政權，是有所幫助的。

會建議：救國團的財產回歸事實及法制化、制度化，以免日後發生爭議。

我（守博先進）在救國團服務期間，還有一件與宋先生有關的往事，也必須在此提一提。當時我鑒於救國團不少財產（包括土地、山莊和房舍等）都是救國團經多年經營自力所購置，但由於為求手續簡便，出於便宜行事，於是或者借用其他相關政府機關之名義去辦理登記，或者並沒有正式去辦理應有的不動產登記手續。為使救國團的財產回歸事實及法制化、制度化，我向宋時選先生建議凡事實上救國團自行購置的所有財產都應依法去釐清並辦理應有之登記，以免日後發生爭議。宋先生深以為然。然而不久，他告訴我，他就此事向經國先生報告，經國先生聽了之後訓他一頓說：「登記什麼登記，救國團是為國家而成立的，一切為國家，一切都是國家的，沒有什麼好登記的！」這件事的經過，反映出宋先生對蔣經國忠心耿耿，救國團是蔣經國創立的，救國團財產的事他認為應該報告蔣經國；另一方面也反映出蔣經國一切只想到國家。然而，就法言法，救國團並非政府單位，只是民間團體，其持有的財產就要依事實和依法辦理登記，才不會有所爭議與困擾。現在「不當黨產處理委員會」一口咬定救國團是國民黨的附隨組織，很多原本為救國團靠多年經營管理所累積的金錢所購置的財產，由於當年未依法辦理應有的所有權登記，很可能因此被認定為「國民黨附隨組織」的「不當黨產」。而有些當年借相關政

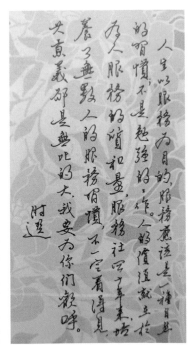

人生以服務為目的，服務應該是一種目的，好的習慣不是勉強的，人的價值就在於為人服務的價值和替人服務的習慣，不一定看得見，農了無數人的服務習慣，不一定看得見，人真義那是無此的大，我要為你們祝呼。

時選

府單位之名義去登記的財產，也可能因此成爲公產。這當然不合理
和有違事實，但如今也只能徒呼負負，莫可奈何了。

宋公創辦了「張老師」，爲 1 號張老師的榮譽

宋先生負責救國團期間，創辦了「張老師」諮商與服務專線，爲
青少年和一般民衆在各種心理上、功課上、生活上和事業上所遭遇
到的疑惑、困境、挫折與問題等，提供必要的諮商和輔導的服務。
五十年來績效卓著，廣受肯定，可說是宋先生爲台灣社會所留下的
一個深厚的遺澤。宋公已於民國 99 年 4 月 18 日以九十歲高齡去
世，他的風範和遺澤，常受懷念！

守博先進是創團尊長行事風範的見證人

救國團成立於民國 41 年，明年即將邁入成立七十周年，個人
在民國 57 年 8 月進團，在老主任經國先生時期。第一次在金山青
年活動中心參加全團幹部講習，全體在草坪集合，蒙老主任點名，
結訓時每個單位和蔣主任，副主任們一起在天祥廳前合照，非常興
奮光彩，並在懷生廳聆聽蔣主任的訓話。後來的主任有李煥先生、
宋時選先生等早期三位尊長常給同仁訓勉要求，無論是工作上或日
常生活上都親自示範、指導，他們都以身作則，令人感動，經歷了
近七十年，我們垂垂老矣，仍有救國團人的模樣，尊長們影響我們
同仁、義工及社會，至深至遠至大。

有人對我們說，後輩們已經不太留意「救國團的作風」、「救國
團精神」，沒有一種革命時期的樣貌，逐漸褪去朝氣蓬勃的風格，
市儈化，十分擔心。我一生的救國團生涯，以遵行實踐「救國團精
神」視爲職志，在我的工作上，在我的著作中不時體現救國團精
神，疾呼「救國團的作風」，是救國團永續經營的瑰寶及對轉移社會
風氣的重要性、影響性。

今年三月看到趙守博先進的大作，知道他親炙創辦救國團時期

的尊長們的行事風格，守博先進的體會很深、描述傳神，現今曾有幸長期追隨、見證早期尊長們的風範，塑造、發揚「救國團的作風」及「救國團的精神」最深刻的人，趙守博先進是首選。

完稿於 110-07-08

附註：信函

守博鈞長：

您好，承蒙您贈書感激之至。在疫情嚴峻，宅家防疫期間，閱讀鈞長的大作，很是療癒，因此邊看邊做筆記，特別把您與救國團早期尊長親炙的情節，筆記下來，感佩鈞長一生為國家、社會有輝煌的事功，除光耀門楣外，您一生的奉獻，必能青史留名！

我 57 年進團，分發至台南縣團委會基層工作，知道您 63 年進團，是青年才俊，從海外組副組長到學校組組長，救國團的長官帶你走入政治之路，經歷了許多的磨練成長，在書中一覽無遺，十分欽佩。我一直待在團裡，也有考試資格，有一次高銘輝長官要我到教育部從事童子軍業務，經考慮自己不是做官的料，專心在團工作，負責統籌救國團青年自強活動二十餘年，至 93 年底，因 SARS 疫情，團部人事改革，凡六十歲以上者，都要退休，我們這一批沒有異議，共體時艱退休了。看似優惠，其實我們的退休金微薄，因我們是革命的團體、伙伴，大家都高興回家了，在團服務三十六年多。到了政府年金改革後，我們比照公教人員，退休金更少了，大環境如此，只好將就，現居內湖都市叢林之一隅，過清淡生活。

我和您也有段因緣，您在民生東路任勞委會主委，當時我任總團部社會處副處長，處理的業務有勞委會委辦勞工福利及工廠青年服務等委辦項目，後來我到中國青年服務社任總幹事，我們的書畫老師聯合作畫一批，贈送貴會美化辦公室，您還在來來飯店請我們吃大餐、贈禮品、合照，我曾在《我的回首來時路》書中刊出合照照

片。

　　隨函附寄我的筆記，請您指正。近日在中國時報 A5 刊出鈞長
自嘲「八旬老翁吹喇叭有氣有力」之報導，恭喜您，年過八十，不但
「有氣」也「有力」。最後

　　祝您

身體健康，活出璀璨的一生。

　　　　　　　　　　　　　　　　　　末學　余建業　謹啟
　　　　　　　　　　　　　　　　　　民國　110-07-09

七十周年團慶文選之二
45 回憶七十五年冬令營隊學員代表自強大會師

　　75 年冬令青年自強活動 2 月 18 日上午來自全國各地營隊學員代表五千餘人齊聚在風光明媚的高雄澄清湖畔，澂清樓前廣場，冒著霏霏春雨，舉行「自強大會師」，歌聲、雨聲、與歡樂的音樂聲中交織，爲初春的湖畔，帶來蓬勃的朝氣！

　　「自強大會師」由救國團主任潘振球主持，潘主任以「立定澄清天下的大志，誓完成復國建國的宏願，求有用之學，做踏實之事」勉勵與會營隊學員代表，而他們爲了苦難的國家，都願意共同發表一封告全國青年同胞書，讓我們的心連心結合起來，堅忍自強，邁向勝利！

　　潘振球主任在 75 年冬令青年自強活動營隊代表「自強大會師」勉勵青年朋友要寫下新史頁，精彩的演講，與今（一一○年）事隔三十五年，逝世十年，「望之儼然，卽之也溫」的前主任潘振球先

生，特刊載他講話內容，以懷念其爲教育界大老的風範。

立大志，發宏願，求有用之學，做踏實之事

各位青年朋友：

75 年冬令青年自強活動各營隊代表，今天在澄清湖舉行「自強大會」，看到各位精神飽滿，朝氣蓬勃，深感振奮！

澄清湖原名大埤湖，後來改爲大貝湖，嵐光波影，景色宜人，民國 52 年，先總統 蔣公駐蹕於此，並將大貝湖改名爲澄清湖。今天各位站的地點正是他老人家散步的地方，這座澄清樓就是他當日的行館，此時此刻，我們緬懷民族偉人，實不勝崇敬與追慕之情！

各位是今年參加冬令自強活動各營隊的代表，也是國家的菁英，看到各位人人意氣風發，個個志在報國，正是最有作爲的一代，從各位身上便可以看到我們國家民族前途的光明。在此，我特別提出幾點希望，願與各位青年朋友共勉：

第一、立定澄清天下的大志：中華民族是一個對世界具有責任感的民族，「天下爲公」、「世界大同」，都源之於我們對世界一份深厚的責任感和對人類的一份濃郁的義務心。先總統 蔣公曾說：「生活的目的在增進人類全體之生活，生命的意義在創造宇宙繼起之生命。」這是一種人生觀，也是一種世界觀。在第二次世界大戰時，全國軍民犧牲者達一千餘萬人，固然是爲了維護國家的獨立與民族的生存，同時也是在爲世界人類盡責任。今天我們正在從事反共復國的聖戰，大家都知道共產黨是一個國際性的邪惡集團，目的是要赤化全世界，所以我們今天的奮鬥，不僅是爲我們自己，也是在爲全人類，只有我們中國人、只有我們中國的青年，才有這種崇高的理念與磅礡的道德勇氣。我們很幸運地生長在這個偉大的時代，就要立定澄清天下的大志，抱持「爲萬世開太平」的雄心，堅忍自強，勇往邁進，這也就是先總統 蔣公所寄望於我們的，願大家深思惕

勉，共求勝利。

第二、誓完成復國建國的宏願：我們在台灣地區秉持以三民主義爲國家建設的指針，三十多年來，大家在政府賢明的領導下，朝著民有、民治、民享的理想邁進，已獲得了驚人的成就，發出了萬丈光芒，旣閃耀於復興基地，並輻射到了大陸，致迫使中共不得不叫出「經濟學台灣」、「政治學台北」的口號。此亦足以證明以三民主義統一中國，已是全中國人的願望。　蔣總統經國先生在去年國慶大會致詞時說：「我們必須要有反共必勝、建國必成的信心，要有承先啟後、繼往開來的恆心，更要有犧牲奮鬥、反共到底的決心。只要我們有信心、有恆心、有決心，我們堅決相信能夠光復大陸。」希望全國青年朋友，秉此信心、持此恆心、堅此決心，在蔣總統經國先生領導之下，共矢忠勤，團結奮鬥，定可完成復國建國的宏願。

第三、求有用之學：爲學的目的在濟世、在利他，所以青年守則說：「學問爲濟世之本」。中國讀書人最大的特色是以天下爲己任，民胞物與，己立立人，己達達人，視群己爲一體，進而「爲天地立心，爲生民立命，爲往聖繼絕學，爲萬世開太平」。先總統蔣公留給我們的寶貴遺訓很多，而其學問根源於儒學正統，和　國父的學說，以倫理、民主、科學來闡揚三民主義，而爲中華文化賦予新的生命，這就是有用的學問。今天我們中國青年秉賦優異，惟望大家心胸開朗，洞察是非，嚴義利之辨，則必能個個成爲國家有用之材，而眞正成爲最有作爲的一代。

第四、做踏實之事：天下無難事，天下亦無易事，凡事只要努力去做，而且腳踏實地的去做，必可有成，否則易者亦難成，倘能發揮踐履篤實的精神，採取有目的、有計劃、有步驟的行動，便必可實現我們的理想，這就是先總統　蔣公「力行哲學」的精義之所在。我們在台灣三十多年來的努力，創造了輝煌的業績，使前途益

見光明，目標日益接近，這是大家行動的結果，但這種成就是一點一滴累積起來的，絕非倖致的，我們由此而得到了一項寶貴的啟示，那就是做事必須踏實，而其根本則是知行合一、言行一致，如此，乃可秉我心，行吾志，成就不朽的功業。

倘我全國青年，大家都能夠勉勵自己，切實做到以上四點，則今天我們這一次的集會，必將爲中國青年自強運動史寫下新的一頁。願大家以青年的熱情促進國家建設的更進步，以青年的力量促使以三民主義統一中國任務的完成。讓我們再度發揚民族歷史的光輝，迎接偉大的「中國人世紀」的早日來臨！

最後，敬祝我們今天的「自強大會」成功，各位青年朋友健康進步！謝謝各位。

（潘振球主任　民國 75 年 2 月 18 日於「自強集會」演講詞）

七十周年團慶文選之三
46 回憶救國團青年自強活動與時俱進

回憶青年自強活動

救國團青年自強活動，不是辦一些康樂玩玩的活動而已，它有項重要的任務就是：要教育青年了解國家處境，健全其身心發展，快快樂樂的參與，在愉悅的環境中獲得知能與健康的體魄。因此我們有一套標準作業手冊，

2000年千禧年登玉山

載有各種辦法及要點，供工作人員參照規劃活動，前所說，不是辦一些康樂玩玩的活動而已，我們有訂定營、隊、會課程配當基準，包含：共同課程、專項研習、及共同活動三部分。實施要領：審慎設計、安全第一、強調效果、落實檢討等，其內容並非一成不變，應依照當年情況提出創新的做法，這也是自強活動盛況不墜的原因。

為了讓全國各自強活動營隊的工作人員有共同的做法，在活動前必定召開各營隊代表工作研討會，當年都是救國團主任蔣經國先生親臨主持非常慎重，一再叮嚀「安全第一，效果為先」的要求。工作研討會中都會邀請專家、學者專題演講，凝聚共識，加強信心，辦好活動。

我想起當年協助的專家、學者前期有：黃俊英、黎建球、馮滬祥、尹建中、邱金松、簡曜輝、李建興、簡茂發、朱榮智、……。後期有：陳銘薰、謝智謀、陳金貴、黃克仁、嚴祖弘、張壯熙、陳鴻……等。

現在我要特別刊載，黃俊英教授應邀「72 年冬令青年自強活動工作研討會」上專題報告，供大家閱讀、回憶。

青年自強活動應扮演的角色

本文是黃俊英教授報告資料摘要

自民國 41 年成立以來，救國團始終把握結合青年需要與國家需要的原則，來設計和舉辦各項青年活動，與青年為友，並從活動中教育青年和輔導青年。救國團主任潘振球先生曾經說過：青年自強活動的目的「乃是利用青年休閒的時間實施正規教育或正式工作以外的教育活動，俾使青年能夠在群體活動之中發展個性、陶鑄群性，在智能、興趣等方面復能獲得適當的培養與發揮，從而適應社會，改善社會」。由於「問題青年」的惡化、青年性知識的貧乏、工商青年休閒活動的不足、農村青年的煩惱、大專畢業青年失業或學非所用的現象、女性職業青年的困擾以及部分青年對現實社會感到不滿等青年問題，都是當前的學校教育和家庭教育力有未逮、無法有效加以克服和解決的問題。對這些青年問題，青年自強活動責無旁貸，必須結合各方力量，動員各種資源，有效地去處理和因應，一方面阻止這些青年問題的進一步惡化，一方面更要逐步消除這些困擾青年和危害社會的青年問題。

對於那些表現出反社會行為及非社會行為的「問題青年」，學校和社會常傾向於對其異常行為加以處罰，使問題青年感受到痛苦以促其改過向善，而比較忽略對其異常行為的輔導。實則為了防止問題青年的產生或蔓延，必須處罰和輔導二者並行，缺一不可，對於那些瀕臨犯罪邊緣的適應困難的青年，輔導工作尤其重要。根據蔡德輝先生在民國 71 年完成的一項「在犯罪邊緣之適應困難青少年輔導實驗研究」中發現，四十三位違規犯過之國中學生在參加為期一週的「幼獅育樂營」及實施為期八個月的延續輔導（即透過電話、信件、訪視、晤談、專題講座、小組活動、團體聯誼活動等方式繼續

進行生活、課業及心理輔導）之後，有 94%的受輔導學生表示在為人處事方面有長足進步，有 86%的學生表示與家人相處更為融洽，有 83%的學生表示比以前守校規，與同學相處也較好，有 78%的學生家長認為此項輔導活動使孩子的生活及行為有進步。

　　救國團自民國 50 年在墾丁公園舉辦「墾丁育樂營」開始，一直到目前的「幼獅育樂營」，二十年來已有二千多位生活適應困難的青少年參加這項輔導活動，對問題青少年的矯治和預防有相當貢獻。今後似可在青年自強活動中擴大「幼獅育樂營」的規模，提高輔導層次，充實輔導活動的內容，使生活適應困難之高中、大專和社會青年亦能參加活動接受輔導，社會上除了救國團的青少年輔導中心（張老師）之外，尚有許多青年輔導機構，如基督教勵友中心、天主教華明心理輔導中心、基督教家庭扶助中心、基督教家庭協談中心、台北青友中心、台北生命線協會、熊大姊少年諮詢、基督長老教會馬偕醫院家庭協談中心──等等，但大部分的青年輔導機構似均缺乏專業的輔導人員，各輔導機構之間也缺乏足夠的溝通聯繫。目前救國團的「張老師」已成為各青年輔導機構觀摩和學習的主要對象，今後似可進一步在青年自強活動中舉辦有關青年輔導人員的訓練營隊，有系統地、全面性地來培養專業的青年輔導人員，提昇輔導人員的素質，以擴大輔導的成效。

　　對於青年因性知識貧乏而造成困擾以及隨之而產生的偏差行為，家庭和學校傾向於採取消極性的抑制措施，而忽略了積極性的指導與疏導工作，結果往往使此一原本十分單純的問題變得十分複雜。事實上對於青年在性方面的困擾和無知以及因之而產生的異常行為，單靠抑制措施是不能解決問題的，必須要輔之以指導和疏導措施，才能根本解決。青年自強活動如果能在適當營隊中透過巧妙設計的活動，灌輸青年正確的性知識，擔負部分的指導和疏導功能，不僅可使青年受惠，也可彌補學校和家庭在性教育方面的不足。

　　工商社會青年的正當休閒活動，內容稍嫌貧乏，在娛樂性和技藝活動方面尤其欠缺。救國團除了關切學校青年之外，對社會青年的服務也非常重視，從民國 57 年 6 月救國團在各縣市設立鄉鎮區團委會開始，救國團服務的對象已經從學校青年擴大到社會青年。青年自強活動雖然歡迎工商社會青年參加，有若干營隊（如工廠青年的國家建設參觀隊、工廠青年代表自強愛國座談會等）還是專門爲工商社會青年而設計的，但由於青年暑期活動和冬令活動的時間比較不能配合工商社會青年的假期，因而歷年假期青年活動均以在校學生爲主，社會青年所佔的比例很小。如民國 71 年暑期活動有六萬五千多位社會青年參加，只佔當期參加活動總人數的 11.56%；民國 71 年冬令活動有四萬六千多位社會青年參加，只佔總人數的9.86%。今後似宜配合工商社會青年的工作和時間，在假期自強活動中擴大舉辦適合工商社會青年參與的活動，充實工商社會青年的精神生活，滿足他們的休閒需要。目前救國團在各地區舉辦的各類進修及技藝活動，週末假日休閒活動，各業青年諮詢輔導服務活動及種種聯誼性活動，似已受到廣大的工商社會青年的喜愛與歡迎，這些活動不只要繼續辦下去，還應針對社會青年的需要，不斷地予以充實和加強。

　　農業青年的煩惱是我們不可忽視的。對於那些有志於農業發展和農村建設的青年，我們多給予鼓勵和協助。青年自強活動似宜配合留農留村青年的特殊需要，舉辦特定的營隊，提供他們教育和訓練的機會，教導他們農業生產和農業經營的知識，培養他們的領導才能，並設計適當的休閒活動，以激發他們對農業生產的興趣，建立他們對農業發展的信心，充實他們的休閒生活，使他們願意在農村紮根，也有能力在農村求發展。對於那些不願意在農村工作和生活的青年，亦宜提供技藝訓練，或輔導他們去接受青輔會、內政部職訓局及其他職訓機構所提供的技藝訓練和就業服務，使他能在農業以外的行業貢獻社會。

關於部分青年傾向於反抗傳統規範、不滿現實社會、甚至誤入歧途的問題，我們必須以冷靜的心情和理智的態度來面對現實，了解癥結所在，然後才能對症下藥。青年是關心國事的，卅多年來台澎基地各項建設的成就是非常了不起的，然而在外在客觀環境的限制下，我們在外交方面一直不易有重大突破，在內政方面存在有若干無法立刻解決的難題，經濟上也碰到一些阻礙進一步成長的重大阻力，青年人處在這種局面下，容易對現狀不滿，加上社會的黑暗面經過大眾傳播媒體的報導和渲染，更加深青年對現實社會的不滿，如再碰到重大事件的刺激或受人煽動，可能促使部分青年捨棄理智改革的途徑而訴諸使親痛仇快的非法手段。我們知道，世界上沒有哪一個國家或社會是十全十美的，是能讓所有成員都感到滿意的，為防止青年因對現狀不滿而誤入歧途，最重要的是要建立青年正確的中心思想、強化青年對國家前途信心、增進青年對國家政策和國家建設的了解，使青年了解政府的施政是為大眾謀福利的，使青年體認國家的命運主要操之在己，只要青年爭氣，國家的前途就一定充滿光明。青年自強活動在加強青年思想教育方面已經有相當的成就，今後更應該精益求精，配合國家內外情勢的變化，不斷改進思想教育活動的內容和方式，以擴大青年思想教育的成果。

附註：

　　黃俊英為美國愛荷華大學企管哲學系博士，當年為政治大學企管系教授，被聘為本團假期活動諮詢委員，其後南下高雄發展，曾任中山大學管理學院院長，高雄市副市長，義守大學講座教授，考試院考試委員諸職，在考試委員任內民國 103 年 1 月 10 日因肺腺癌病逝，享壽七十二歲，是位令人惋惜的英才。

　　黃俊英教授深入探討青年問題，進而研究對策，提供教育者、輔導者參考，其深入探討對救國團規劃，政策方針大有幫助，是故復刻刊出，引他的一句話，「我們希望、我們也深信青年自強活動

必能勇敢迎接此項挑戰，掌握此一良機，擴大對青年服務繼續成長，不斷壯大。」足見其用心助團。

八十九年冬令活動宣傳造勢，在台北西門徒步區舉行，會場聯歡盛況。

七十周年團慶文選之四

47 我愛康輔──萬義明先進學習實錄

作者的話－1

大家都這麼說「團康活動」，撐起救國團活動的大片天，也是金字招牌，不僅深受青少年歡迎，也受到社會的肯定。這種團康活動的風潮，帶給人們健康快樂的泉源，延伸至整個社會，為國家社會注入蓬勃的朝氣，貢獻甚鉅。

我在我寫的《我的救國團生涯》書中，曾刊出〈快樂青春，永遠年輕──救國團康樂輔導活動探源〉文中，特別提出作為一個康輔人員活動中要使參加者，敞開心懷，接納別人，舒暢身心，己樂樂人，活動是在滿懷喜悅中進行。

下面介紹一位內向，害羞的同仁──萬義明先進，變成一位愛康輔的故事，很有啟發性，退休後他以康輔專長服務社會作公益，他可能是位職場錯置的人，文章是他自已寫的，描寫細膩，如臨現場，相當有可看性，鼓舞曾未學習、內向害羞者或是康輔障礙者，來學習康輔，改變您的一生。我精選此文，它於民國 91 年 11 月曾刊於「團務通訊」643 期，特商得他同意刊登，以凸顯救國團推動團康活動，也是項重點工作。

萬義明先進──現（111）年七十歲，學歷：政治大學民族社會系畢、東吳大學社會研究所碩士。經歷：民國 67 年 12 月進團，分發天祥中心業務員，當時總幹事王修澤先進，70 年台北市團委會輔導員，72 年苗栗縣團委會薦任輔導

員，74 年新竹團委會代社工組長，74 幼獅公司業務專員、編審、教科書主編，共服務 9 年，84 年天祥中心副總幹事，85 年總團部文教處視察，92 年支援新竹團委會（視察級），93 年底退休，服務長達二十五年。退休後，從台北至新竹，在義工陳貴鳳女士主持的「新竹市心理衛生協會」協助精神有問題者，帶領做團康活動，有十一年服務時間。目前參加「國際演講協會」、Why 舞台劇團，聚會時，常由其帶領團康活動等。

我愛康輔

文——萬義明

乍看文章篇名，可能以爲作者是康輔高手，帶康樂活動經驗豐富。其實在下挺內向、害羞的（信不信由你），之所以對康輔情有獨鍾，緣起於民國 67 年剛進團，分發至剛成立的天祥青年活動中心。在那兒每逢寒暑假，親睹駐站大專服務員帶領中橫、東海岸等健行隊學員載歌載舞，其樂融融，好生羨慕喲！耳濡目染下，也偷學了幾招，寒暑期活動結束，就自告奮勇爲前來天祥中心旅友提供康輔服務，爲的是一個理念——救國團活動中心不只供應膳宿，還可帶給歡樂！

往後在救國團服務生涯中，雖未再親自帶領康輔活動，但對康輔之信念不僅絲毫未減，反隨舉辦活動經驗累積，益發覺得營隊，若能於輕鬆、愉快氛圍中進行，成效愈宏。是故當得知總團部秘書處辦理「本團同仁康輔研習班」訊息時，便迫不及待報名參加。

康輔製造愉快的學習氣氛

有關「學習」之理論很多，大體言，人們在歡樂愉悅情狀下學習效率高，是毋庸置疑的，而康輔帶動歡樂氣氛之能力，殆無疑義。指導者黃秀瑾老師講授「歡迎會設計與實作」前，「高山青」音樂先響起，「綿綿的青山白雲高呀……」，張惠妹嘹亮歌聲使大家精神一

振。接著黃老師立刻帶起舞蹈，大夥兒跟著用力踏步，和著強勁節拍，一會雙手作遠望狀，一會兩臂輕轉如潺潺流水；樂音激昂時，彎腰展臂，起伏吆喝；柔和時，含羞點頭，搖指擺臀。老師大動作的熱力四射，燃燒了我們的情緒，盡情舞動，high 到最高點，這堂課之效果已可預知了！

另外，指導者林金印校長的「唱和跳帶領技巧與實作演練」亦趣味橫生，他的拍掌遊戲，大家都緊盯其雙手，只要他一交叉，就趕快拍手，緊張又刺激，稍一不慎放炮惹來全場笑聲。還有學員帶的「彎彎浴皂」，大夥互搭肩膀，一邊輕唱耳熟能詳的廣告歌，一邊左搖右晃，前俯後仰，真有陶醉在沐浴裡的感覺！

試想，這般律動舞、唱和跳、遊戲，如能在室內研習上課前、戶外健行、野營隊活動中適時穿插，必能激起學員熱烈情緒。

康輔滿足學員之心理需求

講授「團體動力與歡呼拉拉」指導者是林明道老師，他引介心理學家馬斯洛（Marslow）之「心理需求層次理論」於康輔，即人在日常生活裡心理上需求具層級性，先求低層次滿足，再往高層次尋求滿足；由低至高層次心理需求，為求安全感、情感交流、歸屬感、尊嚴及自我實現等五層級。學員們參加營隊同樣會有這些心理需求，康輔正可以提供它們，是真的嗎？好神奇喔！請看以下分曉：

安全需求滿足：當一位學員報到後，陌生的環境與人，令其感覺緊張不安，這時他最需要的是安全感，康輔小隊編組乃給予安全感之妙方。筆者前往營隊報到分至第一組，雖已屬老鳥，參加過無數次研習，心裡仍不免尷尬，不自然。但經大家彼此自我介紹，志

忐的心逐漸安定，於選出桃園團委會葉子儀擔任小隊長時，長吁一口氣，因爲筆者忝爲候選人之一。接下來取隊名，日月潭中心蔡睿芸提議取「狗仔隊」，熱門、夠嗆，獲得一致通過。編組呼大夥絞盡腦汁，你一言、我一語，不理想的馬上刪除，太低俗的棄如敝屣，可也招來一陣爆笑。幾番折騰，終於大功告成。隨卽展開練習，不久整齊一致的組呼響徹雲霄，只聽得最後一陣是狗吠齊鳴，壯哉！這群狗男、狗女們！小組活動結束，彼此間的距離拉近了，不安全感也消逝無蹤矣！

感情交流需求滿足：倘若一位學員較內向、木訥，那麼活動結束，它可能只是從課程、活動裡吸收了知識和經驗，卻鮮有與他人情感上交流，康輔就是要設計些活動，促使學員們互通情誼。猶記我們編排組歌、律動舞時，大家總是七嘴八舌、腦力激盪、改了又改，有時在排演中發現更好的，又改；剛開始不熟常有人出錯，遂交相指責爲罪人，亦哄笑成一團，就這樣不停地練習、嬉鬧下，大夥更熟稔了，談話不那麼拘束了，友誼已慢慢在彼此內心滋長！此外，康輔還須促進與其他小組情感交流，這可運用全體隊員參加的團體遊戲達成，例如「猜拳」：每人先找人對猜，贏的作龍頭，再找其他龍頭猜拳，於是場中只見許多小龍游走，猜輸就併成較大的龍，最後形成兩條長龍對決；猜贏的那一刹那，全場歡聲雷動，氣氛熱烈到極點，所有成員的心似乎緊密地融在一起了！

歸屬感需求滿足：通常小組競賽遊戲極易凝聚小組成員力量，產生對小組之歸屬感，還有以小組爲表演單位的晚會，亦爲增強小組歸屬感佳法。本狗仔隊是「澄清湖之夜」的第一個上場節目，需安排三十分鐘內容，經大家共同策畫，分四部分——進場行列式、團體律動舞、數來寶及團體遊戲，每一項皆分派負責人和參加組員，然後各自找時間排練。筆者與蔡睿芸擔綱數來寶演出及司儀，兩人均第一次嘗試，內心之惶恐可想而知。稿子雖現成但必須唸熟，於是利用午、晚餐休息時間猛練，好不容易詞說順了，又覺得太呆

板，就加入動作，跳探戈、學猴子走路、耍帥、扮俏姑娘……，睿芸同仁特別犧牲倒在我懷裡，並作親吻狀（您羨慕嗎？）所有本組成員都全力以赴準備，舞王墾丁中心曾國明忙著與三位夥伴編舞，汗水溼透了衣衫，依然興致昂揚；組長葉子儀與屏東團委會曾登榮及幾位夥伴在場中研究如何走行列式，台北縣團委會鍾鳳英和台北市團委會劉永富則比手畫腳演練帶團體遊戲。其他組亦復如此，只要有空檔時間，就看見這裡三、五人排短劇，那邊一群人練舞；尤其晚上課程結束後，各小組均不休息，卯足了勁衝刺，燈火通明，音樂聲、吆喝聲、笑聲、拍掌聲，熱鬧非凡，直至凌晨十二點才作罷。嗚呼！每個人這般付出、努力，對小組之認同不深也難！

然而林明道老師仍提醒。如僅有強的小組歸屬感，卻無整體營隊歸屬感亦不宜，這樣會窄化學員心胸，也使其失去與其他組成員交流機會。避免之道為做一些全營隊團體遊戲、舞蹈、或偶爾重新分配小組玩趣味競賽；同時鼓勵學員多欣賞別組優點，當別組表現良好時，用組呼、掌聲熱情祝賀。真的，每當我們給其他組鼓舞之際，便覺內心更開闊、與對方更親密了，這就是競爭之外還需要互助、和諧的道理吧！記得有一回林明道老師在一連串全體團體遊戲與重新分組趣味競賽後，帶著所有成員跳一支團體律動舞，起初常有人不一致，漸漸地愈發熟練，每個節拍，每個轉身、踢腿，大夥都精準無比；節奏雖快，卻整齊劃一，每個人皆全神貫注，一種以整體營隊為榮的感覺，自心底泛泛升起來！

自我實現需求滿足：學員之自我實現需求得到滿足愈高，愈增強其對營隊滿意度，而此自我實現滿足，除經由營隊本身為其舉辦目的所安排之課程與活動外，康輔設計的各項競賽活動，亦為達成的有效途徑。筆者隸屬之狗仔隊，在最後驗收頒獎的八個項目中，獲得三個獎，是得獎最多之組。當時我們的心無比雀躍，感到三天來辛苦沒有白費，回程車上，閉起眼睛，那一幕幕酸甜苦辣情景，猶在腦海裡翻騰，嘴角上卻不覺地漾起一抹微笑！

康輔培養現代人領導、團隊合作和民主、法治能力

　　就領導言：林明道老師於帶領活動過程中，適時傳授康輔領導者技巧，這些同樣可適用於日常生活與工作中之領導，譬如：當林老師看見一位帶活動學員緊張時，他就勉勵要抱持「遊戲的心，幽默的口吻」；日常生活裡作為一位領導者何嘗不需要幽默感？而以輕鬆心情面對責任，則可減輕自己壓力。遇團體遊戲出現亂場面時，林老師就說：「錯、亂是應該的，馬上改，再來一遍」；一位領導者在工作上亦應將錯誤、失敗視為自然，不耿耿於懷，重要的是從中吸收經驗、教訓，並力求改進。林老師常掛在口邊的名言，「設計不妨完美，結果要求圓滿」，的確，策畫時考慮周詳，但執行就不必事事求完美，須遷就突發狀況，做到圓滿即可。林老師還非常強調帶活動要注意「潛在課程之影響力」，所以他很看重帶領者的一言一行，對遊戲規則公正之維護，以及帶領者利用活動中適當情況實施機會教育，因為這些都是「潛在課程」；現實社會裡擔任領導者亦同，言行舉止都要做部屬榜樣，所謂「己身正，孰敢不正」是也；又林老師與林金印校長皆叮嚀：帶活動時應說「我們一起來做，……」，而非「我來帶（教）大家做，……」，讓學員感受尊重；因每個人都有被尊重需求，不但與人相處須留意，領導者尤要銘記在心。其他尚有許多林明道老師的領導心得，篇幅所限，無法盡述。

左起：周志岳、林金印校長

　　就團隊合作言：康輔中各項以小組為單位競賽之活動，小組成員們必得合作無間才能獲勝，這往往要犧牲自己休息時間，貢獻智慧、力量，有時尚須捨棄個人意見，為團體意思戮力奮鬥。如此學員在營隊裡體驗、學習到了團隊合作，終其一生將受用無窮，因為現代社會極為重視團隊精神。

就民主言：筆者生性羞怯（不好意思，又來了）在團體裡總不太敢表達自己意思，只做個靜靜的跟隨者。可是這次在本營隊小組活動中，受榮譽心激勵數度發言，有時意見不被採納，頗覺氣餒，甚至消極地不想再參與；但被採用時，又精神抖擻起來，心胸多麼狹窄呀！然也就在這勇於表達、採納不採納、遵從多數的過程裡，我又深深地體認了民主之涵義！

就法治言：康輔團體遊戲、競賽的帶領人，如公平執行遊戲規則，將能潛移默化培養學員守法觀念。林明道老師有一次帶「鑽山洞」遊戲，有些小組為求快速完成而投機行事，林老師最後請按標準做的第二組示範，且請大家給予掌聲，並裁決第二組獲勝，雖然它並非速度最快。經過一、二次這樣的標舉正義，以後大家都自動遵守規則了，這種行動上之自覺，相信比課堂上一再講授法治更有效。

永遠的康輔、營隊的幫手、社會的推手

本團成立迄今將屆 50 年，參加過本團活動者不計其數，筆者經常在所舉辦成人營隊裡，遇到學員興高采烈述說他學生時代參加救國團活動的甜美回憶，令其印象深刻或影響久遠者，常是惜別晚會那淚眼婆娑的一幕、崇拜的領隊兄姊、幽默帥氣的駐站大哥、姊們及認識許多新朋友，拓展了他的視野，增進了人際關係能力，這些實得力於康輔從中催化，其為營隊之幫手當之無愧。不僅此，青少年朋友還能自小組活動中學習主動表達意見、服從多數的民主素養，貢獻心力、與小組夥伴一起打拼爭榮譽的團隊精神，以及恪遵遊戲規則、公平競爭之法治觀念，這對其日後踏入社會成為好公民，肯定有正面影響，故稱康輔為社會的推手絕不為過。由是知康輔乃團的寶貝，不僅應善加利用，尤須多予鑽研，精益求精，發揚光大也！

最後引用蔡中偉主任秘書在本營隊成果驗收致詞的一段話做結

尾：「營隊效果欲好，需具備三多：歌聲多、笑聲多、掌聲多，此非賴康輔不爲功。當參加過本團活動的人，把這三多帶至社會各角落，必定創造一個祥和、快樂的社會了！」這不正是康輔的理想嗎？「把歡樂的種子播向大地，把青春的活力帶給人們，願我們的社會充滿歡笑，願我們的民族永遠年輕。」啊！我不禁要再次大聲說：「康輔，我愛你！」

（本文民國 91 年 11 月刊於「團務通訊」643 期）

作者的話－2

康樂輔導固然非常重要，但不是活動的全部，任何一項活動中如果沒有康輔活動，氣氛就會顯得冷淡、不夠熱絡，參加者亦索然無味。本團把康輔納入休閒活動中，使青少年參加活動顯得更有活力、有朝氣，形成活動的一項特色。

六○年代青年活動進入育樂活動時期，寒暑期參加活動青年非常踴躍，需要大量康樂輔導人才，團部有計畫培訓幹部、必須創新教學內容，回到地方能夠協助縣市、鄉鎮市區，辦理康輔研習，結業學員遴選擔任活動帶領人員。

總團部 52 年開始，先做分區巡迴，由曾連榮、沙金琰、陳驥示範。後辦理研習，由陳驥主導，指導老師有劉鳳學、甘玉虹、劉元孝、汪精輝、殷正言、張邦正、徐政夫、朱富榮、……至 57 年後由張慶三主導，至 69 年止，參加者多爲中小學教師、少部分社會義工，在省訓團辦理；後由沐桂新接手辦大專康輔（在中央警官學校）、及教師康輔（在省訓團）、其後主辦者，有王志賢、洪啟洲、簡鴻檳、徐台光、張華寶等辦理康輔業務。

教師康輔，原在省訓團辦理，後來該單位撤銷，改在豐原中教研習會辦理。每年協助總團部辦理教師康輔工作團隊，多年來由林金印校長帶領下，一直關心本團的康輔培訓與發展，他們也在各地

協助政府、民間及本團，作了無數的公益服務，為基層的活力，貢獻不遺餘力。

作者看到周至岳校長 110-03-26 的臉書──萬萬歲團齊相會

這一團，曾服務過千千萬萬的人，千歲團算什麼，我們將歲數，總加起來也有萬萬歲了。今天大家來自北、中、南大集合，在台北一起度過了愉快的午後時光。

我 20 多年來，都沒機會與開啟我團康大門的師傅們相聚會，人生何其有幸，能一起度過充滿歡笑的快樂人生，也一起將快樂的種子播向大地，至感欣慰。

教師康輔工作團隊：

前排右起：周志岳、廖連寧、余王智、林金印、洪啓洲、林芳珠、鄭蕙芬、鄧繼雄、游淑貞。後排右起：徐台光、簡鴻濱、卓進權、黃琇瑾、孫玉惠、曾安榕、陳淑珍、張志成、李奇嶽、陳建宏。

作者的話－3

　　葉貴仁，是北區熱心的團康老師，幫助本團教育訓練不遺餘力，貢獻良多。民國111-03-12po 文稱「雖然從事團康教學分享已40 多年，但近 20 年來幾乎以探索教育為主，除了每年救國團新春團拜、團慶跟著康聯會伙伴上台帶動外，已多年不主帶了。今天新北市救國團新春團拜硬是被拱上台主帶「福氣啦」，義工的配合度高，效果還不錯，雖然順利完成任務，但白髮蒼蒼不得不服老，以後還是交給年輕伙伴主帶，我輕鬆上台陪襯玩玩就好了。」大家紛紛表示，有您真好！您是康聯的精神支柱、學習榜樣。作者特誌，以表彰其賢勞！

七十周年團慶文選之五
48 每個人心中都有一段救國團

文——李孔智

在華語歌壇寫下 300 多首膾炙人口的不朽好歌，打造無數歌手傳奇的李宗盛，歌壇地位無人能出其右，有好幾首經典歌曲，串起人生的躊躇徬徨、喜怒哀樂，唱著生命某個階段的故事，以為聽到的是一首歌，低迴再三才知道聽的不是歌，而是人生，很多人說他們從青春到白首，「每個人心中都有一首李宗盛。」

民國 41 年在台灣創立的救國團，陪伴無數青年朋友學習成長，從一個執行國家政策的政府組織，先轉型為非政府社會運動機構，再轉型為非營利的社團法人，目前朝向以公益為主的社會型企業邁進，堅持「我們為青年服務，青年為國家服務」的信念，不忘創團 70 年來的初衷。救國團是四、五、六年級等幾個世代的人，在年輕歲月中最珍貴的記憶。每個人談起在救國團的經驗，嘴角便掩不住揚起了微笑。如果說台灣人的世代記憶中，「每個人心中都有一首李宗盛」，那麼救國團帶給台灣青年朋友數不盡的成長與歡樂，讓他們得以述說著自己年輕美好的故事，回憶著青春歲月與年少時光，談笑著那個世代的共同記憶，或許可以這麼說，對那幾個世代的人而言，「每個人心中都有一段救國團」！

我與救國團的緣分要從參加自強活動開始說起，民國 71 年 9 月 30 日嘉義玉山線阿里山公路通車，民國 74 年我的高一寒假，與附中班上幾位同學報名了「阿里山活動隊」，這是一個從阿里山沿公路走到石卓的四天三夜健行活動，除飽覽自然美景外，更結識各路好友，對那個年代的高中生有著強烈的吸引力，再加上領隊兄姊超凡

的領導魅力，讓我立志日後也要成爲一位能感動伙伴的領隊兄，巧合的是，當年「阿里山活動隊」正是由總團部活動處假期服務員（因多在金山青年活動中心訓練，後亦有稱爲金山假期服務員，金假服）負責，後來我眞的成爲總團部活動處假期服務員（金山 12 期），也特別擔任了一次「阿里山活動隊」的領隊兄。

寒假一次的活動經驗顯然不夠癮，卽將升上高二的暑假，我看到火熱的「中橫健行隊」報名簡章，知道名額有限，便利用教官對我這位外縣市學生志願參加國慶慶典及主動願意擔任儀隊糾察隊的好印象，順利取得了參加的機會，那次中橫走下來可以用感動萬分到幾乎血脈噴張來形容。每位服務員說學逗唱各有本事，每個山莊主題鮮明富教育意義，一趟中橫走下來除了鍛鍊體魄、磨鍊意志，我更體會到服務的眞諦與無價，而共患難永遠比同享樂更能結交好友。那一年的中橫健行我眞的是收穫滿滿，這也是直到現在，我對「中橫健行隊」這個救國團招牌營隊這麼熱愛的原因，它帶給年輕人的感動，實在太豐厚了！就在升學壓力解除，擠進了升學窄門，進到大學的第一個假期，大一寒假，我與高中死黨兩人報名「蕙清明活動隊」，藉由多次參與營隊的經驗與體會，確定了我擔任大專服務員的心願。

我的總團部活動處假期服務員生涯先是經過一連串訓練，從77年暑期開始服務，直到大四畢業的 80 年暑期，總共歷經 7 個寒暑假，全勤無缺席！擔任過東海岸健行隊領隊、中橫健行隊領隊、台東駐站、日溪阿活動隊領隊、阿里山活動隊領隊、澎湖參觀隊領隊、金門參觀隊領隊，其中中橫健行隊總計領隊三次，由於連續七個寒暑假服務，畢業那年獲得李鍾桂主任頒發獎章鼓勵。特別要提到因爲總團部假期服務員隸屬於活動處（組），當時活動處及各縣市團委會負責寒暑期活動的長官、大哥（大概就是服務員對組長以下專職幹部的稱呼），就是我們最熟悉的救國團人，他們代表救國團給青年學生的印象，較常見到且印象深刻的長官就是余建業副處

長，我們都叫他余杯杯，余杯杯很像軍中的高階長官，對基層下屬很親切，但對專職幹部的要求應該比較嚴厲，服務員都很喜歡余杯杯，在救國團帶給服務員「社會化」訓練的過程中，覺得他是沒有架子的大長官！我在那段時間認識或聽聞許多值得學習的專職幹部，包括當時在活動處的洪啟洲大哥、簡鴻檳大哥、在宜蘭的藍涂育大哥、在花蓮的羅健龍大哥，他們都是團的菁英，經過多年與各項職務歷練到總團部領導各處工作，人生很有意思，我有幸能到團兼任處長職務，與這些當年的大哥共事學習，這個緣分真的非常美妙。

前曾提及中橫健行隊對服務員的強大吸引力，我知道七個寒暑假服務期滿後勢必不能再以服務員身分上山，但有一個特別的角色是例外的，那就是中橫健行隊派駐在慈恩山莊、洛韶山莊的「巡迴演講研究生」，主要是負責「晨讀」及配合各山莊主題的宣講。以慈恩為例，每晚的晚會在氣氛最 HIGH 之
際，接著由研究生帶領學員進入「感性時間」，分享孝順的真義。我因在大學期間瘋玩社團、兼家教，政大國貿系的課業成績實在不敢想像有成為研究生的一天……，但大四那年我決定一拼自己想唸的政大外交所，其入學考試的專業科目有三門，其中之一就是李鍾桂主任教的「國際法」，在遍尋筆記苦讀苦背後，終於僥倖錄取。我成為研究生的最重要任務，就是繼續連結救國團，取得寒暑假「研究生巡迴演講」——中橫健行隊慈恩、洛韶駐站的機會。從帶活動的服務員搖身一變為說故事的研究生，又是連續四個寒暑假都在中橫慈恩駐站。算算我在救國團自強活動的服務生涯總共連續 11 個寒暑假，這個紀錄恐怕也是少有的，這是我個人最珍貴的回憶。

我與救國團第二個階段的故事應該是桃園縣團委會（以下簡稱「桃團」）結下的緣分。民國 81 年寒假「研究生巡迴演講」，我同時填了中橫慈恩、南投、桃園等三個志願，也如實分發這三個地方，

李孔智已爲總團部學校處處長，與薛全麟、簡鴻檳、洪啓洲等處長在國父紀念館前合影

其中桃園是我的家鄉，自然格外珍惜這個緣分，加上當時有位金山 8 期學長劉清福在服完兵役後就到桃團任輔導員，學弟我在桃團當義工的機會自然更多了，當時的王福生總幹事創意發想的「高中生公民訓練」營隊，交由劉清福大哥承辦，不論高中職校選擇在金山青年活動中心或在復興青年活動中心辦理，我都要負責每梯次兩小時的課程，至少有十年以上，歷經的輔導員有楊淑芬、吳慧寧、王辛偉、葉子儀等。桃團辦理的領導才能研習營隊也多有我的參與，我是以研究生哥哥的角度與大學生、高中生對話。另外有幾期的桃園青年期刊，我兼任義務文字編輯，當時的主編是吳鶴年教官，美編是陳宗鎮老師，他們都是我母校振聲中學師長，幫忙也就義不容辭了。桃園救國團加上復興山莊（後來才改爲活動中心）的好多人，讓我念念不忘他們的好，包括：高揚昇總幹事後來當了立委，我那時是立法院資深國會助理，有很多公務可以協助支援；李永福總幹事到西子灣服務，曾告訴我來中山大學唸博士時可以提供借宿，這讓我一直感恩在心；馬鎮歐組長口若懸河反應敏捷，待人親切毫無架子，一直是溫暖的前輩；呂能通大哥是我兩個階段的學長，認識時他還是年輕的桃團輔導員，緣分讓我們前年在總團部研發會再次共事。其他還有黃沛洋學長、蔣國冠大哥、董純樸大哥、顏瑞貞等人，這些老友都是我最美好的記憶。特別要提影響我最多的陳炎生組長，當年他在桃團當組長，安排我到中壢高商週會演講，全校兩千多位師生穿軍訓卡其服坐折疊小板凳，在校長主持的大禮堂，聽我一個毛頭小子碩一研究生談人生大道理……，其實邊講我是邊發抖的。後來我記得還去了新興高中週會講「法治教育」，也到陸軍士

官學校週會演講，另外還到幾個大學社團去授課。炎生大哥後來調總團部服務時，有位大陸台商請求救國團協助，於是他帶著我及一位政大學妹，就這樣，82 年 8 月，我們三個台灣人來到江蘇無錫，為數十位從中國大陸全國徵文比賽勝出的優秀高初中生，辦一個救國團形式的「太湖夏令營」。那個年代兩岸雖已交流，但彼此還在試探認識階段，猶記江蘇省的廣電媒體特別來採訪台灣行之多年的救國團式營隊活動，印象最深應該是有個東方明珠電視台，旁人告訴我那位主持人的地位差不多就相當於台灣的張小燕。在無錫一週後陪那群高初中生搭綠皮火車夜上北京，接受徵文比賽的頒獎，在北京也待了一週。一般人去大陸是因為探親、觀光、商務、工作、求學，而我是去帶夏令營的學生志工，這真是特別的經歷。

那次應該是我生平第一次搭飛機，第一次離開台灣土地，當年役男出境是要專案申請，使用的是一次性護照，所有一切都是那麼新鮮難忘！在救國團我得到了不少，學到的更多！往後每當碰到外界對我的不嫌棄，就會特別想起炎生組長。我們素昧平生，他卻給我這麼多磨鍊的機會，提供我可以免費檢討修正的舞台，慧眼識到我這號小人物。這就是救國團的人才培育方式，他們不講關係、不論背景，辦理無數個營隊活動，提供可以練習修正與展現自我的舞台，讓年輕人可以從中學習企劃、組織、聯繫、合作、辦理與領導的本領，在山上、在海邊，淬鍊成長，揮灑青春。

至於與救國團的第三個階段的緣分，應該起自我在文化大學擔任國際處長，這時馬鎮歐大哥已高升擔任總團部服務處處長，那段時間兩岸交流熱絡，大陸訪客絡繹不絕，服務處負責的中國大陸文教基金會在接待上煞費心思，有時便安排到文化大學一訪，座談完便可就近到陽明山賞花泡溫泉。文化大學本來就是國內大學中與大陸交流最早且頻繁的，接待大陸朋友自是駕輕就熟，加上與當年馬組長時代的情誼，還記得我是這樣告訴我國際處同仁的：「以後救國團魏繼中總幹事帶來的訪問團，除非撞期，我們都同意接待」！

後來魏總幹事推出「大專院校多元合作方案」甚獲好評，文大校方也極力支持，只可惜簽署協議時我剛卸下行政職，無緣目睹雙方締盟的歡欣場景。不過，連續五年爲服務處的眞善美聯誼會「婦女服務工作研習會」擔任講座，與承辦的胡俊蓉視察結爲好友；又連續擔任歲三、社研的輔導教授或講座，與承辦的任景昱、馬天鳴哥成爲莫逆。民國 109 年 3 月間，葛永光主任與我談他對救國團未來及青年工作的看法，其實我未曾受業於葛主任，見面的場合都是在研討會上，只有「他是主持人、我是論文發表人」或「他是主講人、我是聽衆」的關係，交談幾乎都是在茶敍時間聊聊救國團的回憶，但這次比較正式的談話，我完全同意他對「青年工作是團的重要基礎」及對經國先生所說「我們爲青年服務，青年爲國家服務」的「青年」解讀，受其爲團愛團的精神感召，在救國團遭逢政治打壓之際，我願意義務付出，以兼任對團最有利的方式，來團幫忙做點事，一方面感謝救國團曾經對我個人的栽培，一方面也是對不公不義政治霸凌的抗議。

如果我與救國團的緣分可以分別定義，那麼第一階段是「接觸與喜歡」，第二階段是「學習與獲得」，而第三階段則是「感恩與回饋」。我希望能盡棉薄之力，爲成立 70 年，只做好事、沒做錯事的救國團，表達由衷的感激。個人以爲救國團的專職幹部們都深具經營事業的能力，永續生存不難，但作爲一個人民團體，一個以公益爲主的服務型社會企業，除了永續生存外。還必須追求永續光榮；要讓專職幹部以身爲救國團的一份子爲榮，爲青年服務的公益工作應該與事業經營並重並行，服務的內容可以與時俱進，服務的精神應該堅持下去。

「人生不是得到，就是學到」！意思是你不是得到勝利，就是學到如何避免失敗；你不是得到想要的結果，就是學到受用不盡的教

訓。似乎告訴我們，「得到」、「學到」很難兩全，然而救國團對我，卻是讓我既學到、也得到。我在服務的過程學習到觀察、溝通與領導的各項知能，完成自我社會化的歷程；也在全心全意地服務過後，獲得寶貴的經驗與回饋，這些經驗與回饋在學生時代，是難能可貴的無價！我也相信不是只有我一人有這種感受，那些談起救國團就回憶湧現、話語全開的人，那些聊到救國團就唱起「偶然」、「萍聚」，想跳「第一支舞」的人，都是最好的見證。美好的年代，有救國團為伴，「每個人心中都有一段救國團」！

　　最後要感謝余建業杯杯的盛情邀稿，謹以此文，祝福我師大附中 69 班大學長、救國團活動處前副處長余建業先生，八十大壽福如東海，日月昌明，松鶴長春，生日快樂！

作者簡介

　　李孔智——政治大學法學博士、法學碩士、商學士、臺灣師範大學教育碩士，師大附中畢業。曾任：總團部金山假期服務員 12 期、立法委員國會辦公室主任、萬能科技大學主任秘書兼校務發展中心主任、中國文化大學國際長……等。現任：救國團總團部學校

青年服務處處長、中國文化大學國家發展與中國大陸研究所副教授兼澳門境外碩士在職專班（政府治理）所長。

本書作者說明

1.本書作者當年進團服務，從救國團基層學習起，每個職位或服務單位異動，都代表不同的課題的轉換，面對人地事物均需要接受挑戰，不斷的磨練，才使我逐漸成長，感謝救國團給我機會。李孔智伙伴，非常優秀，把握青春時光，樂於學習、接受考驗、不吝奉獻，才有今天甜蜜的收穫，特邀其述說親身經歷，證明救國團對青少年的身心發展幫助多麼巨大，對國家社會影響深遠，卻從不邀功，還被判為國民黨附屬組織，欲沒入財產等，李孔智伙伴是最佳見證人。

2.本書作者承長官之信任，民國 70 年起負責救國團假期自強活動的統籌工作二十餘年，秉持「安全第一，效果為先」的原則規劃，工作律己律人，尤其青年活動，參加青年每年百萬人，絕無妥協之處，務必做到零缺失，因此對專任、義工、假服員，到支援的醫官、駕駛、通訊、廚師皆同等要求，救國團的招牌、精神作風都須掌握。天佑救國團，我們都做到了！

七十周年團慶文選之六
49 假服員的回憶

文—— 周佑民

感謝老友——余姿蓉小姐的邀請，希望我將年輕時，寒暑假期在救國團當假服員的精彩歷程寫下來，放在其老爸余伯伯的新書上，讓我有機會回憶年輕歲月，重新感受青春飛揚、豐沛生命力的過程，是我人生旅程中重要的階段。

大學時，社團是主修學分之一，我好像已經將社團變成唯一主修哈哈，而社團的主修場域，就是在救國團的假期自強活動。因為我是軍人子弟，所以對由老兵們興建的中橫，有種特殊的情感與敬佩之意，因而一直想前往中橫服務，也想在這個地方，將美好的精神與文化傳承給其他人，感謝老天巧妙的安排，我大學及研究所的寒暑假，都在中橫健行隊度過，也給了我許多成長的養分與有趣的回憶。

在帶領營隊的過程中，許多甜蜜有趣的事，不斷在每個寒暑假期發生。有一年的暑假，我擔任中橫健行隊的領隊，帶領夥伴挑戰72k 的健行。到了第三天，一位可愛的夥伴說他家開中藥行，因為上山家人擔心他太累，所以給他帶了一包人蔘，當下他拿了一些給我，說領隊辛苦，好好保重，當下深受感動，中午休息時，我想就補一下吧！吃完，準備出發時，因為三天的健行，夥伴疲憊的狀況已經呈現，紀律有些不佳，於是基於安全的理由，我忍不住大聲要求，沒想到竟然鼻血也跟著流出來，太補了啊！許多夥伴私下開始說，不要再讓領隊生氣，他都已經氣到流鼻血了。哇！無言，哈哈！

又有一次，在帶領營隊的過程中，因為長時間健行，沒有好好

保養，膝蓋的韌帶在第四天急性嚴重發炎，造成膝蓋無法彎曲，一彎曲痛得要命。當隊伍進入山莊後，山莊莊主立即開兩小時車帶我去花蓮就醫，而幹部也啟動接替我的領隊人選，準備可能換人。就醫時，醫生問我的想法，我告訴他我想要可以持續帶領隊伍前進，於是他拿出一根長長的針，直接打入我的膝蓋，之後情況明顯改善，但是仍有微疼。回山莊的路上，想著團員應該已經就寢了吧！也想到明天到底要不要換領隊。當回到山莊的那一瞬間，我發現大家竟然都尚未就寢，只因為要等我！當我進入場地時，全體 143 位夥伴高喊「領隊兄、領隊兄、領隊兄」，這時團員的心是緊緊地繫在一起的，我大喊一聲：「明天一起挑戰，我們一起完成。」全場熱血大喊：「沒有問題，我們一定可以。」以前常聽人說，一個人可以很快走到，但是有團隊，你可以走得更遠。因為團隊會相互支持。這讓我深深體會到團隊的力量與支持是多麼強大。

在那段日子，深深感覺自己不斷成長與學習最後一天，回顧過去展望未來，實在是一個很棒的時間，讓我們一起，真的感謝有這樣的平台與機會，讓我可以在錯誤中學習，在學長姐的教導下成長，我自覺如果沒有當時的養分，應該沒有我現在的成就。感謝那段時期的所有人，也感謝邀請我撰寫的老友，讓我有機會重新沉澱

思考──那段學生時代寒暑假期參加救國團假服員的日子。今天正好是民國 111 年元旦，我們一起迎向美好的未來！

作者簡介

周佑民──海洋大學，台北大學公共政策研究所碩士，總團部金山假期服務員 18 期。曾與本書作者大女兒姿蓉，在新竹科學園區矽統科技，擔任人資工作時的同事，二人曾一起為公司新廠設立招募員工，並在短時間內達標，同獲 2000 年績優員工。

周佑民現任：康士藤管理顧問有限公司創辦人兼總經理，曾任蔚華科技、漢民科技等公司人力資源高階主管。

本書文評之一
50 致柴教授盼給本書賜評信函

一、致函

柴教授尊鑒：

　　您好，很久沒問候，想念您，感謝您，由於您的情義協助，讓救國團的退休同仁，能夠繼續領取退休金，溫飽生活。現在疫情嚴峻，都在家中防疫，我近日打了疫苗，更不敢外出。

　　我是 31 年次，仍繼續寫作自娛，因疫情我提前部署，將我的文章匯集為《野鶴隨筆─我的暮年筆耕集》，自己用電腦編的，請專業印刷數本陽春未成品，敢請　教授試閱並賜評鼓勵，準備明年下半年（七十周年團慶過後）出版。

　　本文集是我近十多年的寫作，內容都是我們熟悉的人事物，自我發抒情感，感嘆人生之無常，讚頌造物主創造了如此美妙的世界，用愛撫平受撒旦侵擾的人們，得到平安！最後　祝您

　　健康快樂

末學　余建業　　謹啟

110-07-10

二、謝函

松林教授尊鑒：

期盼您的賜函，8 月 2 日中午收到至為高興，立即拜讀您親筆寫作，為末學勉勵期許，還道出您小時候的境遇，及畢生推動社會運動，高貴情操生涯，始終如一，令人欽佩。

您又提到與救國團的因緣關係，我是第一次知道原委，您真是我們救國團同仁錯過的直屬長官。

您的勉勵，實不敢當，我在救國團服務，實實在在做事，努力按計畫步驟完成交付之工作任務，終身以做一個救國團人為榮。不為名、不為利，現在我退休已久，說出來無傷，曾有多次機會晉升錯過，長官親自安撫，我都處之泰然，想長官也有其為難之處。因此，同仁們常叫我「老代處長」。

目前新冠疫情嚴峻，我都在防疫、運動、保健，繼續編寫《野鶴隨筆》文稿，大意不得。您的期許頗好，尚視新冠疫情及身體狀況，總之，謝謝 尊長的玉言，讓我信心十足，待新書完成後，恭請 指教，分享喜悅！　謹此　敬祝

　　尊安

末學 余建業　敬啟

110-08-04

本書文評之二
51 以歷史的眼光看《野鶴隨筆》文集

　　《野鶴隨筆》一書請何人寫序文，想了又想，自己已是長者，當然找較年輕，有思想、有見地者，無須美言、誇讚，真正閱覽過此書，見諸脈絡，為閱讀者或後人，推薦認識本書的價值。因此我想到尚世昌教授，於是寫了邀請訊息說：

　　尚公校長：今年是牛年，扭轉乾坤，

　　祝你新春快樂，闔家平安喜樂！

　　我退休後 102 年我出版了《怡然自得─我的退休筆耕集》一書，承兄台撥冗寫序果然不凡，到底你是學歷史的，另外鍾任琴校長序文，是團同仁王振勳博士執筆，也是學歷史的、加重我的出書的分量，真是感謝您們！

　　之後我繼續寫作塗鴉，不覺又過了十年累積已有二十萬餘字，分成三部分。我認為出書是件很慎重的事，必須嚴肅以待，讀者、方家及後來者才有興趣閱讀，最後我只選了第一部分彙整，想請吾兄，以歷史學者的眼光，賜我一篇文評或推薦序。我已近暮年，對出版的文集提前準備，輕鬆以竟其事。

（民國 110-02-15）

尚公校長來訊息說：

　　敬愛的長官：新年好，祝您牛年行大運，諸事吉祥，闔家康

寧！

恭喜長官完成第五本文集，但命世昌寫序一事，茲因封筆已久且上一本文集序，已嘔心瀝血現已江郎才盡，實不敢應承，請原諒。

（民國 110-02-17）

我再致尚公訊息說：

尚公校長，這是我第五本文集，劍只有越磨越利，決不會鈍掉、落漆。我老人獻曝，倚老賣老的文章可能沒水準，但大膽向您求序，請不要推辭，勉強接受吧！

附說明：

我出版的書有，一、《回首來時路─救國團與我》，二、《我的救國團生涯》，三、《怡然自得 我的退休筆耕集》。可在國家圖書館查到。

期盼尚公校長賜序，等待中！

（民國 110-02-18）

春節過後走春，我們「萬年青高爾夫球隊」一大早到淡水大屯球場，上午六時五十分開球，中午在球場餐廳聚餐，景觀極美，窗外大片綠草如茵，大伙閒聊趣聞，歡樂而歸。回家打開手機看到尚公已回訊。

（民國 110-03-08）

我回致尚公訊息說：

剛剛我去淡水大屯打球回家，收到你的禮物，內心深處激動，退休後繼續筆耕，自我惕厲、檢討，有所寄託；上教堂，參加彌

撒、讀聖經，希能獲得身心靈的安慰，增進生命的泉源。我說，人要修，要修得更好，諸多為權力、地位等玩弄權術，鼓動民心，禍害社會，更遑論追求金錢、騙財騙色…諸等更多，成為社會的毒瘤，對製造社會不安者甚為厭惡，尚校長也有同感：「所言甚是！世昌佩服！」。

　　感謝您，在很短的時間就把我的第五集書的總序完成，不勝感激，切中主題，非一般應酬，字數不多，字字珠璣。

完稿於民國 110-03-08

尚世昌教授生日與夫人、公子邀桃園市本團老同事及諸伉儷聚會合影。

前排左起樊中原、尚世昌及其公子、于家敏

後排左起呂景賢、呂能通、李孔智、王明、古梓龍、尹邦智、馬鎮歐

本書文評之三
52 家有一老如有一寶

一、作者引言

　　自慶兄，您如有餘力，請幫我寫一篇有關我個人的行事，寫作風格，或是我出版的書，……諸等的感想、批評也好，隨意寫寫，平心而論均可，我想暮年近十年之作，趁我還存活在人間，再出一集，名之《野鶴隨筆—我的暮年筆耕集》。

建業啟

　　自慶兄回電：敬愛的副座（註：作者），晚安，您好！久疏問候，敬請　見諒，我最近不知為何，久坐不動腳就會水腫，但是夜間睡覺時把腳架高，隔天一早起來又沒事了！非常榮幸有機會再為您效力，我好好的思索之後，寫好用 Line 傳給您，儘快處理俾能使您的大作早日付梓，而我也能夠再次拜讀您的紙本最新大作，您堪稱是救國團之寶啊！

　　感謝您，願意答應我的請求，平常心，憑心而論，就可以了。

建業敬啟

二、家有一老如有一寶

文——熊自慶

　　記得有句諺語說得很好：「家有一老如有一寶」，若將本團比做一個大家庭的話，那我們這個家的寶，我個人深信當非前總團部活動處的副處長，也是備受我及許多同仁敬愛的余副座（註：作者）莫屬了！余副座的為人及行事作風大家都很清楚，套用老主任經國先生的話來說，就是「親切、自然、實在」而且又「平淡、平實」，不僅如此，更是宋公（時選）所期許救國團的同仁要「純化自己，美

化社會，強化國家」的榜樣，更做到李錫公（李煥前主任）所期許救國團的幹部要作「生活的榜樣、愛國的榜樣、合作的榜樣」的標準。

　　我在總團部任職期間，自民國 77 年 5 月由苗栗縣團委會，因故調回總團部秘書處，到再調至金山活動中心「北海牧羊」爲止，共計二十五載的工作業務職掌。主要還是本團社團會務、會議及文書處理等案牘勞形的工作，從未接觸過人事業務，我不太清楚余副座的經歷，我只記得副座曾經擔任過本團台東縣團委會總幹事，說不定國內的名歌手張惠妹就是副座在台東縣團委會總幹事任內辦理的歌唱大賽中脫穎而出，先在台視公司的「五燈獎」節目中連續過關斬將，最後被另一個由本團活動處與山葉音樂公司合辦的「熱門音樂大賽」中崛起的新秀歌手張雨生的提拔栽培成爲紅遍華人社會的歌手的呢！這些扯得有點遠了些，但是這些都是無庸置疑的事實，再就我是受專業歷史學術訓練的背景而言，中國古代歷史上有所謂的「左史記言，右史記事」的傳統，而余副座無異是本團的「史官」。副座在擔任本團中國青年服務社總幹事任內，比照本團爲慶祝成立四十周年團慶而撰寫的「飛躍青春四十年」同仁口中的團史，曾在中國青年服務社成立四十周年時撰寫印行了「春風雨露四十年」的專集，我當時蒙副座賞賜一冊，珍藏於秘書處的公文櫃中時常取閱作爲參考之用，該冊目前因總團部的志清大樓在所謂的「轉型正義」的自欺欺人的藉口下成爲了「財政部國稅局」的辦公場所，我因爲在金山活動中心中風，造成行動不便，所有物件經同仁協助裝箱打包交給小女，目前安穩的保存在小女爲我在行天宮附近租賃的倉庫中，其中還有副座集結在「團務通訊」發表之文章成書的大作在內，書名記得好像是《我的救國團生涯》，現在想起來當時應該請副座親筆簽名才對，我這個腦筋眞的，是如張葆樺處長所說的「就是少了一根

筋」。

　　副座的文章和專書就如同本團成立三十周年團慶時與綠旗飄揚三十年同時出版的《團務工作實錄》一樣，都是團的工作和活動的紀實報導，我記得七十年代每逢假期青年自強活動前、後，都有一本某年假期青年自強活動成果報告的小冊子，記得也是出於副座之手，雖然只是數字的彙總，但是卻爲本團留下了珍貴的史料，證明了本團對國家、社會及青少年的貢獻與本團存在之意義與價值的實質證據！副座的大作更迥異、勝於另外一位資深同仁的撰寫風格，那位同仁的書中多係所謂的團務的陰暗面，我也有他送給我的書，書名早已不復記憶了，他在離團前還把他珍藏的一些中國傳統童玩，如七巧板之類的還有個不知道叫什麼名字的木製的玩意兒，我也不敢拆開來怕組不回去了，和一些他自己的寶貝，我記得其中有一條被冤枉爲匪諜的柏楊（郭衣洞）的棕色圍巾，裝了一大紙箱交給我，我放在當時的檔案室中，現在應該也在我的倉庫裏，這些其實都是題外話，再來談談我所認識的余副座吧！

　　我是輔仁大學畢業的，我記得輔仁大學的校訓是「聖美善眞」四個字，我知道副座夫人是虔誠的天主教徒，我不知道副座是否有同樣的宗教信仰，但是我深深的感受得到副座的爲人處世眞的契合了「聖美善眞」的精神，副座是桃園龍潭的客家人，任勞任怨，具備了所謂的客家同胞的「硬頸」作風，吃苦耐勞，爲同仁工作的前鋒，欣聞副座繼《怡然自得文集》卽將又有新作付梓問世，副座爲人謙沖，行事踏實，堪稱本團同仁的表率、楷模！副座曾將新書的電子檔傳給我讓我有先睹爲快的榮幸，並盼我能一如以往，先校正其中的用字遣詞乃至標點符號，其實副座的大作早已經其出身中文系高材生的夫人蕭惠月女士校閱過了，實無甚可再增修之處了！要我「雞蛋裡挑骨頭」實在是無能爲力了；副座還有一個值得稱頌的優點，他的作品都是自費請幼獅公司美編印製的，沒有所謂的「假公濟私」之情事，其清廉堪比歷史上搬磚的陶侃和范仲淹兩位先賢啊！

　　我習慣閱讀紙本書，雖有副座傳來的電子檔，到底歲月不饒人，現在的視力已不復當年了，所以我還是希望能夠早日有副座的紙本大作讓我能捧在手中拜讀，打發在長照機構中無聊的時間，更重要的是爲本團增添更多的史料，讓網路時代的現在的這個「不公不義」的國家、社會，尤其是被政客等無恥小人的謊言蠱惑的青少年——我們珍貴的下一代，有機會認清救國團和自己所應肩負的使命啊！有副座的新作和多年來陪我度過寒流來襲時的夫人親自蒞臨長照中心探視我時送來的毛帽、毛襪，每思及此，心中立即湧現一股暖流及賦予我持續努力復健的意志，夫復何求！謹此，致上我對副座及夫人的敬意與感激之情！天佑我中華民國，天佑我們奉獻了自己畢生心力，只求爲青年服務，青年爲國家服務的救國團啊！

寫於民國 110-06-26

三、作者說明

　　自慶兄，你一鼓作氣完成我給你的重擔，難爲你拖著中風的身軀，爲老朽爲文，感佩你長期以來一直是我寫作上的幕後老師，自慶說得對，我的牽手是輔大中文系畢業，在國中教國文，抓錯別字，語辭應用是否妥當，是專長，她的同學有何寄澎台大中文系教授、徐漢昌中山大學文學院長，都是中文界之翹楚。

四、續貂之語

　　敬愛的余副座，您好，昨天傍晚時分收到了您寄來的新作打樣稿，興奮的拆開來一看，我心中的震撼若以地震的芮氏規模來比喻的話，當不下於當年的九二一大地震和大陸的唐山大地震，當下的

感覺是這豈止是一本筆耕集，您實在是太客氣了，我認為簡直就是一本超過了碩博士畢業論文規格的團史呢！我已在我的高中和大學老同學群組傳訊請他們設法提供自己當年所曾參加的本團假期青年自強活動的照片（若有留存的話），或者撰文述說對自己參加活動的記憶）轉傳給我，我再轉傳給您，以期豐富您的新作。

另外我有個大膽又淺薄的建議，您這本新作的封面設計雖然素雅，但是我認為應該用您和夫人的合照為底，讓大家可以一睹您和夫人的丰采，放塵套封底反折的作者簡介，可以再加上您自己的玉照，若蒙您抬舉，我的部份您可以用我臉書的頭貼的照片，那是我最喜歡的一張照片，攝於我意興風發之時，也是我希望大家記憶中的熊自慶的模樣，我的臉書中的照片如您認為可用，不必客氣，儘管下載使用，我最近常在臉書上貼文，抒發心情，個人淺見，若您認為可取，儘管納入您的新作中，那對我而言，會是莫大的榮幸啊！還有就是您的打樣的封面用的是新仿宋體的粗黑體字，感覺上雖然如您的風格方正一絲不苟，但感覺上似乎有些沉重，我斗膽建議是否可使用同樣方正的蠶頭鳳尾的隸書字體，看起來就有如國慶閱兵典禮以正步經過閱兵觀禮台前的分列式一般，既柔又帶有一點剛強，您可請美工作個電腦稿看看效果如何？

作者夫婦參加輔大中文系第五屆同學會

您在最後對我的介紹中提到了夫人是輔仁大學中文系畢業的，不知是何年畢業的（註：民國 60 年中文系第五屆），應該是我的學姐吧！另外何寄澎我記得他曾擔任過本團幼獅文化事業股份有限公司的總編輯，至於徐漢昌的名字也很耳熟（註：兩位都是同班同學），但是不記得他曾經在

本團哪個單位服務過，我只肯定他們兩位都不在本團個人團員的名單上，我還記得何寄澎在幼獅總編輯時，總經理是曾濟群，記得他是住在新生南路三段在當年的大專中心和現在的金華國中的附近，但是他現況如何就完全不知了（註：何寄澎台大中文系名譽教授，考試院考試委員）！不知我這些意見您是否同意呢？我是真心的希望我的老同學們若有提供什麼圖文資料，對您的大作能夠有些狗尾續貂的作用呢！

（民國 110-07-16）

前排：熊自慶、朱添發、張冠仁、楊保中、史濟鍠

後排：施國豪、許國政、甯一輝、李國新、洪啓洲

面對新型冠狀疫情之一
53 新冠疫情嚴峻，救國團的因應

前言

    民國 109 年應該是歷來國人最煎熬的一年，新冠疫情持續不減反增，我們台灣同胞長期處在安逸的社會中，最不能接受丁點打擊。匆匆熬過了一年，天佑台灣同胞，有驚有險，處置得宜，邁入了民國 110 年，新冠病毒疫情仍然嚴峻，未能止歇，到了 5 月本土疫情爆發以來，越加嚴重，大家發覺防疫政策出了問題，必須從根本打疫苗做起，疫情從二級警戒升至三級警戒，社會、教育及經濟上起了莫大的衝擊，對國安已有威脅，可見其嚴重性。救國團所受的打擊亦是空前，幾乎停擺，葛永光主任說：「自五月份國內疫情爆發以來，救國團近兩個月沒有收入，……。」

本團此時期的作為

初期——不裁員、不減薪，也不會放無薪假，安心工作，共度艱困。

    我們這些退休的救國團人，依照政府規定在家防疫，《團務通訊》是我們的精神食糧，在 874 期封面裡，看到總團部 5 月 17 日發布的新聞稿，詳細看了，特在本團退休人員群組中 Po 文讚揚，葛永光主任領導下，為救國團的作為喝采，加油！在艱難困苦中奮戰，我們支持您！

    葛永光主任表示：救國團各單位將提升防疫機制，全力配合政府防疫政策，共同打贏防疫戰爭。包括：

1.各縣市受託營運之運動中心閉館。

2.本團全國終身學習中心停課。

3.「張老師」提供線上諮商服務。

4.活動中心持續配合政府作為防疫場所。

5.內部管理：實施彈性上下班，啟動分流上班機制。

葛永光主任同時表示，為了照顧同仁權益，決定救國團將不裁員、不減薪，也不會放無薪假，希望同仁安心工作，共度艱困。

葛永光主任再表示，面對當前疫情緊繃的狀況，救國團將隨時注意疫情變化及政策需求，和全國民眾站在一起，共同打贏這場防疫戰爭。

以上是救國團於 5 月 17 日發布的新聞稿（節略），關心、支持救國團是愛救國團的體現，願救國團永續經營。祝天佑救國團，團運昌隆！

二期──迎接降級，救國團五心級活動幫解悶

引自──110-08-01 中國時報 C3 教育藝術版　王盈文報導

疫情警戒持續，眼看暑假進入下半場，救國團主任葛永光指出：從 6 月開始，救國團的暑期營隊專線就被家長打爆，有的實在不願孩子在家一直盯著電腦，有的確實有照顧上的困難，家長都盼疫情持續趨緩，讓孩子玩得到暑假後半場，救國團也做好充足的準備，幫大家鬱悶降級。

葛永光主任表示救國團自 6 月底開始，牽先規畫許多線上活動，中央疫情指揮中心 23 日宣布自 7 月 27 日起實施的降級指引，救國團各單位 8 月適時推出多項線上與實體的營隊，希望幫助孩子善用假期探索學習，上山下海享受戶外的活動樂趣。

11 梯線上營隊任你挑

當防疫成為新常態，人與人之間不得不保持距離，卻也讓大家體會最重要的是把握當下，好好珍惜。因此，救國團幫大家規畫的營隊，不只替家長解決問題，讓孩子暑假不要留白，更具有正念的培養及正能量儲備的意義。救國團啟動「安心營隊」計畫，將學員當作是自己的家人孩子，提供安心、省心、清心、放心及開心「五心級」的暑期活動。

目前救國團 8 月分在線上夏令營規畫「魯賓遜荒島求生記」、「兩棲甲蟲生態單元班」、「奇幻城堡冒險之旅」及「直播網紅營」等 11 梯次線上營隊，其中「魯賓遜荒島求生記」融合野外活動技能，將生火技巧、營地建造、甲蟲標本等戶外操作放上視訊平台，小朋友搭配專屬的「荒島求生包」，跟著專業老師一起身歷其境。「直播網紅營」則邀請網紅直播主及專業老師線上教學，提供台風、口語表達、影片剪輯等實戰經驗。

三橫一豎凸台灣受歡迎

各縣市救國團也將依據防疫政策，8 月適時推出適合國小、國中、高中、大專、社會青年及教師參加，包含生態休閒、冒險挑戰、經典復刻、島嶼探索、專題認證等 9 類實體夏令營，目前詢問度最高的是「三橫一豎凸台灣」，「三橫」代表北橫、中橫、南橫三條橫貫公路健行隊，「一豎」代表阿里山至杉林溪「新阿溪」縱向路線的健行隊，「凸台灣」邀請大家一起跨上自行車，奔向久違的台灣美景。

葛永光主任表示，今年雖受疫情影響，但公益服務未曾停歇，除劍潭青年活動中心今年 5 月加入「加強版防疫專責旅館」的行列，各縣市救國團義工也踴躍辦理捐血活動，截至目前總計募得 1 萬 1644 袋，還捐贈醫用手套、醫療口罩、護目鏡、酒精等醫療物資及民生物資，力挺各縣市警消醫護人員並關懷弱勢。

　　救國團在關鍵的時刻從未缺席，疫情期間活動多以支持防疫和公益為主，希望減輕疫情的傷害，疫情期間大家都悶壞了，救國團也準備各項紓壓祛鬱的活動，所屬終身教育中心、青年活動中心、受託營運的運動中心及各單位都已經做好準備，歡迎大家到救國團官網查詢報名。

同仁的呼籲

藍涂育（現任總團部財務處處長）　民國 110-08-04 Po 文，覺得在救國團意志堅定

　　去（109）年初新冠疫情爆發，令人手足無措，心悸猶存。今年5月疫情急轉直下更是讓人驚恐不安。對社會，經濟已造成空前的衝擊，本團三大實體服務——學習中心、活動中心、運動中心全部受三級警戒而停擺，暑期活動及旅遊亦是動彈不得，三個月以來，幾乎無收入可言，政府紓困杯水車薪，已陷入實質的困境。

　　為確保安全健康的家園，必需仰賴大家齊心協力共同抗疫，本團經濟復甦之路同樣需要大家，以及愛團的朋友們，以實際行動來支持救國團。竭誠呼籲：至親好友呼朋引伴，到活動中心住宿　到終身學習中心、運動中心參加動、靜態課程，如參加暑假活動及旅遊服務項目，請上救國團全球資訊網或就近跟縣市團委會聯絡，給我們有服務的機會，您的支持就是我們服務的動力。

民國　110-08-06

附註：

1.新冠肺炎疫情持續變化，目前全球又正面臨新一波「Delta 病毒」大流行，台灣也持續防堵，深怕 Delta 入侵門戶傳播開來。對此，

財信傳媒董事長謝金河 8 月 5 日在臉書提到「台灣是這一波 Delta 變種病毒肆虐下，唯一能把疫情從擴散到收斂，能控制住疫情的國家」。

謝金河表示：從（109）年元月 23 日，武漢封城迄今，全球染疫人數正式突破 2 億人大關，到達 2.0019 億，死亡人數 425.6 萬人，這是人類歷史上百年以來的大浩劫，而且疫情擴散仍未看到曙光，萬萬沒想到會戴口罩戴這麼久。

2. 中央疫情指揮中心宣布：（110）年 8 月 10 日至 8 月 23 日維持二級警戒，嚴防「Delta 病毒」入侵。

四大盜，8/30/21永漢

疫情期間，上場打球規定必需戴口罩，作者與球友在永漢球場合影，戲稱四大盜。

面對新型冠狀疫情之二
54 新型冠狀疫情下的退休生活

老了，病了就無法談尊嚴

　　有一天我看到了一則訊息，非常震撼，故單國璽樞機主教病中有感：「老了，病了就無法談尊嚴，這確實會發生的，除非身體健健康康而善終，每個人都要有這樣的心理準備與建設。」單樞機病中深感說：「病痛掏空自己、治療虛榮心。」當他在手術台上連最後一點尊嚴也喪失了。尤其當一個人生活瑣事不能自理時，談尊嚴，真的是太沈重了，堂堂的單國璽樞機主教晚年都這樣了，何況我們只是默默無名的普通人。我對時下流行的一首歌「當我老了」聽了非常傷感。這首歌，當歌手唱：「時光悄悄的過去，留下只有回憶，回頭看看我的兄弟，都已到半百年紀，……當唱到兄弟一輩子，來生未必再相遇，……」眼睛淚水潸然而下，心中充滿滄桑、淒涼的感覺，知道自己年歲已高，尤其我們這輩是新型冠狀病毒疫情列入死亡率最高者，想我們在暮年碰上如同無煙硝的第三次世界大戰，躬逢其盛，我們就得積極活在當下，戰勝惡魔為要務。

永久調整日常生活，才能有效控制疫情

　　去年（民國 109 年）我曾說：今年應該是歷年國人最煎熬的一年，新型冠狀病毒疫情持續不減反增，美國大選挑起反中、國際間諸多紛擾問題，我與大陸兩岸關係不安更加劇烈，國內施政又不得民心，世界種族間紛擾問題……等，世界末日的景象已微露，讓人心浮動、顯得相當不安，我們台灣同胞長期處在安逸的社會中，最不能接受丁點打擊。匆匆熬過了一年，天佑台灣同胞，有驚有險，處置得宜，邁入了民國 110 年，新冠病毒疫情仍然嚴峻，全世界對各項防疫措施嚴格把關，相關單位也繃緊神經，不敢掉以輕心。特別是在各國疫苗問世之後，訂定詳細的注射優先順序，區分不同的

職業別、年齡等，開始爲民衆施打，以安定社會爲要務。先不論各國研發疫苗的優缺點與差異性，反觀台灣社會對購買哪種疫苗的種種論戰與攻防，實在令人霧裡看花。世界衛生組織公開表示，「疫苗不等於零疫情」，儘管疫苗是全球對抗疫情的重要工具，單靠疫苗仍無法讓疫情完全的消失。全人類都必須學會控制病毒，並永久調整日常生活，才能有效控制疫情。鑒於目前尚處流感及新型冠狀病毒疫情流行期間，最基本且最重要的防疫措施仍是：落實勤洗手，全程配戴口罩、注意呼吸道衛生與咳嗽禮節，生病及身體不適者請安心在家休息。

退休後如果你能將生活安排妥當，吃喝玩樂，永執厥中，必保平安。想想當初新型冠狀病毒疫情前，機場航空站、豪華郵輪、國內外風景區、到處人潮，直至豪華郵輪發生了疫情，武漢、美國、英國、巴西，…陸續發生，舉世震驚，喚起很多人的警覺，趕快回國避疫情，幸好防疫指揮官及顧問們稱職，未釀成災禍事。同時疫情資訊多如雪片般，讓人眼花撩亂，無所適從。

70 到 79 歲這個年齡層的老人，每月平均有兩次健康問題

我退休已久，特別注意到下則訊息，「科學家研究發現，在 70 到 79 歲這個年齡層的老人，每月平均有兩次健康問題。令人驚訝的是：80 到 89 歲這個年齡層的老人，每月的健康狀況，卻與 60 到 69 歲年齡層的老人一樣穩定。70 到 79 歲這段時期，人的各種器官衰退較快。而進入 80 歲以後，疾病就會出現下降趨勢，精神和機體的健康則可恢復到 60 到 69 歲那樣的水平。因而，70 到 79 歲這個年齡階段，被稱爲：危險年齡層。老年人要想高壽，70 到 79 歲這十年間至關重要。也提出對策供參考，要平穩度過危險年齡層，就必須每天做到下面十個一。

1.一壺水：三個時段喝一杯水，效果最佳。晨起空腹一杯水，要小口慢慢喝，以補充水分。睡前一杯水，有效降低血液黏稠度。運

動後一杯水，補充運動時汗液帶走的電解質。

2.一碗粥：每天喝一碗約 28 克全穀物熬成的雜糧粥。如燕麥，糙米，玉米，藜麥等粗糧熬成的粥。

3.一杯奶：牛奶被譽爲白色血液，它的營養是全方面的，鈣、脂肪、蛋白質等，均較爲豐富。

4.一個雞蛋：人體對雞蛋蛋白質的吸收率，可高達 98%。

5.一個蘋果：蘋果具有降低膽固醇、減肥、防癌、防衰老、增強記憶、使皮膚潤滑柔嫩等作用。

6.一個洋蔥：洋蔥營養價值極高，可降糖、降膽固醇、防癌、保護心腦血管、還能殺菌抑菌、防治感冒、補鈣健骨。

7.一塊魚肉：魚肉所含蛋白質容易被消化吸收，它含有大量的不飽和脂肪酸，對身體較爲有利。

8.一公里步行：每天步行 30 分鐘，患心腦血管病的機率會下降60%。

9.一項愛好：不管是養花、養鳥、集郵、釣魚、書畫、唱歌、下棋、旅遊，要保持與社會和大自然的聯繫。

10.一份好心情：老人保持良好的情緒，對身體健康極爲重要。

　　以上這十個一並不難做到，讓我們認眞過好每一天，全身心投入生活，平穩度過 70 到 79 歲這個危險年齡層。祝福您：身體健康平安喜樂！」

要過身心靈健全發展的生活，以提升生命的泉源

　　身心靈健全發展十分重要，有了健康的身體，才有動力去從事你想做的事，無分貴賤大家都是公平的，最重要的是你要懂得選擇

與安排。最近有一則訊息說：

1. 你的責任，就是你的方向。你的經歷，就是你的資本。你的性格，就是你的命運。

2. 複雜的事情簡單做，你就是專家。簡單的事情重複做，你就是行家。重複的事情用心做，你就是贏家。

3. 你若不想做，總能找到藉口。你若真想做，總能找到方法。

4. 水泥是廢物，沙子也是廢物。但是把他們混在一起，便是混凝土。

5. 大米是精品，汽油也是精品。但是把他們混在一起便是廢物。所以是精品還是廢物不重要，重要的是和誰混在一起，這才是最重要的。」

　　我很佩服從小看到大的綜藝資深工作者－張小燕女士說的一席話，「她說 50 歲以後，不要自作多情，每一點都很現實！我們為國家、為兒女做貢獻是無條件的，而索取就有條件了。別幻想社會如何善待你，也別幻想兒孫如何盡孝？如你執意去做超越自身能力的事情，不但會誤了事情，還會惹了麻煩，甚至釀成事故。到了中老年紀對任何事情都不能太痴心、太投入了，不然就會自食苦果，沒人可憐！最好是，自己經營好自己的豐富多彩、舒心安逸的晚年生活。」以上是張小燕女士說話的重點，它是社會現實，也是一種觀念，更是一種文化，還是一種智慧。我十分同意這個說法。

　　這個世界本來就是美麗優雅的，只是我們常忙於俗事，未去注意每一件小事物，往往它能給我們心靈上莫大啟示，如：大自然的景觀，清晨的鳥叫聲、蜜蜂的採食花粉……，和煦的太陽輕吻著大地，讓我們雙手展開接受這個美妙的世界。環顧四周，我們會發現許多寶藏，我們用平和、安詳的態度，及感恩的心，我們會發覺自

已所過的生活竟是這麼豐富，所有事物都如此美好，活著真好！

寫於民國 110 年 3 月 15 日

附錄：

　　作者在本文說，身心靈健全發展十分重要，有了健康的身體，才有動力去從事你想做的事，無分貴賤大家都是公平的，最重要的是你要懂得選擇與安排。舉出事證如下：

洪啟洲：Po 文說──新型冠狀病毒疫情給他體會學習到兩件事

　　COVID-19 新冠肺炎改變了這世界，我從中體驗學習到兩件事；「超前部署」於公給自己在工作中多點思考，凡事提早作全方位的規劃；「校正回歸」於私給自己一個警惕，常年的生活作息及飲食習慣不良，造成了身體變形的負擔，感恩有緣人的引領，參與科學減脂減重的計畫。從今

年四月上旬開始，進行「校正回歸」。上面照片就是教正回歸三部曲的歷程記錄：由左至右分別為 1.校正前、2.進行中、3.回歸後。特別分享給好朋友們，也特別感謝諸位有緣人的引領支持指導鼓勵！

（洪啟洲：現任救國團總團部社會青年服務處處長，民國 110-09-14）

救國團見證選錄之一
55 海外僑胞聲明
反對黨產會對救國團進行政治追殺

◎被遺忘的眞相──和平！奮鬥！救中華民國！

一、【救國團發展三階段轉型】

黨產會說救國團是國民黨附隨組織？到底證明在哪裡我們都看不到？

台灣高等法院 103 年民事判決意旨──

『救國團於民國 41 年到 58 年間，隸屬於國防部，屬政府機構。

59 年到 77 年間爲社會運動機構，屬非法人團體。

78 年以後爲公益社團法人，屬社會團體。』

該判決並爲最高法院確認判決維持。

107 年 8 月 7 日黨產會祭出「救國團爲國民黨附隨組織」行政處分，凍結救國團財產。不僅抹煞了救國團長期對於社會公益的努力，更阻礙了救國團持續實踐的公益價值。最近黨產會透過自由時報公佈的訊息，從過往的經驗可以認定，黨產會已有立場，未審先判，聽證會不過是一場過場的遊戲而已。

內政部 105 年 4 月 27 日向立法院作證『……故該團非屬中國國民黨之附屬單位或附隨組織或分支機構。』救國團非國民黨附隨組織，不適用黨產條例，救國團收入更皆爲正當收入、合法取得或自力經營取得的財產。

二、【救國團因國家而生】

　　民國 38 年政府播遷來臺，國際局勢險惡，海外僑胞們展現擁護自由祖國的赤忱，有錢出錢，有力出力，在各僑居地紛紛呼應組織海外反共救國團，從事各種愛國活動。在我國退出聯合國及中美斷交後，僑胞們更發揮「共體時艱」、「共同報國」的積極心情，對自由祖國的支持，無論在物質上、精神上，都發揮了最大的力量。政府鑒於實質外交工作的需要，委託救國團，動員一切資源，籌組「青訪團」，訓練熱情大學菁英，到世界各地進行才藝表演、拜會及訪問等交流活動，一方面介紹中華文化，一方面宣慰僑胞留學生，對僑界青年的幫助與台灣的連結非常大，藉此擴展實質外交，也爭取美國學術界和民間友誼的支持。

　　救國團是為國家而生，當政府需要救國團協助時，救國團總是不畏艱難，第一個挺身而出，也為國家培育無數青年人才，就如現在救國團第一個支持政府做防疫旅館。救國團也是為全民服務的一個公益團體，台灣需要這樣一個充滿正能量的團體，請大家一起站出來挺救國團。

在此僑界聲明提出三項訴求：

　　第一，堅決反對黨產會未審先判、製造對立、操弄民粹的作為，呼籲民進黨政府停止這種文革式的政治追殺，否則台灣將永無寧日。

　　第二，僑胞是一個國家最大的資產，也可以說是一個寶貴的資產，沒有任何一個國家像中華民國一樣在全世界各地有那麼多的僑胞，也沒有任何一個國家像中華民國一樣，他的海外僑胞和母國保持如此密切的聯繫，對母國表現了強烈的支持和關心。我們聲援救國團，支持救國團的使命、願景、核心價值與四大志業，一起救回中華民國的公平正義，對抗政治操弄的轉型不正義。

第三，我們也要呼籲執政高層，當揮舞著轉型正義的大刀，無情濫權的砍殺曾經執行政府賦予任務的公益團體時，台灣內部是不會團結的。轉型正義的目的是釐清歷史真相、調查加害者、賠償被害人，以促進社會的和解，而不是扭曲歷史真相，製造新的仇恨和對立，讓救國團這樣的公益團體，成為新的被加害者。畢竟一個分裂的台灣、動盪的社會，所危及的不只是民進黨政權，而是台灣整體的生存發展。

李鍾桂主任赴美參加舊金山海外團友會成立典禮

（右一為前服務社第 4 任總幹事許引經與海外嚕啦啦接機）

救國團見證選錄之二
56 黨產會對救國團舉行聽證會——我的感想

看了民國 111 年 5 月 17 日黨產會對救國團舉行聽證會，本團根據事實，匯集駁斥意見，準備妥當，回應正確、得體，充分告知黨產會的長官們。謝謝葛永光主任、翁宏文主任秘書及鄭斐文處長等相關人員，您們為團打了艱辛的戰，辛苦了。

這是民進黨執政政府各單位在選舉來臨前表態的舉動。黨產會委員會認定救國團為國民黨的附隨組織，直指救國團過去依據國民黨的指示，進行防制台獨活動等的措施，並且以青年活動做為掩護，對青年政治偵防任務；其次，高度質疑，救國團的財產是不法取得的財產。

雙方經過一個上午的攻防，聽證會結束，黨產會表示，這場聽證會是為了和當事人一起釐清事實，盡可能的蒐集意見及證據，所以會後不會有任何實質的結論，黨產會會依據相關資訊，再決定是否再舉辦聽證會。

我們不能輕忽，還是要嚴謹防護，以免被突襲。在目前的政治環境中，對本團極為不利，救國團的服務活動，培育人才及相關服務等都是普遍性的，一向是不分黨派的。人云：得道者多助是為上策，盼望更多有良知的群眾或人站出來，肯定救國團成立以來所做、所為的貢獻。今後救國團應積極廣做社會公益，加強青少年活動服務，讓他們心中有救國團這畝田可依靠、關心，幫助青少年成長茁壯，始終是我們努力的目標。

民進黨及附和人士，對救國團汙衊的看法，我們雖義正嚴辭提出回應，實難撼動其偏激的成見。看到葛永光主任在退休群組 po

出 2022-05-19 04：59 聯合報／黎昕／作家（台北市）「和解才能共生 別抹煞救國團貢獻」一文，黎昕作家呼應葛永光主任的呼籲「和解才能共生」，但「和解必須基於誠意、善意與互相尊重的前提下，我們拒絕任何意識形態的抹黑、醜化、汙衊」。救國團不僅爲社會公益做出巨大貢獻，更在中華民國發展史

上，協助青年發展和促進社會和諧做出極大奉獻。葛主任提出的「和解才能共生」論點實爲良方，我深表認同。

結語：我想大家都有這種想法，何況本團今年已成立七十周年，「救國團是爲國家而生的。」不是國民黨的附隨組織，誠如黎昕作家舉出美國第三任總統傑佛遜曾說：「我喜歡夢想未來而非始終糾結於過去」。希望「和解共生」不是美夢，而是良方，能早日達成。大家不分黨派、不分種族、不分領域一起攜手，做好青年工作，培育青年成爲國家棟樑才是王道。

完稿於民國 111 年 5 月 21 日

救國團見證選錄之三
57 一張老照片的啟示

文——熊自慶

左起熊自慶、徐凱旋、張華寶、施國豪
（攝於民國 103-05-28）

薑是老的辣，朋友是老的好，看著照片中的其他三位救國團的老同事，自初認識迄今已經四十一年了，但是仍保有聯繫，這種稱「革命情感」除了軍中之外，我不知道還有哪裏會存在呢？照片中的我們的歲數加起來都快有三百歲了喔！

我記得當年國父孫中山先生曾寫下一副對聯勉勵擔任黃埔軍校校長的蔣中正，說「**安危他日終須杖，甘苦來時要共嘗**」救國團今年將迎接成立七十周年紀念的團慶，我們四人年紀合計約三百歲，而我們在團服務的歲月加總起來也高達一百五十年了，我們畢生歲月的菁華都毫無保留地奉獻給了救國團，而團這七十年來的所有的努力無一不是爲了國家、爲了靑少年，儘管社會的整體環境和氛圍已經有了巨大的轉變，而且政治上對團一向的立場，是極爲不友善！

但是，團草創時期所立下的宗旨「我們爲靑年服務，靑年爲國家服務」卻始終未曾有絲毫的改變，在團的年輕一輩的同仁們至今，仍然秉持著創團之初，又是第一任主任蔣經國先生所奠定的「親切、自然、實在」、「平凡、平淡、平實」的精神作風與組織文化來規劃、設計、執行，每一項依據靑少年心態與需要而推出的創新活動與服務。團是幾乎每位同仁自離開學校步入社會後的第一份同時也是唯一的一份工作，卽便是將來有機會在不同的工作崗位上重

新開展，但是始終都繼續維持著救國團所強調和要求的精神作風與組織文化。僅列舉兩位台中市市長的服務政績與行事作風就可以清楚的說明團是一個什麼樣的組織了！

　　台中的市民有幸接受過兩位出身救國團的市長的領導與服務，一位是台中市救國團團務委員會的主任委員胡志強先生，第二位就是親切可愛又充滿熱情和活力與幹勁的「小燕子」盧秀燕市長。小燕子在民國 70 年時是中區大專服務中心的傑出大專學生服務員，我在民國 70 年 7 月在台中孔廟旁的台中市團務指導委員會第一次遇見她時，她正忙著準備當天的「中橫健行活動隊」的出發事宜，那是中橫健行隊每天都要出一個隊，暑假兩個月六十天就要出六十隊，每隊一百人，一個暑假下來至少有六千位大專校院學生和社會青年參與，諸多的協調，後勤膳食、疾病傷害的預防及緊急送醫治療等，可想中區假服中心規模何其複雜、龐大，難怪盧市長在市政建設方面一直都有亮眼的優秀表現，深獲台中市民的肯定！

　　經國先生曾經說過一句話，他說：「救國團的工作就是挖掘人礦」，將這些珍貴的礦產，蔚為國用！各位可知除了政界的新秀菁英，甚至娛樂界也有救國團挖掘出來的瑰寶，那位美麗而武藝超群的美女──國標舞「劉真老師」、在台北小巨蛋開演場會時，就擔心熱情的觀眾引發附近的震動的巨星「張惠妹」、還有一位英年早逝的年輕歌手「張雨生」，他／她們都曾參加救國團的活動或競賽中脫穎而出的；甚至鴻海郭董的夫人曾馨瑩女士也是救國團的才藝研習營、中國青年美加地區訪問團（the youth good-mission）出身的！前外交部長錢復先生的夫人田玲玲女士，兩位是在救國團辦理的「國際事務研習會」上認識進而點燃了愛的火苗然後大火燒出了民國60 年代中華民國在美國和聯合國外交折衝力挽狂瀾的夫妻檔！為中華民國在國際外交上建立了重要的戰果！

　　救國團對國家、社會各個領域的貢獻巨大，實例不知凡幾，僅

列舉上述一二較爲人知者供大家參考 。

民國 111-06-01 完稿

附記：熊自慶兄民國 102 年 10 月退休，因退休前不久中風，幾經醫療後住進養護中心，上述照片是其好友探訪 103-05-28 所照的，在民國 111-05-28 自慶兄的 Facebook 中重現，適逢團今年將迎接成立七十週年紀念的團慶，有感而發寫下，見證團的眞實故事。

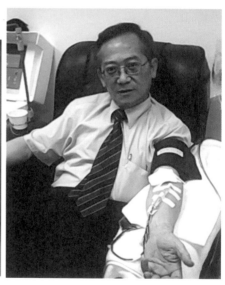

熊自慶年青時英姿煥發，對空中跳傘尤有心得。

熊自慶捐血無數，堪稱楷模。

58 基督是我家之主

願我們的一生　常蒙上主護祐

民國八十六年結婚廿五週年感恩彌撒後，與狄剛總主教合影

我的家是個普通、平凡的家庭，來自桃園龍潭客家鄉下，父母認命，挑起養育兒女的責任，必須努力找一些極為辛苦的謀生機會，在惡劣環境下，才能勉強餬口。子女們遠離家鄉求學，還算爭氣，沒有學壞，長大成人，投入社會，成家立業。我與內人是南北合，我是客家人，內人是閩南人，同是傳統信仰的家庭。感謝我們父母的開明，給我們自由的空間，當我們認識了天主，沒有反對。我兩個女兒結婚的對象都是來自傳統家庭，大女兒姿蓉民國 89 年 12 月 9 日在高雄耶穌聖名天主堂、二女兒佩燕民國 91 年 3 月 31 日在高雄聖加大利納天主堂，舉行婚配彌撒聖事，親家親朋好友前來觀禮者甚多，見到婚配彌撒如此莊嚴、喜樂，都很感動。兒子曜成民國 103 年 5 月 24 日在台北市聖鮑斯高天主堂舉行婚配彌撒聖事，雙方雖是教友家庭，但親友、同學、同事，也甚多未信主，除了藉婚配彌撒莊嚴、隆重作福傳外，更懇求主耶穌將他們放在祂的聖心中，賜與平安與喜樂。

領受聖洗聖事，進入主的羊棧

我的家庭信奉天主，最要感謝我的內人—蕭惠月，她就讀輔仁大學時，感受到《天主是愛》，於是主動請神父講授道理，由于斌樞

機主教領受聖洗聖事，進入主的羊棧，榮獲天主恩典。內人在天主聖神觸動中認識了我，終在台南市後壁區菁寮聖十字架天主堂完成婚配彌撒聖事，見證天主教的彌撒禮儀。婚後育有二女一子，均受洗，而我則於 71 年 5 月受洗入教──今年領洗四十年，聖名伯多祿。全家歸主，主耶穌基督眞正成爲我家之主。

我們曾被推荐爲模範教友家庭，這要歸功於內人─蕭惠月姊妹。她信仰堅定，常參加教會活動、研習、服務等，從內心喜樂參與，並精研教義、禮儀。心中有「主」，樂意分享，任何服務的機會，她都盡力參與。

人之初　性本善

人的本性都渴望自由自在、無拘無束的生活，就如現在的傳統信仰，沒有教條、教義，善惡是非，全憑著本能判斷，實在太危險了。一般人都是善良的人，毫無防範之心，墜入陷阱，或著被蠱惑、被欺騙，沒有察覺，丟了金錢，甚至性命，多冤枉啊！人不幸做錯，沒有悔改得寬宥的機會；有了委屈，也無處申訴、以獲得安慰，長期累積就會形成巨大的心理壓力而感不安，因此，教會、慈善團體、社教單位，紛紛組織專業救濟單位或團體以解決部分問題；至於心靈層面，由宗教信仰來輔導是較有成效的。

讀聖經的重要性

在信仰天主耶穌的家庭中的生活，必定要把天主聖三常駐在內心，接近天主，與天主交心──祈禱，才會感到內心的舒坦與安寧！認識天主，了解教義，需從聖經中得知，因此教會福傳，都希望眾教友聖經人手一冊，每天都要讀，幫助教友堅定信仰。

我的大半輩子青春年華投入青少年服務工作，退休後我從沒想過再尋第二春的工作，我的宿疾三高是遺傳的，醫治三方，食物、

運動、藥物，我長期謹守數十年，仍難逃歲月的摧殘，逐漸變成重症者，壽命乃上主賜與，一切作息正常，不敢些許作賤自己。不覺已邁入暮年，往事記憶猶新，隨時都有精彩的人事物浮現在腦海中，對於未來我常祈求天主保祐，希望得到慰藉，我自感靈修不夠，甚多教義與禮儀不甚了解，迷糊中了事。我們不像西方信仰者，從小就生長在天主教國度中，可以說是與生俱來就有信仰的DNA；也感覺過去求學時西洋史地，讀得不徹底，人時地常錯亂。

一個機緣加入張璧耀姊妹指導的讀經班，我開始定時讀聖經，探索經文的涵義，天主在講些什麼，不覺過了數年。近來疫情嚴重，不能群聚一起研讀，改用會議視訊模式，效果頗佳，我的運動也採視訊教學，享受科技進步的成果。

聖經是傳福音最佳的工具，能幫助人認識主耶穌，認識天主教教義、訓勉、禮儀等，經文相傳悠久雖達數千年，亙古常新，博引旁證，激起人們認識天主的偉大與無私的愛，尤其祂對窮人更發揮祂的大能，在路加福音中說，聖經是「向貧窮的人傳喜訊」的聖書，善讀聖經，感謝天主不斷賜予各種恩寵，建立天主子民的團體，帶給這個社會祥和之氣。

信仰家庭的門風

作為一個天主教徒，首先要讓別人認出你是個基督徒，信天主教，光明正大，不是見不得人的事，心態要純正。我的作法為例：門口掛春聯，單國璽樞機主教寫的，橫批「基督是我家之主」，上聯「聖愛及第滿門多吉慶」，下聯「福音廣傳恩澤享萬民」，大門上一紙聖像——耶穌敲門（註：主說：我站在門口敲門，誰若聽見我的聲音而給我開門，我要進到他那裏，同他坐席，他也要同我一起坐席。默三，20）。進門玄關有「聖母瑪利亞抱耶穌聖嬰」玻璃浮雕，慈愛祥和，護祐著全家。家裡有許多聖物、聖像、聖書各放置適當位置，家裡到處都有神聖陪伴著，既安心又有護祐。回想 88 年 10

月入住「內湖文德居」，特擇 18 日「普世傳教節」下午，恭請內人輔大恩師——天主教台北總教區狄剛總主教蒞臨，祝聖新居——逐房灑聖水，並舉行「家庭彌撒」，邀請內湖聖母升天天主堂主任劉其祥神父共祭及四十多位主內弟兄姊妹參禮，並備自助餐共享，大家喜樂非常。住在「內湖文德居」，至今已二十餘年了，平安順心，子女都已成家生子育女，是我們夫妻最大的安慰。

結尾的話語

耶穌說：「我的羊聽我的聲音，我也認識他們，他們也跟隨我；我賜予他們永生，他們永遠不會喪亡；誰也不能從我手中把他們奪去。」（若望十：27.28）主耶穌與我一路同行，我是多麼幸福啊，因爲我心中有天主。「天主，我的靈魂渴慕你，真好像牝鹿渴慕溪水。我的靈魂渴念天主，生活的天主，我何時來，能把天主的儀容目睹？」（聖詠四二：2.3）；「仰望上主的必獲得新力量，必能振翼高飛有如兀鷹，疾馳而不困乏，奔走而不疲倦。」（依撒意亞四十：31）

59 筆耕不輟，寫我一生

　　寫作不是我的專長，退休後，近兩年又逢冠狀病毒疫情肆虐，在家時間實在太多，打開收錄音機放了一張鄉村出版的 CD 唱片——「那一年，聽民歌」，悠揚的樂聲，輕柔的在耳邊響起，同時也打開電腦敲敲、想想、寫寫，多麼愜意地享受！

　　我以前在工作時，也有這種習慣，文章常在救國團《團務通訊》中刊登，越寫越多累積不少文稿，回應許多同仁喜愛閱讀及退休先進們回憶往事，在職期間，民國 88 年出《回首來時路—救國團與我》，94 年出《我的救國團生涯》，共二本書，都由幼獅公司印製發行。其實在 85 年 5 月我已嘗試印製三百本贈送同事們參閱，它與 88 年出版的《回首來時路—救國團與我》書名同、內容也部分相同，88 年出版的可說是擴充本，正式發行，並在國家圖書館登記編號。

〈聞雞起舞　回首來時路〉

節錄：鄧蔚林主編序

　　回想 85 年這本試印書，也是中規中矩印製的，請美編專家柳閩生設計，名書法家——河間張迅題書名，「幼獅通訊」主編——鄧蔚林寫序。初試啼聲，自我感覺良好，增加許多信心，繼續努力找題材，筆耕更加勤快。鄧蔚林兄一篇序文，鼓舞很大，暮年出書，不忘本，翻出來，節錄其序文往事，回味濃厚。

　　❖總團部育樂活動處余副處長建業兄，以其近三十年來在團服務，先後在「團務通訊」月刊等發表之宏文，暨經營業務相關的講稿，結集成冊，皇然巨冊見示，囑書所感。

　　是書之成，旨在回顧以往，蒿目未來，歷史腳步，一直是任重道遠，繼往開來的律動，令人感動與敬佩的，是作者自始即全心投

入，從個人對團的嚮往，有幸成為團的一份
子，秉持無怨無悔的誠敬與執著，以樂觀進
取，充滿自信的胸懷，揚棄「蘇爾薇格」式憂
鬱，踩著輕快的小步舞，跳脫艱辛與劫磨，這
裡所收集的，無論是感性的篇章，對工作的認
知、事理的分析、專業的探討、自我的期許、
任事的態度乃至社會的診察，每個階段、每一
歷程，都是沉潛、學習、成長、奉獻、恆毅精

神的寫實，這些長長的記錄，在在顯示了作者的率真之美，和闡述
了「救國團人」親切、自然、實在的風格，不僅僅是珍貴的「回首來
時路」而已。

《回首來時路》

節錄：〈救國團與我〉作者自序

　　團的精神和作風是從老主任 蔣經國先
生開始一脈相傳，再經其後五位主任及先
進同仁們的闡揚，形成「救國團」特有的文
化，為政府單位、民間人士所稱許及信
賴。歷任本團主任對團務工作期許甚深，
其勉勵的名言，我等奉為做人做事的圭臬
外，也傳誦社會。如李前主任錫俊先生希
望同仁要爭取三個第一，那就是「環境整潔
要爭第一、待人親切要爭第一、辦事效率
要爭第一」。宋前主任時選先生則勉勵同
仁，要實踐「人人都動手，大家一起做」的精神及要做「愛國的榜
樣、合作的榜樣、服務的榜樣、生活的榜樣」。潘前主任振球先生
常勉勵大家要「立足臺灣、胸懷大陸、放眼世界」。李鍾桂博士民國
76 年 2 月接掌本團主任以來，正逢政府開放大陸探親、解嚴，政

治、經濟、社會急遽變遷，李主任以其驚人的精力、智慧與魄力，創造永續經營的條件，團雖受質疑、打擊，仍然能保持良好的形象，誠屬不易。

民國 88 年 3 月，作者在救國團服務三十周年紀念，由幼獅公司發行，《回首來時路—救國團與我》一書。深感走過的必留下痕跡，心想個人生涯與救國團密不可分，出書訴心聲彌足珍貴。

《我的救國團生涯》
節錄：〈有心、用心，就能成就美好的事〉作者自序

在團服務的歲月裡，堪稱時刻都充滿壓力與挑戰，但也多彩多姿，一路秉持本團親切、自然、實在的精神，虛心學習、待人以誠、奉事以敬的態度，在工作上，一步一腳印，以積極創新、圓滿精進為指標。回首重溫，猶歷歷在目，彷如昨日，感受特別深刻。有謂「凡走過的必留下痕跡」，乃再度把在團服務的回顧、工作心得、感想等點點滴滴彙輯付梓，訂名《我的救國團生涯》，作為我在團服務的紀念。本書或可供先進、好友們勾起往事甘苦，聊作慰藉，若能激發後進同仁服務意願，對工作、行事上有所幫助，則是本書之副加產值。

語云：「有心、用心，就能成就美好的事」，也是本書問世的動力，在工作上亦然。個人在團服務，長期學習、體驗，養成很好的做事習慣，業務分門別類，條理分明，井然有序，是必須掌握的要素。前人辦過的活動、業務可在卷宗上呈現，要仔細閱讀，汲取經驗，這是無價之寶。自已辦過的業務，每次均須檢查，檢討改進。

觀摩別人辦的活動亦很重要，眼光要全面，而非局部，不畫地自限，自然就會有寬廣的想法與做法。隨時用書面或口頭提出您的想法與做法，您就會受到長官器重與賞識。

民國 94 年 5 月，作者在救國團服務三十六年紀念，由幼獅公司發行，《我的救國團生涯》一書。是作者一生嘔心瀝血之作，有助於團務的深耕與視野領域的擴大。

《怡然自得—我的退休筆耕集》

節錄：作者自序

退休後悠然自在　健康生活粗茶淡飯

我於民國 94 年元月 1 日退休，在團服務歷程長達卅六年五個月。退休至今轉眼即將滿八年。我有三高宿疾，退休後的要務是保健，當時我說：「要把大直的家稍作整理，作我看書、閱報、寫作、喝茶、交遊的處所；過去因工作關係無法與家人長相聚，今後是我享受天倫的時候了。我要過無拘無束、沒有壓力的生活、要過作息正常的規律生活、要過修身養性的健康生活、要過粗茶淡

飯的樸實生活。我要拜訪親友……兒時玩伴、同學同鄉，敍舊話家常。我要尋覓曾在家園、山丘、樹叢、竹林、溝溪……走過、玩過的痕跡。」

爲防「老人癡呆」，寫作不曾間斷

的確，我退休後都依這個方向在生活，爲防「老人癡呆」，我寫作不曾間斷，大部分刊登在本團《團務通訊》，據許多長官、同事、

友好美言稱：文章讀來輕鬆了然，又能勾起往日記憶，對團務時有建言，希望經常看到我的文章，……，甚感欣慰。在救國團服務的點點滴滴、記憶如新，過去種種，至甘至甜，常縈繞心頭，不知不覺累積數十篇，興起出書的念頭。書名如何訂？自覺退休後，過著作息正常、規律的生活，真是怡然自得，遂訂書名：《怡然自得—我的退休筆耕集》，有出書的目標，乃持續筆耕不輟。

民國 102 年 1 月，救國團是作者一輩子的最愛——救國團成立六十周年慶及與內人蕭惠月女士結婚四十周年紅寶石婚慶，出書《怡然自得—我的退休筆耕集》，由日盛印製公司印製，作者參與編排、發行。自認本書竭盡全力，將畢生想說的種種，毫無顧慮、牽掛，寫出來，真是怡然自得！

《野鶴隨筆—我的暮年筆耕集》

節錄：Line 聯繫的話

我暮年寫的書原定民國 111 年底完稿，希望生前看到閱讀者，有所評論，因而提前部署，把文章匯集編成試樣電子檔，請幾位好友閱讀，給予評論。

一、不是書評的書評——黃宏榮兄

我想起老同仁黃宏榮兄，他的文筆獨樹一格，很多人喜歡，事業處處長李志玄兄是最大粉絲。我的書電子檔還沒寄給宏榮兄，就接到他來電稱：

敬愛的　余副座老長官　謝謝厚愛

寫書評是專業的　老黃　肯定無法勝任

尤其　老長官向是　團的文膽　國師級的筆鋒隨意揮灑　儘是佳作

團裡的人與事　點點滴滴　是如此的豐盈與感動

字裡行間 情境再現 滿滿的是 在團獨特的情與義

每次閱讀大作 經常是 愛如潮水 淚如雨下 唯 交辦乙事 實超越老黃所能

敬請惠允懇辭 謹此報告 未克周延之處 敬請見諒

晚 宏榮 敬啟 110-06-03

二、潘江東兄感念團的栽培

江東兄：許久未見，現還在職上課或退休了嗎？甚念！疫情嚴峻，我本來要明年出版暮年筆耕集。不得不超前告一段落，希望你給我的書指正，不必說好話，請能賜稿共享，我把電子檔 po 給你閱覽。

民國 110-06-19

副座好！拜讀未來新作佈局，非常感佩！您的用心，可以想見！我 83 年離團到高餐大，於 106 年副校長教授退休，但仍兼任教授至今，近日因疫情停課，仍用遠距教學教課。在高餐大曾接待您與蕭老師在校園三次，印象深刻！每見您的大作及文章多有共鳴，在團及離團後的同仁長官好友都是時間的記憶和滿滿的歷練，我會留幾句感懷，以感謝栽培我成長的長官及團的大家庭！謝謝您！

三、感謝藍涂育兄的溢美之言與建議

涂育兄：我提前布署——我的暮年筆耕集，我自己編的，試樣電子檔，即將寄出，請你指正，如能抽空賜文更佳。唯一請求，限你本人閱覽，勿流傳，謝謝！

涂育兄回電：報告 副座，篇篇都是佳作，也是另一種救國團團史的表達，有已故同仁的追記，葛主任的論述，您對黨產會的諍

言及種種對團的期望，至眞、至善、至美；涂育建議這麼重要的文獻與團息息相關，或可邀請吳清基召集人及葛主任永光賜序，更具時代意義。

民國 110-06-19

超前布署，豫則立，成書不遠矣

　　新冠病毒疫情非常嚴峻，近來肆虐狀況益發難以控制，大家等待政府通知輪到打疫苗的日子，在等待中看了許多報導，反而令人不安起來，負面之辭，影響我們心靈與生活，資訊媒體的傳播，應是首惡，好的、壞的，有意、無意……都進入我們的腦海中，要分辨往往百密一疏，不期然墜入陷阱中，這都是一般普羅大衆的感受。

　　我想這次防疫大戰無論輸贏，吵得沸沸揚揚，耳根不得安寧，權謀與私心是社會動盪不安的最大因素。人之善性泯滅，亟需拯救，社會需要一股清流，正義須伸張，否則變成一言堂，阻礙社會祥和與大家生存的權利。

　　任何改變創新，都要超前布署，急就章往往是失敗的根源，我的出書亦是如此，我超前規劃，從容準備菜色，挑選配料，美化質量，成爲大家喜愛、美味的食糧，時間充裕、寫作不輟，我希望在明（111）年，年底我與內人結婚五十周年紀念日前文稿完成。

大陸貴州多采之旅，與苗族姑娘合影

血濃於水的親情之一
60 我心目中的外公

文──鍾昀臻

　　萬分榮幸能為外公的新作撰寫序。外公對所有著作皆花費了極大的心力，從字裡行間中，我看到他從腦海中的記憶書櫃裡尋找事件的回憶，用文字對現今事闡述自己的看法，其所運用的文章技巧及個人觀點，是我們這些小輩學習的標竿。

　　外公是客家人，我媽媽也是，但她四歲前會說客家話，到台北後就逐漸忘了。外公常感嘆家中沒有人會說客家話，幸好我們住在美濃客家區，從小在學校學客語，說的客語雖然是南部四縣腔和外公不一樣，但總歸是客家話。我曾參加國中學生客家語說唱藝術──打嘴鼓組獲得第一名，也曾參加美濃國中《美中時代就係恁呢》在大東藝術中心演出及《美中時代 Forever 靚》在衛武營的演出，令外公十分驕傲，總算客語的根沒在孫子輩斷掉。

　　每年我只有在寒暑假時能到臺北探訪外公外婆，時間雖然短暫，但總能感受到長輩們對我孫輩的關愛及重視之情。外公外婆的日常生活十分儉樸，卻會在我們回到臺北時準備一大桌子的好菜，外公甚至會為了我們特別購買平常不能吃的美食。

　　外公雖然有慢性疾病，但長期以來都控制得很好，最主要有著良好的運動習慣──打高爾夫球，還應我們請求帶我們去高爾夫球練習場開開眼界，體驗打球的快感。

　　猶記小時候有一次，外頭下著傾盆大雨，媽媽帶著兩個表哥、

弟弟和我從高雄上台北，拎著大包小包的行李難以搭乘捷運，受困在台北車站，媽媽一通電話，外公便開著車從內湖趕來解救正杵在台北火車站外頭的我們。外公真是能為他人著想而又暖心的長輩啊！

這次能在出版前看到外公真情實感的文章，我覺得很榮幸，我謹以這篇短文祝賀外公生花妙筆，交口稱譽。

寫於民國 110-08-10

附註：鍾昀臻，是我二女兒佩燕之獨女，目前就讀高中二年級。

二女兒佩燕全家住美濃客家庄，講客家話

血濃於水的親情之二
61 我的泰山──余建業

文──謝裕峰

泰山是妻子的父親，也稱「岳父」、「岳翁」、「丈人」。

　　與妻子姿蓉相識於學生時期，結緣於社團活動。自大二時便參與經濟商管學生會（AIESEC）交大分會的運作，並擔任副會長一職，由於是全國性社團，常與校內外同學們共同籌辦或參與許多國際性文化活動，也曾代表分會參與幾次大型的國際會議，如：日本東京的亞太文化交流會議及澳洲柏斯（Australia Perth）亞太研習生交換會議。每次的國際會議都能與來自各國的學生代表共聚一堂，互相交流，表現自已國家、族群的文化，並了解其他民族地區的人文習俗，理解尊重彼此間的差異，進而擴展國際觀。這些活動及語言能力培養，確實也豐富我的人生，並影響之後的職涯發展。

　　經營社團時和姿蓉有許多共事的機會，那時感受到她是個主動積極，多才多藝，值得信賴的夥伴。可以管財務，也可以設計隊服；不只會寫文案，還會畫海報。除了當學生上課外，也在 TGI Fridays 美式餐廳工作，減輕家中負擔。在這家美式餐廳工作可不輕鬆，要能帶位、介紹菜單、點菜正確、出菜到位、結帳無誤這些基本工，還得要有外語能力、應對得體、熱絡氣氛的活力外，還得要有些創意讓客人留下美好的用餐體驗。記得那時姿蓉在店內表現優秀，十分受店長倚重，常常聽到她被調薪的好消息，同時也結識不少好友。

　　姿蓉為什麼能有這樣的特質與能力？其實我相信受父親，也就是我的岳父有很大的影響。岳父終身職涯都奉獻給救國團，一輩子深究一份工作，在現今網路世代是很難想像的，不只能力要與時俱

進，跟得上組織的成長及變化，還要能適應團部的輪調及離家生活的不便。然而岳父表現出色，深獲長官及同儕信任，所以最後回到總團部後即擔任要職。由於姿蓉是長女，自然多肩負了些父母的期盼，在學生時期便常在岳父的支持鼓勵下，參加不少救國團的自強活動，或是健行縱走，或是團康訓練，或是原野宿營，這些有別於課堂的學習活動對年輕人是寶貴的體驗，更是鍛鍊勇氣與毅力的殿堂。我想她的才華就是打從這兒來的。而岳父當時的救國團活動處副座身份，也讓我們年輕時旅行，能在全省各地的青年活動中心享受一些便利及安全性，甚至訂婚時能在劍潭活動中心，有非常棒的場地可以使用，這些也都要謝謝岳父的安排。

　　結婚後成為一家人，不只多了一半，還多了一雙父母，與岳父母有更多相處的機會。慚愧地說，我不是個很孝順的女婿，由於家居高雄，通常逢年過節或是家族紅白場合才會帶著妻兒專程北上與岳父母相聚，或是偶而洽公出差，回去看看他們。岳父總是帶著微笑，關心我們最近的生活。給予我們最大的安心感，從不會給你太多的壓力，去問你昇遷了沒？調薪了沒？甚至也很少麻煩我們任何事，最多只會叮嚀我們要照顧好身體，家族長輩都有糖尿病、高血壓的問題，不要惹上這些慢性病。而岳父會要我幫忙的事，往往是代表他去參加南部老朋友子女嫁娶的喜事或探望老友。我記得曾代表他去參加高雄蔡伯伯娶媳婦的喜事，所坐桌席皆為救國團的同事老友，對岳父的為人都十分讚賞，感覺並非客套話，都有分享一些他們受過岳父在不同的場合幫助過或引導過的點點滴滴。這些岳父在同儕後輩的好評價，也讓我開心地為老丈人多喝了幾杯。

　　岳父在退休生活紀律要求也是我所敬佩的，在健康上、在個人

修爲上都是。他爲了不讓我們這些子女操心，注重自己的健康，養成良好的運動習慣，每天大清早到球場打球運動，與老友球敘，保持健康也保持友誼。岳父母都是虔誠的天主教徒，準時出席教會的主日彌撒，信仰天主數十年如一日；對社區鄰居的關懷也不曾少過，願意擔任社區主委，已服務鄰里多年。

我們夫妻自千禧年結婚至今，也過了廿年餘，如同岳父母當年栽培出三個才華洋溢的子女，在他的身教如沐下，兩位外孫相當爭氣地錄取上台灣大學，進到自己所認同的科系，在喜愛的領域裡進修學習，爲未來的職涯努力，這也是孩子們回報他親恩的最好方式。

除了每天的運動，奉獻服務以外，老丈人還排出時間筆耕，期望把他用心走過的人生，化成精彩的字句，付梓成書，讓有緣與他隔空交流的人們能有所體悟，得到一些啟發，我想這也是他給後輩最寶貴的禮物。在得知岳丈所著「野鶴隨筆文集系列」即將出版，身爲半子的我，謹提供一些生活回憶，期盼能爲他的篇冊多添些色彩。

最後祈求天主讓我的這對泰山泰水的身體如同東嶽泰山般屹立不搖，像森林泰山般活力十足！阿們！

附註：謝裕峰，是我大女兒姿蓉的夫婿，目前在金融業服務。

血濃於水的親情之三
62 時光荏苒，十年一瞥

文——余曜成

　　寫這一篇的心境很複雜。距上一本父親的著作已有 10 年，我也從單身晉升有婚，以及兩個孩子的爸。父親也從四個孫子女增加到六個孫子女，而且其中有五個是男生，添丁旺家喜盈門，父親應該欣喜非常吧。

　　十年來圍繞父親的「變」，包含著大環境的改變、家庭的改變、身體健康的改變，以及一些不變。大環境包含著台灣社會價值觀多元化並存、新生代急功近利思維的變化，如維繫著救國團與國家體系關係的改變，使得諸多「合作與尊重」、「效率與肯定」等，都如過眼雲煙。父親對他大半輩子經歷過的救國團被汙名化，認定為國民黨「附隨組織」等情事，嚴正不能接受。心情沉重，退休金恐不保，父親與退休的同仁們為自己的權益發聲疾呼，得以保住退休的生活品質，感到不勝唏噓。

　　其次是家庭的改變。我在未結婚前多次受到父親的「關切」，找了熟悉、優秀的對象與我彼此認識，可惜緣分不夠，最後我還是在教會的團體，與太太璇子結為連理。在這些年當中，要磨合雙方原生家庭的想法，是很重要且需智慧的，父親秉持著他往常的處事做人的原則，又感於擔心的緣故，支援著我們，從媳婦懷胎兩寶陸續出生後，父親在物質上給予我們部分馳援，讓我們幾口子在衣食上無虞，尤其是大寶需要許多職能訓練，父親常擔任協同駕駛的工作，不辭辛勞接送媳婦與孫子上課與醫院間，充當另外個奶爸。如今大寶也終於進入小學，二寶上幼稚園，父親或許能高枕無憂了。

　　再來是身體健康的改變。歲月催人老，父親為糖尿三高的慢性

疾病奮鬥近三十餘年，也作眼睛白內障手術，恢復正常視力。同時政府規定 75 歲以上長者，若須駕車必須做身體檢查、測試與換照，這對父親而言，尚無難處，順利通過，我仍然勸父親要在視線明亮與白天開車，夜間仍然少開。另外這兩年 COVID-19 疫情的肆虐下，每位國民都必須要打新冠疫苗，初期疫苗為腺病毒載體（阿斯特捷利康 AZ）由於較為充足預約施打兩次疫苗，但對於年長者確實有較高的風險，這直接反映在父親的身體上，誘發心臟出了問題，幸虧父親的警覺及時看醫生治療，做檢查發現病因、而進行心導管手術，植入支架。不然後果真是不堪設想，目前 COVID-19 疫苗也打了第三劑莫德納，身體狀況逐漸恢復中。

更多的不變則是父親依然打球、依然著述、依然參加同學會、教會活動、老友聯誼，還參與社區健身養生、練拳社團、學會了如 Zoom 等視訊軟體的使用，尤其疫情嚴峻期間，在家線上讀聖經、上健身運動，與時俱進，作息並沒有改變，實在是慶幸。

我回過頭來看著這些「變」，想到當時在臺大智活中心的鄧怡莘老師所說的：「現在的人想退休，但不知怎麼退休，不知怎麼學老，因此多少人退休後無法自處而快速衰老。」父親十年中因為有這些「變」與適應，過得比團內的許多退休前輩，同事可能較為充實，也由衷佩服父親的自制與陶冶，讓身心靈健全活出生命力，展望下個十年，不是幻想！

109.08.25 曜成生日在 CityLink 內湖店的幸福家 日式家庭料理店話家常

63 眞情表白， 心願得償

一、自述寫作情懷

　　我是位社會服務的執行者，從基層到中央組織與運作，理論與實務我都有些研究，救國團社會團務的發展，有我規劃的痕跡；其次我對青少年活動的規劃，同樣有想法與做法，對青年工作盡心盡力，屹立不搖、已爲活動推動的典範。我在工作職場中及退休後，都爲我畢生所作所爲，不斷記錄下來，讓典範得以承傳，腦汁轉化爲文字，匯集印成專書發行。

　　本人一生奉獻救國團青年服務工作，從未後悔，蒙天主時時刻刻、分分秒秒，祂都在愛我、寵我，我堅定要珍惜身心靈及活出生命力，繼續寫作，發揮溫故而知新的能量，準備在民國 111 年救國團成立七十周年大慶後，年底我與內人結婚五十周年金婚紀念前，完成文稿。

　　我的退休生活，極爲簡單、純樸，只要對健康、公益有關，不礙國家、民族大義者，都是我輩喜歡談論，無關乎黨派、地域之別，財富多寡，……。寫作是我的至愛，不會停歇，遇到喜樂事，手舞足蹈，執筆輕快，樂在其中；如遇尊長、先進、同仁、友好，因傷、病、老、弱，離別之事特別感傷，心情鬱悶，藉著筆桿搖撼、嘆息……，日子悄然而逝！深感長江之浪，後浪推前浪，想自己排前頭不遠矣！

　　寫作讓我抒發自己的情緒，穩定不安、恐慌、急躁的心情，讓氣氛緩和，做出較合理的決定。也可以自由發揮，隨意揮灑，是否得體，存乎自己，內宣療痛，得到慰藉，多好啊！所謂生活，就是在喜怒哀樂中，它不斷循環，困擾著你，因此，要你活在當下，能放下、放空，自在做自己，才是正道。

心想已是暮年，每週讀經靈修，指導老師要我們時刻記掛著，信守天主的誡命：親朋友好相愛、相知之情，應當常存；要熱情好客款待，不可冷漠；夫妻婚姻應保持聖潔，不容玷污；待人接物，不應愛錢，要知道滿足；要常祈禱，感謝天主的恩賜，常說好話……。

現下冠狀病毒疫情的影響，必須待在家裡防疫，是激發寫作的最大功臣。退休後，我常與許多球友到近郊青翠的環境中揮桿、運動。常看到原野上孤單的野鶴，孤伶伶、淒淒然的在覓食，頓有失落的感覺，暮年生活，就像野鶴駐留在草原，隨著落日餘暉消失於天地間。遂把新書訂名為《野鶴隨筆—我的暮年筆耕集》，自我聊慰。

二、暮年的心境

想到《我的暮年筆耕集》即將完稿，心情反而盪下來，好像有些事忘了，沒有交代清楚，想我漫漫一生，少小離家求學、工作、成家……，鮮少在出生地家鄉與家人長時間團聚作息，思念父母兄弟家人、鄰居、鄉親、幼時同學等，隨著年紀增長日益縈念於心坎，我在十年前出書《怡然自得—我的退休筆耕集》時，正是我步入七十歲，回想我未能克盡人子之道，奉養雙親安享天年，耿耿於懷，個人在夜闌人靜、回老家探親……之時，常深自省思，淚流滿面而不自覺。退休至暮年，長期參加頗有聖寵的教友張璧耀姊妹指導的讀經班，身心靈得到許多的慰藉、稍有釋懷，天主創造了天地萬物，各有其造化，我們要不斷的向天主祈禱，恭敬天主，天主定會回應我們的祈求。

我的小學同學，很有情感，每三個月輪流作東大家相聚敘談，它也是我順便返老家探望的日子。同學會見到同學健康如昔，小學軼事幾十年來已講完，大家見面還是很高興，同學看到我從城市回來，時常準備一些蔬果、菜餚給我帶回台北續嚐故鄉味。老同學相

聚，情誼滿溢。結束後返老家看看，只見大門敞開，老家依舊，與周邊田地相連，大地一色，天蒼蒼，出生之地，血脈相依，感動至極，屋前荷花田塘，時已入秋，一片寂靜，草芒芒，池塘荷葉已枯萎，突令我感到近鄉情怯，停留好一陣，不敢敲門打擾二嫂及其家人清幽生活，揮揮袖，悵然開車離去。感情，親情，族群聚居地名叫—銅鑼圈深窩子，余家血脈之地，永存祖魂，有感而作。

大學同學會在大家退休後，每年有一次聚會，也有群組隨時聯絡，每次聚會都由好同學楊秀雄兄安排福容大飯店訂餐、優質餐飲，必然出席兩大桌。同學以往在社會上工作經過許多磨練，成熟沉穩，講話得體，風度翩翩。每次聚會都很趣味，過去讀書時代的糗事，常搬出來說說，引來大家會心一笑。一起就學與職場不同，沒有利害、黨派關係，大家少談一些時事、是非，自然輕鬆愉快。尤其現在聚會重在見面、點名、關懷，有同學沒來，都要問清楚，始得放心。

另外，參加其他如——讀書會、信仰教會、打球群組、聯誼會、養生保健班、……等，在暮年的生活中非常重要，保持謙虛有禮，和睦相處，互助合作，無所爭，有涵養，人生之根本也。

三、如何寫這本書

本書邀集了我熟悉、親近的人，講的、寫的都是我們生長的年代，同一個故事。既親近又似久遠，我們漸漸老了記憶也不靈光了，我們已置身在這歷史的洪流中，不斷的翻轉流動，一去而不復返。酸甜苦辣的生涯，在回味中，常會短暫失去記憶，而斷斷續續，現趁不嚴重時，把大家寶貴的回憶記錄下來，雖然我們不是大人物有了不起的事蹟，將來大家都是歷史的過客，能有些微留存亦屬難得。

宇宙冥冥中有個主宰，每人都有其造化，不可輕忽，本書讓我

許多親近的人，無論地位高低、年齡、……在我暮年生涯中一起進入書中世界，優雅暢談，彼此欣賞，時有驚奇，也有嘆息，歌功頌德並不是寫本書的目的。

本書文章多屬敘述文體，淺顯易讀，即使評論或專論亦然，有幾篇應用網路資訊，相互通聯或 PO 文等呈現，讓文章活躍起來，參與性提昇，當然各篇均與作者的意旨相關聯。

很多照片的收集，都是作者平時就在留意挑選，以往都用普通相機，現在大多用手機來儲存電子檔，備份放在谷歌雲端上，以防遺失。運用非常便捷，功能也很多，對編輯本書助益甚大。

本書作者自己操作電腦寫作，牽手是最大助手，參與看文章、找錯別字、潤飾、打字等；大女兒全書文字、照片編輯整合，兒子找漫畫高手鴨子——楊設計封面，兒子、女婿、媳婦、孫女也有文章展身手，可說全家動員。為迎接民國 111 虎年「福虎昇豐，萬事亨通」，於元旦全家 14 人，請專業攝影師，全家彩妝，留下永恆的影像。

四、自問有無下個十年

本書出版後，電子檔中仍有許多文稿，需要繼續整理。因此，作者自問有無下個十年，只有天主知道。有夢最美、就是動力，可供子孫參考，但不必勞煩賡續，劃下句點，可矣。

64 我對未來的展望

　　從民國 108 年全球爆發新型冠狀病毒疫情以來，延燒迄今（112）三年有餘，徹底改變了世人的生活型態，減少許多不必要的外出或集會，大家見面的機會少之又少，還好個人運動並未減少，但是受到年紀增長、長期慢性病及運動姿勢不當的影響，去年底身體著實受了病痛折磨，就醫、療養好一陣子，體力愈見虛弱，到了過完年已有改善，迎接敏捷兔年的來臨，我對未來人生深自檢討、思索，自覺生命是天主所賜，應該尊重，必須振作，讓身心靈得到療慰，才能愛天愛己，至今都能勉力而行，至感欣慰。

　　對未來的展望，首先想從與自己切身關係的救國團說起，在去年（民國 111 年）這一年歷經新型冠狀病毒疫情的延燒，去年七月二十六日又受到行政院黨產會的打壓，祭出哀的美敦書——行政處分，認定救國團 61 筆土地、建物及 16.3 億元為不當取得財產，應當收歸國有，這種不公不義的判決，讓本團一時陷入了經營的困境，在這困境下本團提出了抗議，選擇走上街頭——凱道遊行，訴求不滿，表達我們一股正義的力量，廣受各界矚目與肯定。其間曾與黨產會 8 次協商，111 年 9 月 7 日向台北高等行政法院聲請「停止執行」黨產會行政處分，112 年 1 月 6 日本團被判敗訴，在不得已情況下團部因應：（1）與國產署協調以繼續使用 61 筆不動產為原則。（2）與行政執行署協調，針對現金 16.35 億元部分，以本團移轉之不動產設定抵押予國有，爭取暫緩執行至本訴訟判決讞為止。真是不堪的一年，團受了許多折磨創傷，委屈侮辱，作為一個救國團人無不痛心，我們深切省思，時局雖然對我們不利，我們救國團的精神堅強無比，絕不能輕言無望失敗，仍要堅強挺進，以護衛我們的團，這是我們的職志。目前本團命運尚未定論，我們要因應任何變化，跟著時間賽跑，輸贏關係著青年未來前程。總之，有關救國團被認定黨產問題的解決，需要政府和救國團本身的共同努

力，拋棄既有成見，建立更加緊密的合作關係。這樣做不僅可以增強救國團的公信力和社會影響力，也有助於政府促進社會的和諧發展。

其次，作為一個救國團的人，從未有政治的慾望與野心，而犧牲奉獻的精神，在社會上已紮下了根，雖然知道執政當局不受歡迎，種種措施違背全民的福祉，但是我們仍然堅定做好青年服務這塊園地。最近救國團改組，原召集人吳清基校長任期屆滿，經票選楊朝祥校長為新一屆召集人，我特別向吳召集人恭賀功德圓滿，也謝謝他推薦了楊校長，我認為：本團召集人由負責教育的長者擔任，應符合老主任蔣經國的期待，又建議──本團應培養青少年成為堂堂正正的人，以傳承中華文化、倫理道德為己任。成為本團改組後的中心目標，我的建議──雖是野人獻曝，尚可參考。

退休後現在已屆暮年，朝拜天主上主，是教友時時刻刻的大事，教友常會提到我們的天主教友──陳建仁副總統，我不認識他，曾在聖家堂見過面，心想有做大官的教友，真好！後來才知他贊成同性結婚，違反教會之教導，褻瀆造物主的美好。陳建仁弟兄受執政最高當局賞識，今貴為行政院長，他說──要以溫暖的心處理政務，我們的態度暫不作評論，而為他的施政祈禱，但望好自為之。特別分享──程若石神父的臉書所言：

「為陳建仁行政院長祈禱，祈求陳院長能夠全賴天主恩寵，而不是倚靠政黨政治力與政治角力。祈求陳行政院長如兔長耳朵，能迅速接收聆聽天主旨意訊息，鼻子靈敏能嗅出各種遠離天主的危險。靈性嘴巴能咀嚼為官時活出天主兒女的滋味，靈性生命能靈活跳躍在屬神的旨意之中。以上所求，是靠我們的主基督。阿們！」

兔年來臨我們這群讀經班的同學，受到張璧耀老師特別祝福，祝福我們在 2023 年飽嘗主恩，她說：

有一種祝福，從不短缺，從現在到將來，叫福杯滿溢。有一種守護，不離不棄，從日出到日落，叫以馬內利（註「上主與我們同在」之意）。有一種疼愛，不遠不近，從亙古到永遠，叫耶穌愛你。有一種相約，不疾不徐，從瞬間到永世，叫神的應許。有一種讚美，不止不息，從今時到萬代，叫哈利路亞（註「讚美上主」之意！）

今年春節期間的假期加上 228 的假期，放得實在太長了，但是日子還是一天天的消逝，不覺又到了春暖花開的三月天，疫情指揮中心已逐漸放寬疫情相關禁令，這場世紀之亂終將慢慢平息，變成生活的一部分，人們做好自我保護，可以回歸正常生活，真是令人雀躍的一件大事！見到女兒女婿利用假期到日本福岡自助旅行快樂歸來，興奮異常、身心得以紓解，好處多多。我也安排了家族掃墓、上場打球、鄉下同學會、退休人員聯誼……等活動，恢復往常之生機，社會一定能充滿希望和諧。

本文寫於民國 112 年春暖花開的三月天於──文德居

新任召集人楊朝祥（前排中）112 年 3 月 24 日參加中區退休人員聯誼餐會大合照

附記一：

黃宏榮兄看上文〈我對未來的展望〉後 112 年 3 月 10 日傳 line 說

老長官

心思細膩　情感豐富

以國師級的文筆　紀錄生活點滴

心之所向　出神入化

隨意揮灑　儘是佳作

閱讀起來　猶如一部　團的近代史

親切　務實+溫馨

謝謝分享　由衷感謝

Opening——

曾經滄海難爲水　除卻巫山不是雲

本文——

羅大佑作詞作曲——閃亮的日子

我來唱一首歌　古老的那首歌

我輕輕地唱　你慢慢地和

是否你還記得　過去的夢想

那充滿希望燦爛的歲月

你我爲了理想　歷盡了艱苦

我們曾經哭泣　也曾共同歡樂

但願你曾記得　永遠地記得

我們曾經擁有閃亮的日子

End——

人面不知何處去　桃花依舊笑春風

有點傷感　但確務實

附記二：

懷念彰化團委會永遠的主委──呂兆宗先進

呂兆宗先進是我很尊敬的好朋友，我在團服務期間每次因公或路過彰化都會在團委會看到他，熱誠接待我們，更知道他的行事為人，日子長了就變成老朋友了。呂兆宗先進在彰化縣救國團專任及義工夥伴心目中，是「永遠的主委」，這個家庭的大家長。

呂兆宗先進出身政治及企業世家，父親曾擔任縣長。三十歲時因家族責任重大無法推卸，由教職轉接家族事業，但他不喜歡做生意，也對政治興趣缺缺，喜歡的工作是救國團和教書。身為客運公司董事長，呂兆宗卻有一半的時間在救國團。在總幹事的辦公室裡，有著兩張一模一樣的辦公桌，一張是總幹事專用，另一張則是呂兆宗先進的專屬辦公桌。他感謝救國團幫他圓了教育夢，透過團體活動推展教育理念，十分活潑有效。

呂兆宗先進另一終身志業──童子軍活動，他日行一善 52 年，擁有豐富的童子軍經驗，人稱：童子軍爺爺，他兒孫滿堂、全家都加入童子軍，他相信童子軍不但培養孩子獨立，在生活品德上也能替社會服務，做個有用的人。

呂兆宗先進雖已高齡八十幾歲，老當益壯，退休後天天走路到救國團噓寒問暖，對團務仍極為關心，是位非常難得的長者。於民國 111 年 4 月 18 日壽終正寢，享壽九十有二，留給世人典範。

（本懷念文是本書最後加入，部分內容參考《卦山下的風雲》永遠的主委呂兆宗先生，彰化縣團委會出版，呂兆宗先進是救國團人的標竿）

附錄
作者重要簡歷

學歷

◆小學：桃園縣龍潭鄉高原國民學校──民國 38 年 9 月至 44 年 6 月，六年畢業。

◆初中：省立中壢中學──民國 44 年 9 月至 47 年 6 月，三年畢業。

◆高中：省立師範大學附屬中學──民國 48 年 9 月至 51 年 6 月，三年畢業。（高一至高三上在 74 班，其後轉 69 班）

◆大學：省立中興大學法商學院合作系─民國 51 年 9 月至 55 年 6 月，四年畢業。

訓練

◆大專暑期集訓訓練班──民國 54 年 7 月 3 日至 8 月 28 日，八週結業。

◆政戰預備軍官訓練班──民國 54 年 9 月 5 日至 10 月 18 日，六週結業。

◆政治大學現代管理進修班結業──民國 70 年 3 月 2 日至 24 日，三週結業。

考試

◆考試院特種考試社會工作人員乙等考試及格──民國 64 年 11 月 3 日。

經歷

◆第一政治作戰總隊少尉戰地政務官——民國 55 年 7 月 3 日至 56 年 7 月 2 日，一年退伍。

◆桃園縣縣立壽山中學任教——民國 56 年 8 月至 57 年 7 月，一年。

◆台南縣團委會輔導員，推展台南縣學校團務工作——民國 57 年至 60 年。

◆台南縣團委會社會工作組組長，推展台南縣社會團務工作——民國 60 年至 63 年底。

◆台北市團委會社會工作組組長、管理組組長，推展台北市社會團務及行政管理工作——民國 64 年至 67 年。

◆劍潭青年活動中心副總幹事，推展劍潭青年活動中心經營與管理——民國 67 年至 69 年。

◆總團部活動組專門委員，統籌本團假期青年自強活動工作——民國 69 年至 75 年。

◆台東縣團委會總幹事，綜理台東縣團委會團務工作——民國 75 年至 76 年。

◆總團部活動組（後改處）副組長，推展本團假期青年自強活動服務工作——民國 76 年至 78 年，曾代理活動組長職務。

◆總團部社會青年服務處副處長，推展本團社會青年服務工作——民國 78 年至 80 年，曾代理社會處長職務。

◆中國青年服務社總幹事，綜理中國青年服務社社務工作——民國 80 年至 81 年。

◆總團部活動處副處長，推展本團假期青年休閒活動服務工作——
民國 81 年至 93 年底退休。

著作

◆民國 62 年編撰《台南縣社會團務工作參考手冊》，供義工參考。

◆民國 68 年編撰《劍潭青年活動中心經營與管理》及《劍潭》兩書。

◆民國 78 年編撰《假期青年自強活動安全防範要領參考手冊》壹
書。

◆民國 81 年中國青年服務社成立四十週年紀念，出刊《春風雨露四
十年》。

◆民國 87 年編撰余氏家譜《風木之思》壹書。

◆民國 88 年 3 月出版《回首來時路─救國團與我》，由幼獅文化事
業公司發行。

◆民國 94 年 6 月出版《我的救國團生涯》，由幼獅文化事業公司發
行。

◆民國 102 年 1 月出版《怡然自得─我的退休筆耕集》，由日盛股份
公司印製，自己發行。

◆民國 112 年 10 月出版《野鶴隨筆─我的暮年筆耕集》，由白象文化
事業有限公司印製，自己發行。

社團

◆民國 87 年榮膺本團團員，迄今。

◆民國 90 年 8 月 31 日榮膺中華民國孔孟學會會員，迄今。

榮譽

◆民國 58 年《南縣青年》外聘主編辭職，9 月起，除擔任學校組輔導員外，並挑起選稿、編輯、校對等工作，第一次嘗到編輯刊物的滋味，後請林仙龍年輕文藝工作者主編，我直到 60 年 12 月月升職才解除任務，《南縣青年》曾榮獲總團部全國縣市期刊組第三名榮譽。

◆民國 73 年榮任高中就讀母校──國立台灣師範大學附屬高級中學校友會理事，理事長爲連戰先生，總幹事爲石永貴先生。

◆民國 74 年中興大學合作經濟系創系卅週年，榮獲傑出系友。

◆民國 75 年爭取建立「台東原住民青少年活動中心」承鄭烈縣長、華加志省府委員、高崇熙省議員及本團謝又華副主任協助，於任內動土興建，高揚昇總幹事竭盡心力，接續完成，由李鍾桂主任揭幕，是東部地區的創舉。

◆民國 75 年、76 年擔任中國童子軍臺灣省台東縣理事會第十八、十九屆理事。（聘書由省理事長林清江頒）

◆民國 75 年、76 年擔任中國國民黨台東縣文宣委員兼召集人。（聘書分別由省黨部主委關中、劉兆玄頒）

◆民國 84 年榮獲本團創意獎，李主任於專任人員講習會中頒獎。

◆民國 84 年榮任小學就讀母校──桃園縣龍潭鄉高原國小校友會第一屆理事，並參加籌備 11 月 12 日建校八十周年慶。

◆民國 85-93 年獲聘本團《團務通訊》社務委員。

◆民國 87 年本團舉辦「紀念老主任蔣經國先生逝世十週年徵文比賽」，榮獲本團同仁組第一名、五千元獎金。

◆民國 88 年獲聘本團團務工作開發創新推動小組委員。

◆民國 88 年擔任第七屆國際志工協會亞太地區會議志工服務人員。

◆民國 89 年擔任教育部委託國立台灣師範大學體育研究與發展中心辦理「修訂防止學生運動意外事件注意要點」委員。

◆民國 90 年玉山國家公園管理處 林培旺處長發給 12 月 23 日攀登玉山主峰登頂成功證明書。行政院農委會林務局，發給玉山勇士證紀念。

◆民國 94 年續任桃園縣龍潭鄉高原國小校友會第二屆理事，並參加籌備 11 月 12 日建校九十周年慶。

退休

◆民國 94 年元月，迄今。

◆運動、看報、電視、讀書、寫作、蒔花、……。

書後語

　　十年前我出版了《怡然自得─我的退休筆耕集》十分高興、滿意。十年後年華已近黃昏，有如我兒子說我，有許多「變與不變」，大環境的改變，大家都目睹，一起度過，無一倖免；家庭的改變，兒女結婚生子，就業、成長，隨著年齡一天天都在變化中。最大的改變是我的身體健康，伴我三、四十年的「三高」宿疾，已盡最大努力，打完 COVID-19 疫苗第二劑後不久，心血管終於出了問題，檢查、手術、治療，目前健康狀況尚稱平順；不變的是運動、寫作，心知來日靠天主恩賜，才能完成我出版《野鶴隨筆─我的暮年筆耕集》的願望。

　　出書對我來說已是駕輕就熟的事，但還是要慎重其事。本書邀請的都是一些謙虛、實在、碩學的先進、友好為我助陣，他們對團有積極、深入的認識及看法，且具有豐富的經驗與成就。他們了解作者的心意，都樂意給我評論、鼓勵賜大作，增添光彩。誠如柴松林教授所言：「吾兄記事清晰、簡潔，妙筆生花，記述不減之史實，引發讀者之興味，可敬可佩。」尚世昌教授說：「余公一生見證團之發展，退休後仍筆耕不輟，寫人敍事、收錄團之發展，無一不是團之珍貴史料；世昌忝為學史之人，對余公保存團史之用心深感敬佩」。熊自慶兄則說「這豈止是一本筆耕集，您實在是太客氣了，我認為簡直就是一本超過了碩博士畢業論文規格的團史呢！」

　　作者出書目的，是希望給社會大眾了解救國團在這個時代中除了對青年朋友、國家社會所做的偉大貢獻及影響外，並對曾參與者（含專職、義工、假服員、支援者……）長期的努力服務、教育、做公益，無怨無悔的付出，以平舖直述、道出其事實，這些人的情操何其高貴，對社會帶來正面和諧安定的能量功不可滅。也藉此給敬愛的義工、好朋友們激勵、打氣；當然如能幫助愛團的朋友更深

層認識救國團的本質，加強「一日救國團，終身救國團」理念的展現，則余願足矣！

作者基層出身自始是務實篤行者，樂於分享近四十年的工作經驗與心得，沒有高明及想沽名釣譽之意。文章大致按寫作時間編列，或依實際情況有所抉擇，各篇文章著墨必盡心力，帶豐厚情感、涵意深刻，避免無病呻吟，浪費大家寶貴時光，也失去個人風格及寫作的意旨，尤其內人與我心中始終惦念，岳母老年患了失智，長期臥病，近年身上又長了褥瘡，苦不堪言，今（112）年三月中逝世才得以解脫，享天年九十八歲，我也把本書作個完結、整理出版事宜。

本書厚厚一本，是作者心血之作，期待閱讀者給予指教與回響，若認為毫無價值，或看完無處存放，請勿丟棄，可送至當地救國團轉給需要的人、或圖書館。

本書作者自挖養老本籌措付梓，近年來印製費漲價甚多，負擔較為吃力，祈盼友好們能解囊助印，請匯──

郵政帳號： 0001375 - 0349544　　戶名：余建業。

作者 謹識於內湖文德居

國家圖書館出版品預行編目資料

野鶴隨筆：我的暮年筆耕集/余建業著. -- 初
版. -- 臺北市：余建業, 2023.10
　　面；　公分
ISBN 978-626-01-1590-6（平裝）
1. CST: 余建業 2. CST: 中國青年救國
團 3. CST: 回憶錄
783. 3886　　　　　　　　　　　112012905

野鶴隨筆─我的暮年筆耕集

編　　著　余建業
發 行 人　余建業
出　　版　余建業
　　　　　台北市內湖區文德路22巷74弄16號2樓
　　　　　電話：0937-180-700
設計編印　白象文化事業有限公司
　　　　　專案主編：李婕　　經紀人：張輝潭
經銷代理　白象文化事業有限公司
　　　　　412台中市大里區科技路1號8樓之2（台中軟體園區）
　　　　　出版專線：（04）2496-5995　　傳眞：（04）2496-9901
　　　　　401台中市東區和平街228巷44號（經銷部）
　　　　　購書專線：（04）2220-8589　　傳眞：（04）2220-8505
印　　刷　基盛印刷工場
初版一刷　2023 年 10 月
定　　價　800 元